YOUNG OXFORD

WELTGESCHICHTE

YOUNG OXFORD

WELTGESCHICHTE

Neil Grant

Aus dem Englischen
von Anja Hansen-Schmidt

Beltz & Gelberg

Titel der englischen Originalausgabe:
CHILDREN'S HISTORY OF THE WORLD

Programm Beltz & Gelberg, Weinheim
Einbandgestaltung: Max Bartholl
Satz: Satz- und Reprotechnik GmbH, Hemsbach
Printed in Spain
ISBN 3-407-75305-5

Gesetzt nach der neuen Rechtschreibung

Inhalt

Wie man dieses Buch benutzt

Dieses Buch unterteilt die Weltgeschichte in fünf chronologisch angeordnete Abschnitte, die mit der Antike beginnen und mit der heutigen Welt enden. Jeder Abschnitt besteht aus doppelseitigen Kapiteln, die sich jeweils einem Thema widmen. Am Ende von jedem Abschnitt findest du eine Zeittafel, auf der du mit einem Blick die Entwicklungen in den verschiedenen Regionen der Erde während des jeweiligen Zeitraums nachlesen kannst. Danach kommt ein Personenverzeichnis mit kurzen Biographien der wichtigsten Persönlichkeiten aus dieser Zeit. Am Ende des Buches findest du außerdem ein Glossar mit Erklärungen zu wichtigen Begriffen und ein Stichwortregister.

Der Text ist in kurze Blöcke unterteilt, die jeweils eine eigene Überschrift haben und einen Teilaspekt des Themas beschreiben.

Die Überschrift gibt Auskunft über den Inhalt des Kapitels, ähnlich wie die Schlagzeile in einer Zeitung.

Der erste Absatz erklärt, worum es in diesem Kapitel geht und warum es für die Weltgeschichte wichtig ist.

Die Jahreszahlen zeigen an, wann die Ereignisse stattfanden.

Fortschritte der Wissenschaft

Aufgrund von wissenschaftlichen Entdeckungen im 17. Jahrhundert verstanden die Menschen allmählich mehr von Natur und Universum. Erfindungen wie das Teleskop und das Mikroskop machten diese Fortschritte möglich. Galileis Beobachtungen bewiesen, dass die Erde um die Sonne kreist, und Newton erklärte die Gründe dafür.

Die Wissenschaft im Osten

Vor dem 17. Jahrhundert waren die Wissenschaften in China, Indien und dem islamischen Reich viel fortschrittlicher als in Europa. Die Chinesen waren besonders in technischen Dingen weit voraus. Vor mehr als 1000 Jahren erfanden sie den Abakus (den ersten Rechner), Uhren, Raketen, Papier und den Buchdruck. Außerdem verfügten sie über ein großes medizinisches Wissen.

Die Hindus in Indien waren in der Mathematik führend. Sie erfanden die Zahl Null und entwickelten die Zahlen, die wir noch heute benutzen. Auch die Kalifen von Bagdad unterstützten die Wissenschaften, solange sie nicht den religiösen Lehren widersprachen. Die Astronomen und Geografen Arabiens waren die besten der Welt. Die Araber hatten ihre Mathematik von den Hindus übernommen. Sie übersetzten und studierten die Werke der antiken griechischen Gelehrten, die in Europa vergessen worden waren.

Die Gelehrten in diesem Observatorium im 16. Jahrhundert in Konstantinopel (Istanbul) maßen mit ihren Instrumenten die Sterne. Im Hintergrund sieht man einen Kreuzstab, einen Quadranten und ein Astrolabium – Geräte, mit denen Reisende ihren Standort anhand der Position der Sterne ermitteln konnten. Die Erforschung der Sterne war im Islam sehr wichtig, weil die Muslime dadurch von jedem beliebigen Ort aus bestimmen konnten, wo Mekka lag, damit sie sich beim Gebet in die richtige Richtung verneigten.

Als Galilei erfuhr, dass ein Holländer 1608 ein Teleskop erfunden hatte, baute er sofort auch eines. Damit konnte er die raue und unebene Oberfläche des Mondes erkennen.

Spektakuläre Entdeckungen
1608 Lippershey baut das erste Teleskop
1628 Harvey weist nach, wie das Blut zirkuliert
1658 Huygen baut eine Pendeluhr
1662 Erste Forschungen in der Statistik
1673 Leeuwenhoek baut ein Mikroskop mit 200-facher Vergrößerung
1676 Römer berechnet die Lichtgeschwindigkeit
1687 Newton veröffentlicht seine Theorie der Schwerkraft

1500–1700

Das Universum begreifen lernen

Vor dem 17. Jahrhundert wurden die Wissenschaften von der christlichen Kirche gebremst, die jeden bestrafte, dessen Gedanken nicht mit ihrer Lehre übereinstimmte. Kopernikus, ein polnischer Mönch, schrieb ein Buch über Astronomie, das dem kirchlichen Glauben widersprach, die Erde sei der Mittelpunkt des Universums. Er traute sich erst kurz vor seinem Tod 1543 das Buch zu veröffentlichen. Knapp 100 Jahre später bekam ein Italiener namens Galileo Galilei Ärger, weil er Kopernikus' Theorien unterrichtete. Galilei wusste, dass Kopernikus' Gedanken stimmten, weil er mit einem Teleskop in den Himmel geschaut hatte. Dabei sah er, dass der Jupiter von seinen Monden umkreist wird wie die Erde von ihrem Mond. Veränderungen im Aussehen der Planeten bestätigten, dass sie sich um die Sonne drehten. Galileis Teleskop löste viele Rätsel. Es bewies, dass die Planeten deswegen größer aussehen als Sterne, weil sie uns näher sind, und dass die Milchstraße kein Lichtbogen ist, sondern aus Milliarden von einzelnen Sternen besteht.

Galilei konnte jedoch nicht erklären, warum manche Planeten sich um andere drehen. Erst der englische Wissenschaftler Isaac Newton entdeckte das Gesetz der Schwerkraft. Er erklärte es in dem Buch *Mathematische Prinzipien der Naturlehre*, einem der wichtigsten wissenschaftlichen Bücher aller Zeiten. Newton erkannte, dass die Umlaufbahn des Mondes demselben Gesetz unterliegt wie das Fallen eines Apfels – dem Gesetz der Schwerkraft.

△ Robert Hooke konnte mit seinem Mikroskop einen kleinen Floh deutlich genug sehen, um diese detaillierte Zeichnung anzufertigen

Die Erforschung von Lebewesen

Die spektakulärsten Entdeckungen dieser wissenschaftlichen Revolution wurden zwar in der Mathematik, der Physik und der Astronomie gemacht, aber auch in anderen Wissenschaften gab es wichtige Fortschritte, besonders in der Biologie. Ein flämischer Arzt namens Vesalius beschrieb in einem Buch über den menschlichen Körper (1543) die einzelnen Organe und fertigte aufgrund seiner Sektionen genaue Zeichnungen dazu an. Dieses Buch half dem Engländer William Harvey, die Blutzirkulation im Körper zu verstehen (1628). Nachdem Leeuwenhoek ein verbessertes Mikroskop erfunden hatte, wurden auch in der Biologie erstaunliche Entdeckungen gemacht. Robert Hooke, ein Engländer, beschrieb als Erster die Zellen von Lebewesen.

Wissenschaftliche Gesellschaften
Auch Universitäten begannen, die Naturwissenschaften ernst zu nehmen. Das Gresham College in London (1575) spezialisierte sich auf die Astronomie. Sir Isaac Newton (rechts) studierte Mathematik und Naturwissenschaften an der Cambridge University. Um 1660 wurden wissenschaftliche Gesellschaften oder Klubs gegründet, wie die englische Royal Society oder die Französische Akademie der Wissenschaften. Sie förderten den wissenschaftlichen Fortschritt, indem sich dort die Wissenschaftler treffen und über ihre Ideen diskutieren konnten.

93

Diese Übersichtstafeln listen kurz die wichtigsten historischen Daten des Kapitels auf.

Auf vielen Seiten gibt es außerdem Landkarten von dem Land oder dem Gebiet, in dem die historischen Ereignisse stattfanden.

Fotografien und Illustrationen zeigen Malereien, Dinge, Orte, Menschen und Szenen aus der Vergangenheit.

Bildunterschriften erklären die Bilder und was sie mit dem Text des Kapitels zu tun haben.

In den farbigen Kästen stehen nähere Einzelheiten über Ereignisse oder Menschen, die für das Thema wichtig sind.

Was ist Geschichte?

Die Geschichte der Welt handelt von uns, von der Entwicklung der Menschheit. Jeder Mensch, der jemals gelebt hat, und alles, was jemals passiert ist, sind Teil der Geschichte. Aber mit dem Begriff Geschichte bezeichnet man nicht nur die Ereignisse der Vergangenheit. Das Wort meint auch die Erforschung der Vergangenheit mit Hilfe von alten schriftlichen Quellen und anderen Überbleibseln.

Warum interessieren wir uns für Geschichte?

Warum erforschen wir die Geschichte? Ein Grund dafür ist sicherlich, dass es uns Spaß macht. Eine spannende Erzählung gefällt uns noch besser, wenn sie wahr ist, und die Weltgeschichte steckt voller spannender Berichte, auch wenn sie manchmal schrecklich sein können. Ein anderer, ernsterer Grund ist, dass wir uns und die Welt, in der wir leben, verstehen möchten. Um die heutigen Ereignisse zu verstehen, müssen wir deren Ursachen kennen. Wir können die Gegenwart nicht begreifen, wenn wir nichts über die Vergangenheit wissen. Deswegen hilft uns die Geschichte zu erklären, warum die Dinge so sind, wie sie sind.

△ Ein chinesischer Tempel.

▽ König Alfreds Juwel, gefunden in den Feldern von Somerset, England.

Natürlich kann in den Geschichtsbüchern nicht alles über die Vergangenheit stehen, nicht einmal alles, was jemals aufgeschrieben wurde. Eine Weltgeschichte muss daher jene Menschen und Ereignisse auswählen, welche die Welt wesentlich veränderten. Seit der Antike entstanden auf den verschiedenen Kontinenten bedeutende Zivilisationen, von denen gewöhnlich nur drei oder vier jeweils gleichzeitig existierten. Sie veränderten nicht nur das Leben ihrer eigenen Untertanen, sondern auch das ihrer Nachbarn. Dieses Buch handelt hauptsächlich von diesen großen Hochkulturen und den Veränderungen, die sie brachten.

Menschen der Vergangenheit

Die Geschichte handelt also letztlich von Menschen. Einerseits erzählt sie von wichtigen Persönlichkeiten wie Herrschern, Denkern, Wissenschaftlern, Entdeckern, Schriftstellern und Künstlern, die einen großen Einfluss auf ihre Zeit und oftmals auch darüber hinaus ausübten. Aber auch die normalen Menschen und ihr Alltag sind für die Geschichte von Bedeutung. Darum interessieren wir uns auch dafür, wie sie lebten und was sie dachten.

△ Kleopatra, Königin von Ägypten.

Woher stammt das Wissen über die Vergangenheit?

Ein Historiker braucht Zeugnisse aus der Vergangenheit, um den Ablauf der Geschichte zu rekonstruieren. Das können zum Beispiel schriftliche Aufzeichnungen sein, so wie offizielle Dokumente, persönliche Briefe oder auch Grabsteine. In ganz frühen Zeiten gab es jedoch noch keine Schrift, und in vielen Ländern existieren erst seit wenigen Jahrhunderten schriftliche Aufzeichnungen. Doch zum Glück gibt es noch andere Spuren, die uns Auskunft über die Vergangenheit geben, zum Beispiel archäologische Fundstücke. Archäologen können von Gegenständen, die lange Zeit in der Erde vergraben lagen, Informationen über die Vergangenheit ableiten. Zum Beispiel war die 4000 Jahre alte Zivilisation aus dem Industal in Südostasien noch vor 80 Jahren völlig unbekannt. Aber heute wissen wir dank der Archäologie, wie die Menschen dort lebten, was sie aßen und sogar womit ihre Kinder spielten. Andere Hinweise finden sich in Gemälden, Zeichnungen und Fotografien. Sowohl Historiker als auch Archäologen werden dabei von der Naturwissenschaft erheblich unterstützt. Mit Hilfe der Radiocarbonmethode kann man das Alter von jedem Gegenstand bestimmen, der einst organischen Ursprungs, also Teil der lebendigen Natur war, beispielsweise ein Stück Papier, das aus Holz hergestellt wurde, oder Leder, das von einem Tier stammt. Die Geschichte erzählt uns also von der Vergangenheit und hilft uns dadurch, die Gegenwart zu verstehen. Aber kann sie uns auch etwas über die Zukunft sagen? Wohl kaum. Die Geschichte kann uns zwar Anhaltspunkte geben, aber es ist noch nie vorgekommen, dass sich historische Ereignisse ein zweites Mal genau gleich abspielten.

Die Antike Welt

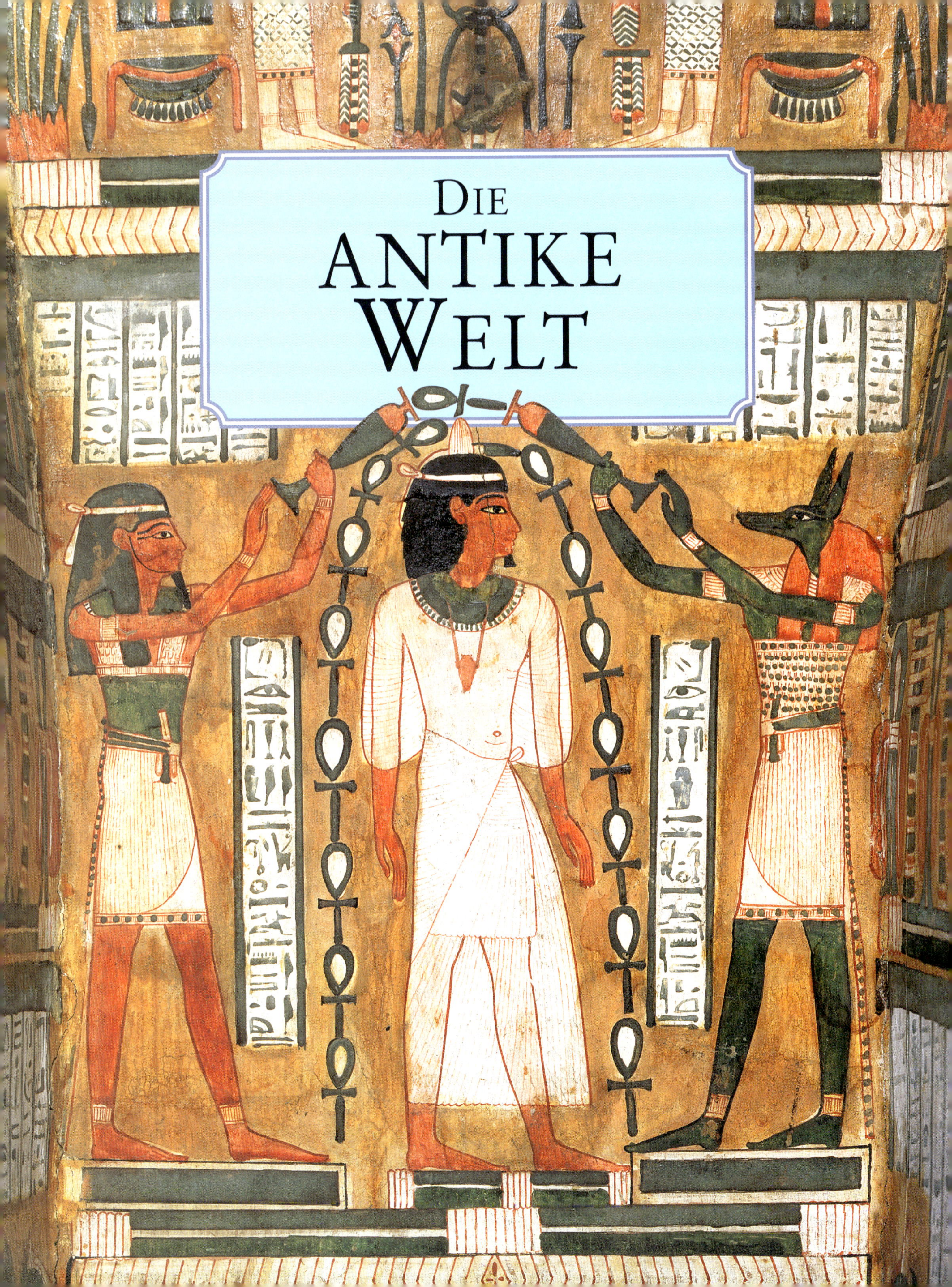

Die ersten Menschen

Vor etwa 5 Millionen Jahren erschienen unsere frühesten Vorfahren auf der Erde. Doch erst später, vor etwa 40 000 Jahren, entwickelte sich der moderne Mensch, der so aussieht wie wir. Die ersten Menschen führten ein recht einfaches Leben: Sie jagten Tiere und sammelten Früchte und Gräser.

Der Mensch breitet sich aus

Heute sehen die Menschen sehr verschieden aus. Trotzdem sind wir alle miteinander verwandt. Alle Menschen auf der Welt stammen vermutlich von einer kleinen Gruppe von Urmenschen ab.

Unsere frühesten Vorfahren lebten im östlichen Afrika. Ihre Nachkommen breiteten sich zuerst nach Süd- und Westafrika aus und wanderten dann über die schmale Landbrücke, die das Mittelmeer und das Rote Meer trennt, von Afrika nach Asien und Europa. Im Verlauf von vielen tausend Jahren besiedelten sie die ganze Welt.

Auf der Erde war es damals viel kälter. Das arktische Eis reichte bis weit in den Süden, dorthin, wo heute Paris und New York liegen. Da ein großer Teil des Wassers auf der Erde gefroren war, lag der Meeresspiegel niedriger als heute. Die Menschen konnten zu Fuß von Sibirien nach Alaska ziehen. Von dort wanderten sie nach Süden und durchquerten Nord- und Südamerika. Von Südwestasien aus gelangten Menschen auf Flößen nach Australien. Andere fuhren mit Booten und ließen sich auf weit entfernten Inseln im Pazifik nieder. Neuseeland wurde erst sehr spät besiedelt. Die Vorfahren der Maoris erreichten die Inseln vor 2000–4000 Jahren.

Unsere Urahnen

Der wissenschaftliche Name für den modernen Menschen lautet Homo sapiens (»kluger Mensch«). Der Homo sapiens entwickelte sich aus Frühformen des Menschen, zum Beispiel dem Homo erectus (»aufrechter Mensch«). Die ersten Menschen stammten von menschenähnlichen Geschöpfen ab, den Hominiden. Einer der ersten Hominiden war der Australopithecus. Der Neandertaler zählt ebenfalls zu der Art des Homo sapiens. Er ist jedoch ausgestorben.

Australopithecus, früher Hominid. Homo erectus, »aufrechter Mensch«. Neandertaler Homo sapiens

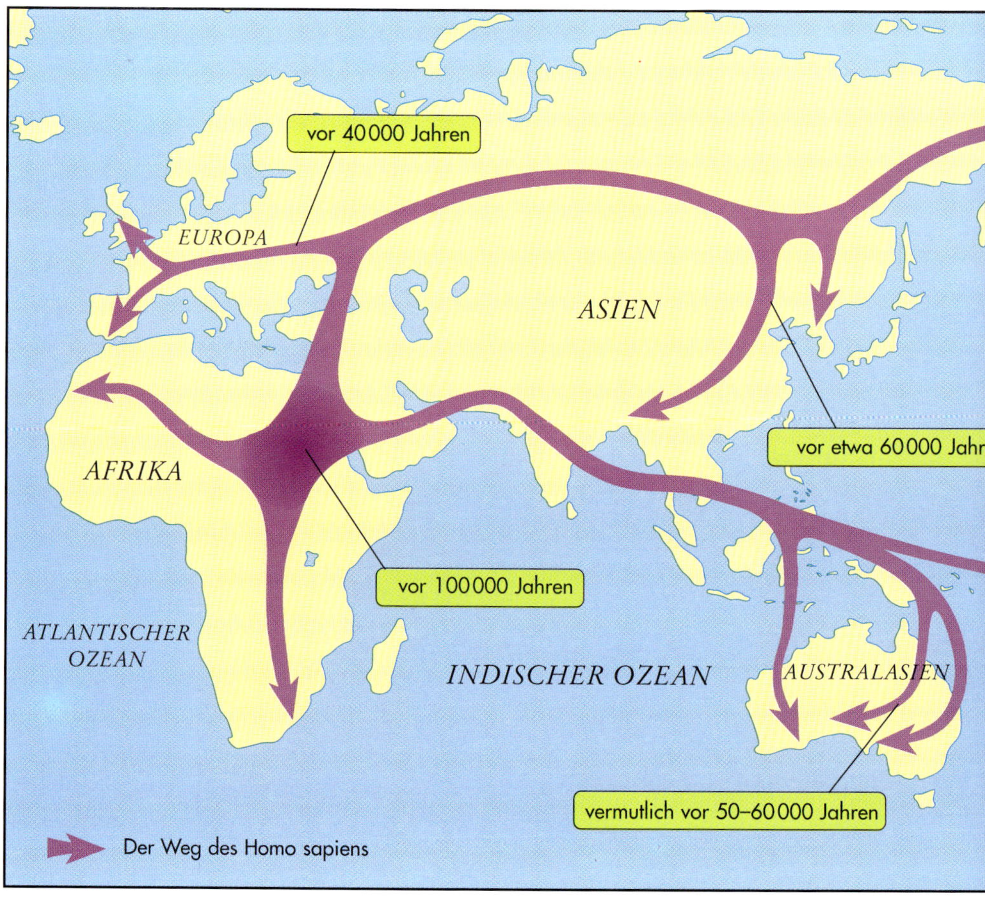

▷ Von Afrika aus verbreiteten sich die Menschen in der ganzen Welt. Die Unterschiede im Aussehen, die wir heute feststellen können, sind Folgen der örtlichen Bedingungen und des Zufalls. Alle Menschen sind eng miteinander verwandt, und es gibt nur eine menschliche Rasse.

Jäger und Sammler

Die ersten Menschen jagten Tiere und sammelten Wildpflanzen als Nahrung. Aus den Tierhäuten machten sie sich warme Kleider. Auf Grund ihres größeren Gehirns, ihrer Fähigkeit zu sprechen und ihrer geschickten Hände waren die Menschen den Tieren gegenüber im Vorteil. Sie zündeten Feuer an und benutzten Werkzeuge. Da sie auf der Suche nach Nahrung oft umherzogen, bauten sie nur einfache Behausungen. Wir wissen heute, dass diese Menschen ihre Toten sorgfältig in Gräbern bestatteten; sie hatten also vermutlich auch eine Art von Religion. In den Höhlen malten sie wunderbare Bilder von Tieren an die Wände. Vielleicht sollten ihnen diese als eine Art Glücksbringer bei der Jagd helfen. Mit der Zeit lernten sie immer mehr dazu, trotzdem änderte sich etwa 30 000 Jahre lang nur wenig am Leben der Urmenschen.

▷ Die Neandertaler fingen als Jäger große Tiere wie dieses Wollnashorn in Fallen. Sie gruben tiefe Löcher und bedeckten sie mit Zweigen.

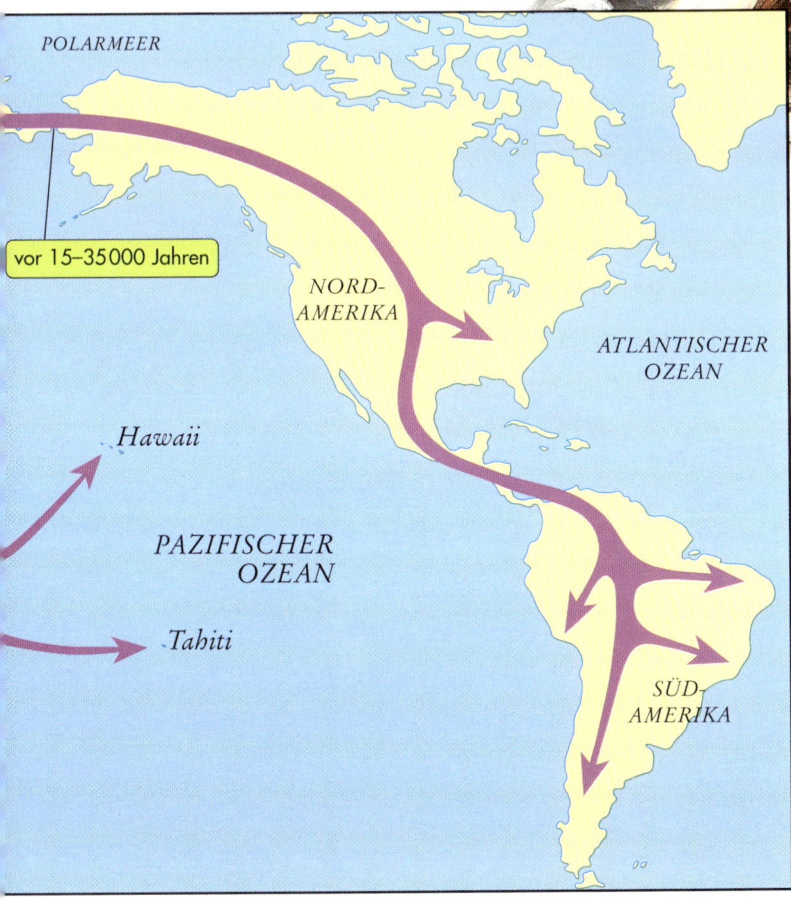

◁ Die ersten Menschen fertigten ihre Werkzeuge aus Holz, Knochen und Stein. Das beste Material war Flint (Feuerstein), weil man daraus harte Beile machen konnte.

Das Ende der Eiszeit

Vor etwa 11 000 Jahren erwärmte sich das Klima. Die Menschen zogen weiter nach Norden in die Gegenden, die das schmelzende Eis freigab. Dort mussten sie neue Fertigkeiten und Techniken lernen, um zu überleben. Sie erfanden Pfeil und Bogen, knüpften Fischernetze und bauten Kanus aus Holzstämmen. Ihr Leben begann, sich schneller zu verändern.

Die ersten Bauern

Vor etwa 10 000 Jahren änderten einige Menschen ihre Lebensweise. Sie zogen nicht mehr auf der Suche nach Nahrung umher, sondern ließen sich an einem Ort nieder und lernten, Getreide anzubauen und Vieh zu halten. Nun hatten sie auch Zeit, neue Fertigkeiten wie Töpfern und Weben zu entwickeln. Sie verwendeten Metall für die Herstellung besserer Werkzeuge.

Das erste Vieh

Jäger folgten oft umherziehenden Herden von Wildtieren, die ihnen Fleisch zum Essen und Felle für ihre Kleidung boten. Mit der Zeit lernten sie diese Herden zu lenken; die Tiere wurden teilweise sogar zahm. Noch bevor die Menschen Ackerbau betrieben, ritten Europäer auf Pferden und hielten Afrikaner Vieh. Diese Tiere unterschieden sich aber sehr von den Tieren auf den heutigen Bauernhöfen. Die frühen Schweine sahen eher aus wie Wildschweine.

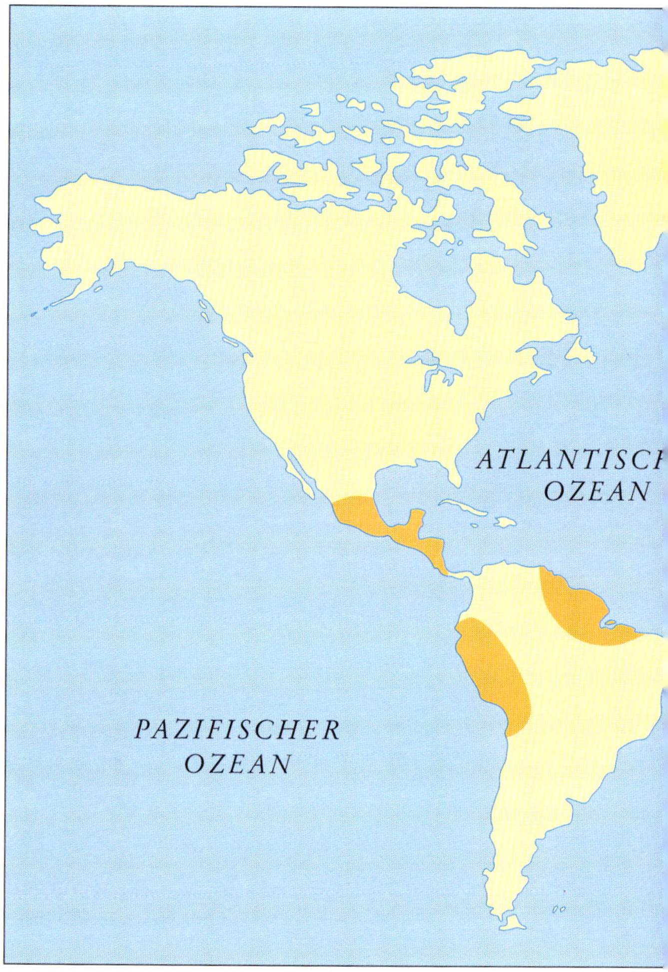

Die ersten Feldfrüchte

Der Ackerbau begann vor etwa 10 000 Jahren nach der Eiszeit, als die Menschen anfingen, sich dauerhaft an einem Ort anzusiedeln. Sie sammelten die Samen von wilden Gräsern und pflanzten das Getreide mit den größten Körnern an. Je nach Erdteil entwickelten sich so unterschiedliche Getreidesorten für den Ackerbau.

Die ersten Bauern lebten in warmen Regionen. Sie ließen sich neben großen Flüssen nieder, weil sie viel Wasser brauchten. Die allerersten Bauern lebten vermutlich an Euphrat und Tigris im so genannten »Fruchtbaren Halbmond« im Nahen Osten. Diese Gegend war damals viel feuchter als heute und die Pflanzen wuchsen üppig. Von dort aus verbreitete sich der Ackerbau ganz langsam nach Europa und Afrika. In der Zwischenzeit hatten auch Menschen in anderen Teilen der Welt mit dem Ackerbau begonnen.

▽ Die ersten Töpfe wurden von Hand geformt. Die Töpferscheibe wurde erst einige tausend Jahre später erfunden. Der erste Pflug war einfach ein spitzer Stock, der die Erde aufbrach, aber den Boden nicht umwälzte.

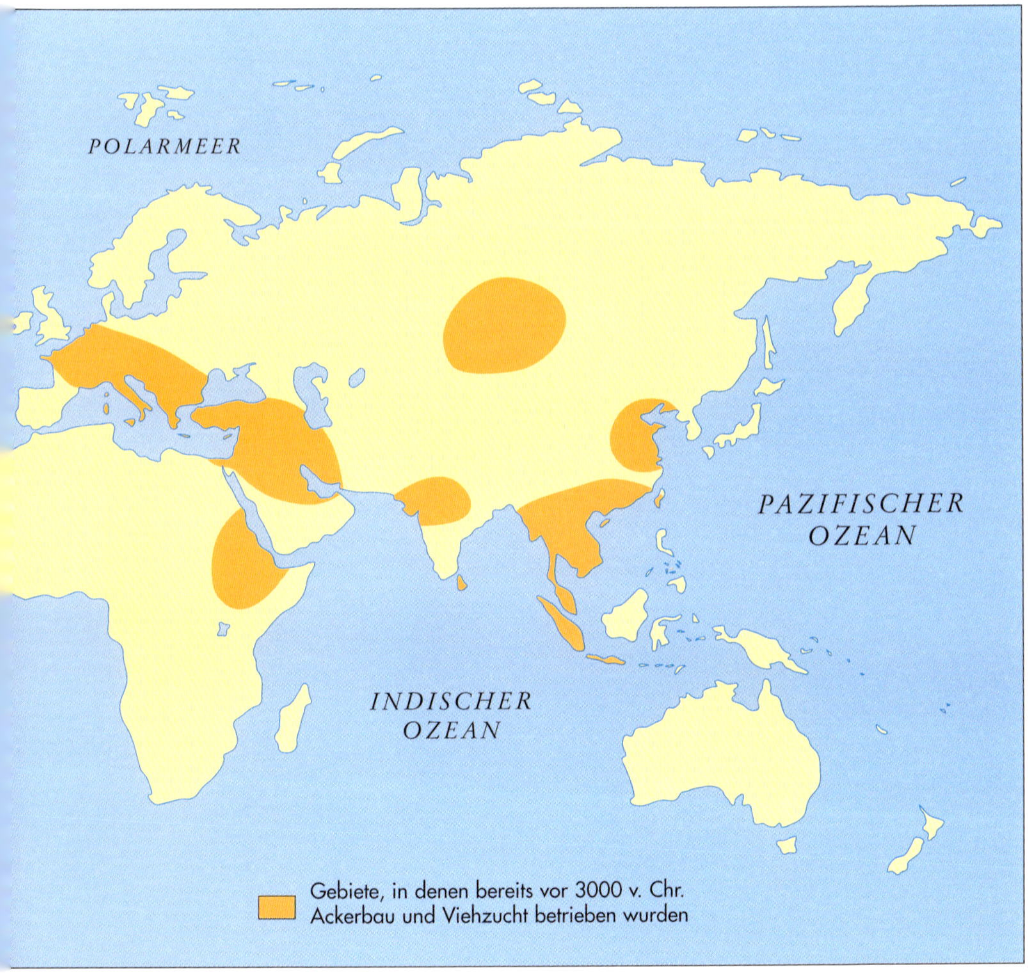

Der Handel beginnt

Die Menschen nutzten ihr Land nun besser und produzierten mehr, als sie selbst brauchten. Darum begannen sie, ihre Güter gegen Dinge einzutauschen, die sie benötigten. So entstand der Handel. Leute, die am Meer lebten, hatten beispielsweise Fisch im Überfluss, aber nicht genug Holz für ihre Häuser. Also tauschten sie bei einer Siedlung, die weiter im Landesinneren lag, ihre Fische gegen Holz. Oder ein Töpfer handelte mit seinem Nachbarn, der feine Stoffe herstellte.

◁ Die ersten Ackerbaugebiete. Das wichtigste Getreide im »Fruchtbaren Halbmond« war Weizen, im fernen Osten waren es Hirse und später Reis. Im tropischen Amerika dagegen wurde Mais angepflanzt. In Gegenden, in denen es zu trocken ist oder wo sich die Erde für den Ackerbau nicht eignet, leben die Menschen noch bis in die Gegenwart als Jäger und Sammler oder Hirten.

Frühes Handwerk

Als die Menschen zu Bauern wurden, konnten sie sich besser mit Nahrung versorgen. Dadurch wuchs die Bevölkerung und die ersten Siedlungen entstanden. Der Ackerbau war weniger aufwändig als das Jagen und Sammeln von Nahrung. Dadurch hatten die Menschen mehr Zeit, handwerkliche Fähigkeiten zu entwickeln. Schon vor 8000 Jahren formten sie Töpfe aus gebranntem Ton. Sie kleideten sich in Stoffe aus Schafwolle, die sie auf einem Webstuhl webten. Außerdem fertigten sie Schmuck und Ziergegenstände an.

▽ Verschiedene Völker lernten zu unterschiedlichen Zeiten, Metall zu bearbeiten. In China begann man damit viel später als im Nahen Osten. Dieses chinesische Kochgefäß aus Bronze entstand etwa 1700 v. Chr.

Die Metallverarbeitung

Die ersten Bauern arbeiteten mit Geräten aus Holz oder Stein. Besseres Werkzeug konnte man aus Metall herstellen, doch die Metallgewinnung war mühsam: Man musste Steine, die Eisenerz enthielten, so lange erhitzen, bis das Erz schmolz und herausfloss. Das erste Metall, mit dem die Menschen arbeiteten, war Kupfer. Allerdings war es zu weich, um gutes Werkzeug daraus zu machen. Dann mischten sie das Kupfer mit Zinn; daraus entstand die etwas härtere Bronze. Eisen war zwar das beste Metall, aber schwierig herzustellen. Die Eisenverarbeitung begann erst vor 4000 Jahren.

Die ersten Städte

Aus Siedlungen wurden Dörfer und Städte, in denen tausende von Menschen lebten und die unterschiedlichsten Arbeiten verrichteten. Einige Menschen wurden reich und mächtig, doch die meisten waren arm und mussten hart arbeiten.

Die Städte wachsen

Die ersten Städte der Welt wurden von Völkern erbaut, bei denen Ackerbau, Handwerk und Handel besonders weit entwickelt waren. Die Häuser in diesen Städten bestanden meistens einfach aus Ziegelsteinen und wurden mit Strohdächern gedeckt. Nur wichtige Gebäude wie Tempel waren aus Stein. Ruinen dieser Gebäude zeigen uns heute, wie sie damals ausgesehen haben. Die ersten Städte entstanden in Sumer im südlichen Mesopotamien (dem heutigen Irak). Die Städte waren wie kleine Staaten und wurden von einem König und Adeligen regiert. Der König herrschte auch über die umliegenden Siedlungen und Höfe.

Die erste Schrift

Die Menschen brauchten eine Schrift, um Dinge festzuhalten. Frühe Formen der Schrift bestanden aus kleinen Bildern. Die Sumerer erfanden als erstes Volk Zeichen, ähnlich wie unsere heutigen Buchstaben, die sie mit einem spitzen Griffel in weiche Tonscheiben ritzten. Auf Grund der Form dieser Zeichen bezeichnete man sie als Keilschrift. Auf dieser Tontafel steht, welches Getreide in Sumer angebaut wurde. Später schrieben die Menschen auch religiöse Geschichten auf.

▷ Das größte Gebäude in der sumerischen Stadt Ur war der Zikkurat, eine stufenförmig gebaute Pyramide. Ganz oben stand der Tempel. Die Menschen glaubten, dass dort Nanna, der Gott der Stadt, lebe. Weil es in Sumer nur wenige Steine gab, bestand auch dieser Tempel aus Ziegeln.

Herrscher und Untertanen

König, Adelige und Priester standen an der Spitze der Gesellschaft, Arbeiter und Sklaven am unteren Ende. Die Kluft dazwischen war sehr groß. In der Mitte gab es die Beamten, Handwerker und Händler. Die meisten Leute mussten von Sonnenaufgang bis Sonnenuntergang arbeiten, aber an religiösen Feiertagen hatten sie frei.

Frühe Religionen

Die größten Gebäude in den antiken Städten waren die Tempel. Religiöse Überzeugungen entwickelten sich aus dem Bedürfnis der Menschen, Dinge zu erklären, die sie nicht verstehen konnten. So verehrten sie die Sonne wie eine Gottheit, weil sie ihre lebensspendende Kraft erkannt hatten. Der Gott Nanna aus der sumerischen Stadt Ur war ein Mondgott. Fundstücke aus Begräbnisstätten zeigen, dass die Menschen damals an ein Leben nach dem Tod glaubten und mit einer religiösen Zeremonie beerdigt wurden.

Mathematik

Die Sumerer waren sehr gute Mathematiker, vermutlich weil sie für ihre Bauten das Land vermessen mussten. Sie erfanden ein Maßsystem mit Einheiten von 60. Unsere Zeiteinteilung mit 60 Minuten pro Stunde geht auf dieses System zurück.

Kunst in den ersten Städten

Für viele Leute war das Leben in den Städten des Altertums ein ständiger Kampf ums Überleben. Die reicheren Menschen aber hatten Zeit, sich an Musik und Künsten zu erfreuen. Sie spielten sogar Brettspiele. Archäologen fanden in Ur viele wertvolle und schöne Objekte aus Gold, Silber und Stein. Diese zeigen die Kunstfertigkeit der sumerischen Juweliere und Goldschmiede.

◁ Dieser an einen Baum gebundene Widder oder Ziegenbock besteht aus Gold, Muscheln und Lapislazuli (ein blauer Edelstein). Er wurde vor etwa 4500 Jahren in Ur angefertigt, vermutlich für eine religiöse Feier.

Krieg zwischen Städten

Als Jäger und Sammler führten die Menschen vermutlich noch keine Kriege. Kriege kamen erst auf, als die Menschen in größeren, festen Ansiedlungen wohnten. Sumerische Städte bekriegten sich sehr oft. Zum Schutz vor Angriffen baute man hohe Ziegelmauern.

◁ Dieses Relief erzählt die Geschichte, wie ein König von Ur einen Kampf gewann. Sie beginnt in der untersten Zeile mit dem Angriff der Streitwagen und endet oben damit, dass der König seine Gefangenen begutachtet.

Das alte Ägypten

Vor 5000 Jahren gründeten die alten Ägypter den ersten richtigen Staat, der fast 3000 Jahre lang existierte. In Giseh stehen auch heute noch Pyramiden, die vor 4500 Jahren gebaut wurden. Sie erinnern an die Errungenschaften und den Reichtum der alten ägyptischen Hochkultur.

▷ Der Nil trat jedes Jahr über seine Ufer. Dadurch entstand ein Streifen reichen Ackerlands neben seinem Flussbett. Die umliegenden Wüsten und Meere schützten Ägypten vor Angriffen.

Der Pharao und sein Volk

Die allmächtigen Könige der Ägypter hießen Pharaonen. Sie wurden wie Gottheiten verehrt und hatten ihre eigenen Tempel. Priester kümmerten sich um die Götter und Tempel und regierten gemeinsam mit Hofbeamten (den Schreibern) das Land. Unter ihnen standen die Bauern, Handwerker, Arbeiter und Sklaven. Das Volk musste für den Pharao arbeiten und große Paläste und Tempel bauen. Auch die Feldarbeit war Aufgabe der Untertanen. Die meisten Menschen waren zwar arm, aber es gab viele Feiertage und genug zu essen. Im Nil konnte man Fische fangen und im Nildelta Vögel und Tiere jagen. Die Felder wurden mit Wasser aus dem Nil bewässert und mit Nilschlamm gedüngt. Es wurden viele verschiedene Pflanzen angebaut: Weintrauben, Flachs und Getreide für Brot oder Bier. Außerdem hielten die Bauern ähnliche Tiere wie heute bei uns.

▽ Der Nil war das Herz Ägyptens und seine wichtigste Straße. Hier holen gerade Menschen Wasser aus dem Nil, während andere den Fluss überqueren. Männer mit Netzen fischen am Ufer und von den Booten aus.

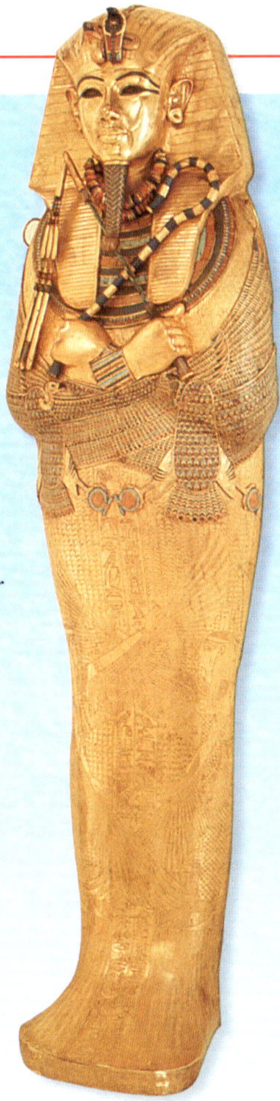

Königliche Reichtümer

Dieser Sarg wurde für den Pharao Tutanchamun gefertigt, der mit 18 Jahren etwa um 1352 v.Chr. starb. Er besteht aus 110 Kilo massivem Gold. Der Sarg befand sich in zwei größeren Holzsärgen, die mit Blattgold dekoriert waren. Tutanchamuns Grab wurde 1922 entdeckt. Es war voller wunderbarer Schätze, darunter auch dem Thron, auf den er mit neun Jahren erhoben wurde. Er war der einzige Pharao, dessen Grab in den Jahrhunderten nach seinem Tod nicht ausgeraubt wurde.

Das Leben nach dem Tod

Vieles, was wir über die alten Ägypter wissen, haben wir von ihren Gräbern erfahren. Sie glaubten an ein Leben nach dem Tod, in dem die Toten ihre Körper brauchten. Darum wurden die Körper wichtiger Menschen konserviert. Dieses sehr komplizierte Verfahren nennt man Mumifizierung. Die Mumie wurde in einem Steingrab beerdigt, mit Grabgaben wie Essen und Geld, die sie in einem späteren Leben noch benötigte. Im Grab eines Pharaos fand man einmal das Modell einer Brauerei – vermutlich damit er auch in seinem nächsten Leben Bier trinken konnte.

Die Gräber enthielten außerdem Bilder und Aufzeichnungen über das Leben der verstorbenen Personen. Die ägyptische Schrift bestand aus kleinen Bildern, den Hieroglyphen. Als Papier benutzten sie eine Art Schilf, den Papyrus.

△ Auf dieser Seite aus dem *Totenbuch* sieht man das Begräbnis eines Mannes namens Ani. Darunter steht ein Spruch, der Ani im Jenseits helfen soll.

3000 Jahre ägyptischer Hochkultur

3100 v. Chr.	Pharao Menes vereinigt Ägypten.
2600–2160 v. Chr.	Altes Reich, Bau der Pyramiden.
2160–2040 v. Chr.	Die Zentralverwaltung bricht zusammen.
2040–1700 v. Chr.	Mittleres Reich. Ägypten ist wieder vereint.
1700–1570 v. Chr.	Fremde greifen Ägypten an.
1570–1070 v. Chr.	Neues Reich, Höhepunkt der ägyptischen Kultur.
1070–600 v. Chr.	Ägypten zerbricht in kleine Staaten.
332 v. Chr.	Alexander der Große erobert Ägypten.

Mesopotamien

Über 2000 Jahre lang gab es verschiedene Reiche in Mesopotamien (dem heutigen Irak). Viele Völker zogen in diese Region, einige als Eroberer, andere als Sklaven. Obwohl die einzelnen Reiche zu unterschiedlichen Zeiten existierten, wurden sie alle von den Ideen und Traditionen der Sumerer beeinflusst.

△ Die farbigen Linien umschließen die jeweiligen mesopotamischen Reiche.

Babylonien

Die Fürsten Babylons rissen die Herrschaft über viele andere mesopotamische Städte an sich. Ihr Reich Babylonien war das größte Reich in Mesopotamien. Obwohl es nur für kurze Zeit über die ganze Region herrschte, ging es in die Geschichte ein. Weil auch die alten Städte der Sumerer dazugehörten, erbten die Babylonier sumerische Erfindungen wie die Keilschrift und das Rad. Auch ihre Kunst und ihr Handwerk waren von der sumerischen Kultur beeinflusst worden.

Babylon wurde etwa 1900 v. Chr. am Euphrat erbaut. Es war eine prachtvolle Stadt, berühmt für ihre Gärten und Wasserwege. Die Kanäle wurden für den Transport sowie die Bewässerung der Felder benutzt und verliefen zum Teil auf Dämmen oberhalb des Bodens. Babylon war eine reiche, betriebsame Stadt und ein wichtiges Handelszentrum. Geld gab es in Form von Silberbarren. Es wurden Aufzeichnungen über Besitz und Geschäfte geführt, und die Arbeitslöhne waren festgelegt. In den Tempeln der Götter des Handels traf man sich zu geschäftlichen Besprechungen. Um alles kontrollieren zu können, entwickelte König Hammurapi (1728–1686 v. Chr.) ein Gesetzbuch. Es waren die ersten Gesetze, die jemals niedergeschrieben wurden. Sie waren sehr streng, und viele Vergehen wurden mit dem Tod bestraft.

▽ Das blaugoldene Tor von Ishtar war der Haupteingang der Stadt Babylon. Die Babylonier benannten es nach ihrer größten Göttin.

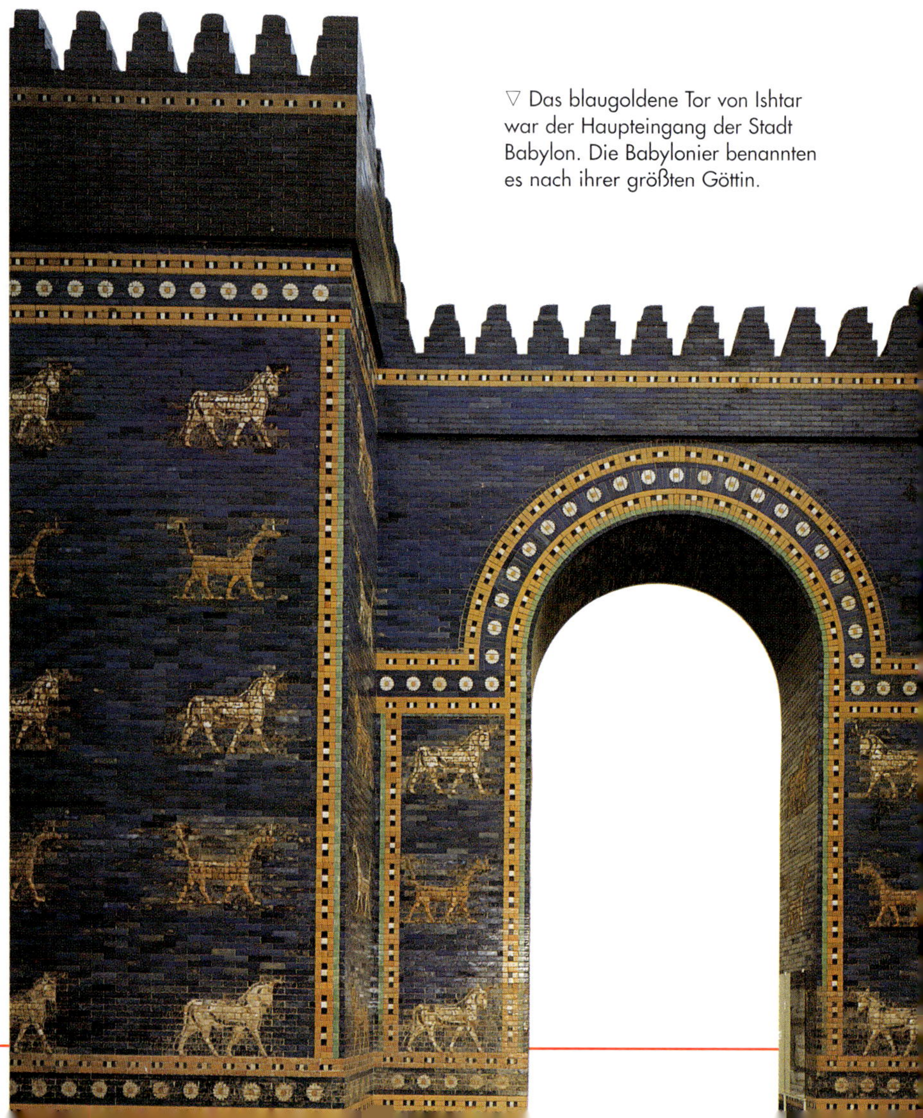

Die Hethiter

Die Hethiter stammten aus der südlichen Türkei. Sie waren ein kriegerisches Volk und kämpften mit Waffen aus Eisen. Von 1400–1200 v. Chr. waren sie die größte Macht Mesopotamiens. Sie zerstörten Hammurapis prächtige Stadt, übernahmen aber viele babylonische Sitten. Die Hethiter waren ein begabtes und geschicktes Volk, manche von ihnen sprachen sogar acht Sprachen. Ihre Gesetze waren weniger streng als die von Hammurapi. Aber sie waren zu ehrgeizig: Ihr Reich brach schließlich zusammen, weil sie zu viele Gegner auf einmal bekämpften.

Assyrien

Die schwarzbärtigen Assyrer waren noch bessere Kämpfer als die Hethiter. Im 8. Jahrhundert v. Chr. eroberten sie das hethitische Reich. Ihre gut ausgebildeten Soldaten waren Experten im Wagenkampf. Da die Assyrer nur ein kleines Volk waren, heuerten sie fremde Soldaten an, damit diese für sie kämpften.

Aber die Assyrer waren nicht nur talentierte Krieger, sie lebten auch in prachtvollen Städten. Reliefs über die Heldentaten ihrer Könige schmückten die Mauern ihrer gewaltigen Paläste. Im Palast von Ninive entdeckten Archäologen eine riesige Bibliothek aus Tontafeln. Darunter befand sich auch die älteste geschriebene Geschichte der Welt, die Sage des Helden Gilgamesch.

▷ Die Assyrer waren nicht nur Experten im Kampf mit dem Streitwagen, sondern auch erfolgreiche Jäger. Diese Schnitzerei zeigt König Assurbanipal II. auf der Löwenjagd. Das Bild schmückte früher seinen Palast in Nimrud.

Neubabylonien

Nachdem Assyrien an Macht verloren hatte, stieg Babylon unter den Chaldäern noch einmal zur Großmacht auf. 608 v. Chr. besiegte der babylonische König Nebukadnezar (605–562 v. Chr.) die Assyrer endgültig. Das neubabylonische Reich existierte nicht einmal 100 Jahre lang, doch es war eine Blütezeit mesopotamischer Kultur. Die Chaldäer waren sehr gute Astronomen; sie konnten sogar Mondfinsternisse vorhersagen.

Das persische Reich

Die Meder halfen den Chaldäern im Kampf gegen die Assyrer. Die Meder waren eines der iranischen Völker aus dem Osten, die Mesopotamien häufig angriffen. Ein anderes iranisches Volk waren die Perser. Im Jahr 547 v. Chr. vereinigte der persische König Kyros die Meder und die Perser. Erstaunlich schnell schuf er das größte Reich, das die Erde jemals gesehen hatte. Es umfasste alle Ländereien des früheren Mesopotamiens und erstreckte sich vom Mittelmeer bis ins heutige Pakistan.

Das mächtige persische Reich brachte den besiegten Völkern viele Vorteile. Vor allem herrschte endlich Frieden, da das Reich 200 Jahre lang nicht angegriffen wurde. Die Bauern konnten ohne Angst vor Überfällen auf den Feldern arbeiten und die Kaufleute in Ruhe ihren Geschäften nachgehen. Obwohl die Perser im Krieg wild und grausam waren, regierten sie dennoch gerecht und tolerant.

▷ Ein Silberbecher aus der persischen Stadt Ekbatana. Wie andere Künstler dieser Zeit konnten auch die persischen Gold- und Silberschmiede besonders gut Tiere nachbilden.

Das alte China und Indien

Zwei frühe Hochkulturen entstanden in Asien. Wie die Kulturen in Mesopotamien und Ägypten entwickelten sie sich auf dem fruchtbaren Boden im Umfeld großer Flüsse. Das Zentrum der ersten chinesischen Zivilisation lag am Hwangho. Eine andere Hochkultur befand sich im Tal des Indus im heutigen Pakistan.

China

Die ersten Städte und Staaten im Gebiet des Hwangho (Gelber Fluss) wurden etwa um 1600 v. Chr. von mächtigen Herrscherfamilien gegründet. Bald darauf entwickelten sich Glaubensvorstellungen und Bräuche, die über 2000 Jahre lang in der chinesischen Kultur weiterlebten. Die Menschen dort glaubten fest an Gesetze. Außerdem verehrten und achteten sie ihre Ahnen, weil sie dachten, dass deren Geister die Götter beeinflussen könnten.
Essstäbchen, Geldwährung und Bilderschrift entstanden ebenfalls in dieser Zeit. Ihre Kunstwerke waren aus Bronze, Elfenbein und Jade (ein blassgrünes Mineral). Handwerker fertigten kunstvolle Waren an wie Keramiken und Seide, für die China 2000 Jahre später berühmt wurde.

Das Leben im Tal des Hwangho war nicht sehr friedlich. Die kleinen Stadtstaaten bekriegten sich untereinander, bis die Qin-Dynastie das chinesische Volk in den Jahren 221–206 v. Chr. endlich vereinte. Der Anführer der Qin nahm den Titel eines Kaisers an, um zu zeigen, dass er über die weniger mächtigen Könige herrschte.

Die Terrakotta-Armee
Der erste Kaiser der Qin, Shihuangdi, war ein strenger und mächtiger Herrscher, der seine Macht sogar mit ins Grab nehmen wollte. Fast 10 000 Soldaten mit Waffen und Pferden bewachten seine Grabstätte bei Xi'an, der Hauptstadt der Qin. Sie waren jedoch nicht echt, sondern lebensgroße Nachbildungen aus gebranntem Ton (Terrakotta). Archäologen entdeckten das erstaunliche Grab des Kaisers mit seiner Armee im Jahr 1974.

Die Han-Dynastie

Auf die Qin-Dynastie folgte die Han-Dynastie (206 v. Chr.–220 n. Chr.). Diese Zeit war das erste »goldene Zeitalter« des kaiserlichen Chinas. China wurde zum fortschrittlichsten Land weltweit, und die Hauptstadt Chang-an war die größte Stadt der Welt. Chinesische Erfinder entdeckten, wie man Porzellan und Papier herstellte. Regierungsbeamte mussten Prüfungen ablegen und regierten umsichtig und ehrlich. Die Heere der Han vergrößerten das Reich, und die Kaufleute trieben Handel bis weit über die Reichsgrenzen hinaus.

▽ Die Chinesische Mauer ist das größte Bauwerk der Welt. Sie ist über 6000 Kilometer lang, 9 Meter hoch und bis zu 5 Metern breit. Sie sollte Nomadenstämme im Norden davon abhalten, Chinas reiche Städte und Dörfer zu überfallen. Der erste Kaiser der Qin verstärkte die Mauer und verband die bereits gebauten Teile miteinander. Tausende von Menschen mussten daran arbeiten, und viele starben durch Unfälle, Krankheiten oder Überarbeitung.

Konfuzius

Konfuzius war ein berühmter chinesischer Gelehrter, der um 500 v. Chr. lebte. Später wurde aus seiner Lehre sogar eine Religion, obwohl er eigentlich nur lehrte, wie man ein tugendhaftes Leben führt. Der Konfuzianismus handelt hauptsächlich vom Leben auf der Erde. Die Chinesen glaubten zwar an Geister und Dämonen, aber nicht an allmächtige Götter oder Himmel und Hölle.

Das Tal des Indus

Die Hochkultur im Industal ist die bis heute am wenigsten erforschte Zivilisation. Obwohl sie tausend Jahre lang existierte, wurden ihre Ruinen erst vor 150 Jahren zufällig beim Bau von Eisenbahnschienen entdeckt. Bisher konnte noch niemand die Schriftzeichen entziffern. Die Städte wurden vor 2000 v. Chr. aus Ziegeln erbaut. Archäologen sind noch dabei, die Überreste zu untersuchen.

▷ Diese Bronzefigur eines Mädchens stammt aus der Indus-Stadt Mohenjo-Daro. Die Städte des Industals wurden um 1500 v. Chr. verlassen, vermutlich wegen Überflutungen oder Angriffen fremder Eroberer. Die Kunstwerke, der Schmuck und ihre Götter ähneln späteren Bräuchen und Stilrichtungen in Indien.

Die Menschen im Industal bauten keine großen Tempel oder Plätze. Ihre Städte waren sorgfältig angelegt, mit Straßen und Abwasserkanälen. In manchen Häusern gab es sogar Toiletten. Die größten Gebäude waren riesige Lagerhäuser für das Getreide; die Ernten müssen also sehr gut gewesen sein. Sie tauschten Getreide gegen Kupfer und hatten sogar Kontakte nach Mesopotamien. Vermutlich als erstes Volk der Welt bauten sie neben Getreide auch Baumwolle an.

Der Mittelmeerraum

Als erste europäische Kultur entwickelte sich auf der Insel Kreta im Mittelmeer die minoische Kultur. Sie wurde nach dem Sagenkönig Minos benannt. Die Minoer waren ein Volk von Seefahrern, das durch den Handel reich wurde.

▽ Dieses Wandgemälde aus einem Palast in Knossos zeigt Akrobaten, die über den Rücken eines angreifenden Stieres springen. Vermutlich war dies Teil einer religiösen Zeremonie. Der Stier galt damals als das stärkste Tier und spielte in den Religionen vieler Völker eine große Rolle.

Die minoische Kultur

Die Minoer lebten auf der fruchtbaren Insel Kreta. Sie trieben Handel mit Ägypten, Griechenland und Spanien. Sie hatten kein Heer, aber ihre Schiffe beherrschten die See. Ihre größte Stadt Knossos wurde vor 2000 v. Chr. erbaut. Die fehlenden Stadtmauern zeigen, dass man keine Angst vor Angriffen hatte. Knossos hatte 20000 Einwohner und war größer als Babylon. Es gab befestigte Straßen, und das Wasser- und Abwassersystem war noch fortschrittlicher als in den Städten am Indus. Dennoch war die reiche Kultur der Minoer in Vergessenheit geraten, bis Archäologen vor 100 Jahren ihre Überreste entdeckten.

Da die minoische Sprache bisher nicht entschlüsselt wurde, können wir nur anhand archäologischer Funde etwas über die Minoer erfahren. Außer Schmuck und Keramik entdeckte man Wandgemälde, die viel über das minoische Leben verraten. Wir wissen, dass die Minoer von Königen regiert wurden, die in großen, luftigen Palästen wohnten. Ihre wichtigste Gottheit war weiblich, ihr Name ist nicht bekannt. Sie wird meistens mit Schlangen in der Hand dargestellt, die als Symbole für langes Leben und Gesundheit galten.

Die Phönizier

Die Phönizier waren berühmte Seefahrer und stammten von der libanesischen Küste. Bis etwa 1200 v. Chr. wurden sie von mächtigen Nachbarn wie den Ägyptern beherrscht. Sie bildeten nie einen richtigen Staat. Ihre Städte, darunter Sidon und Tyros, wurden von unabhängigen Fürsten regiert.

◁ Der prächtige Königspalast in Knossos war fünf Stockwerke hoch und so groß wie zwei Fußballfelder. In ihm befanden sich tausende von Räumen. Er wurde durch einen gewaltigen Vulkanausbruch zerstört, der etwa um 1450 v. Chr. die minoischen Städte vernichtete.

Das erste Alphabet

Die größte Erfindung der Phönizier war ihre Schrift. Sie waren die Ersten, die je einen Klanglaut mit einem einzigen Zeichen darstellten. Ihre Schrift war damit der Vorläufer unseres Alphabets. Wörter wurden aus mehreren Zeichen zusammengesetzt, anders als bei der chinesischen Schrift, wo ein Zeichen ein ganzes Wort darstellt.

Die Phönizier waren fähige Handwerker und Händler. Ihr Land war klein, aber fruchtbar und brachte Trauben, Oliven und Bauholz hervor. Die hohen Zedern des Libanons versorgten selbst Mesopotamien und Ägypten mit Holz. Die wertvollste Handelsware der Phönizier war die aus Seeschnecken gewonnene Purpurfarbe. Außerdem handelten sie mit Gütern aus Afrika und Indien. Wie die Minoer gründeten sie Kolonien im Mittelmeerraum, die größte war Karthago in Nordafrika. Nachdem im 7. Jahrhundert v. Chr Assyrer die Heimat der Phönizier eroberten, wurde Karthago zu einer großen Macht am Mittelmeer.

▷ Phönizische Kunsthandwerker stellten diese Parfümflasche her, indem sie Kringel aus geschmolzenem Glas aufeinander setzten. Möglicherweise entdeckten sie als Erste, wie man Glasgefäße herstellt, indem man durch ein Rohr in einen Klumpen geschmolzenen Glases bläst.

Handels- und Entdeckungsreisen

Die Phönizier bauten robuste, kleine Segelschiffe, mit denen sie lange Reisen unternahmen. Sie segelten nach England, um Zinn zu kaufen, und gingen auf Entdeckungsfahrt. Ein ägyptischer Pharao beauftragte sie damit, Afrika zu umsegeln, aber wir wissen nicht, ob ihnen diese lange Reise gelang. Ein anderer Phönizier segelte die Westküste Afrikas entlang und fing dort einige seltsame Wesen, die er als kleine, haarige Menschen beschrieb. Vermutlich waren es Schimpansen.

Die Mykener und die Griechen

Etwa 1450 v. Chr. eroberten Mykener vom griechischen Festland aus die Insel Kreta. Ihre Kultur überdauerte fast 300 Jahre, dann wurde sie von einem Volk aus dem Norden, den Vorfahren der alten Griechen, abgelöst.

△ Eine goldene Totenmaske, die der Archäologe Heinrich Schliemann 1876 in einem mykenischen Grab entdeckte. Schliemann glaubte, dass sie Agamemnon, den mykenischen Sagenkönig, darstellte.

Die Mykener

Die Mykener waren ein kriegerisches Volk und stärker als die Minoer. Sie übernahmen den minoischen Handel und die Kolonien. Objekte aus massivem Gold, die in mykenischen Gräbern gefunden wurden, weisen auf ihren großen Reichtum hin. Ihre Städte waren besser befestigt, aber sie waren nicht so geschickte Handwerker wie die Minoer. Jede Stadt hatte ihren eigenen König. Dieser wurde von einem Kriegeradel unterstützt, der über die Bauern und Sklaven herrschte. Obwohl die Städte eigentlich nicht zusammengehörten, vereinigten sie sich dennoch gelegentlich, wenn Gefahr drohte. Mykene, die Stadt, die dem Volk seinen Namen gab, war kleiner als Knossos.

◁ Die ägäische Welt um 2000–1200 v. Chr.

Der Trojanische Krieg

Einige Historiker glauben, dass die Mykener im 12. Jahrhundert v. Chr. mit der Stadt Troja in Kleinasien im Krieg lagen, wahrscheinlich ging es um den Handel. Von diesem Krieg erzählte vermutlich der Dichter Homer, auch wenn er die Entführung einer Prinzessin als Ursache angab. Niemand wusste, ob es Troja überhaupt je gegeben hat, bis der Archäologe Heinrich Schliemann Ende des 19. Jahrhunderts die trojanischen Ruinen entdeckte. Mindestens neun antike Städte hatten hier gestanden. Wurde eine zerstört, baute man auf den Trümmern einfach die nächste auf. Die Überreste der verschiedenen Städte liegen in Schichten aufeinander, die älteste ganz unten. Homers Troja war vermutlich die siebte Stadt. Die Funde zeigen, dass sie etwa 1200 v. Chr. zerstört wurde, genau zu der Zeit, als das Troja in Homers Sage belagert wurde.

Die Vorfahren der Griechen

Die Kriege zwischen ihren Städten schwächten die Mykener, und sie konnten den Angriffen aus dem Norden nicht standhalten. Unter den Angreifern befand sich auch das Volk der Dorier, die Vorfahren der späteren Griechen. Obwohl ihre Kultur weniger fortschrittlich war, hatten sie Waffen aus Eisen. Damit waren sie den Mykenern und ihren Bronzewaffen überlegen. Die mykenischen Städte wurden zerstört, und ihre Schätze verschwanden. Auch die Schreibkultur ging verloren. Darum wissen wir nur sehr wenig darüber, was danach in Griechenland passierte, bis im 8. Jahrhundert v. Chr. die antike griechische Kultur aufblühte.

▽ In Homers Sage eroberten die Griechen Troja, indem sich einige Männer in einem riesigen, hölzernen Pferd versteckten. Die Trojaner glaubten, die Griechen hätten sich zurückgezogen, und brachten das vermeintliche Geschenk in ihre Stadt.

Homer

Der Dichter Homer, der im 8. Jahrhundert v. Chr. lebte, war der erste große europäische Schriftsteller. Seine zwei berühmten Epen (in Versen erzählte Geschichten), die »Ilias« und die »Odyssee«, handeln von der Eroberung Trojas und den Abenteuern des Helden Odysseus. Die Griechen hielten Homers Helden für ihre Vorfahren, wahrscheinlich waren es jedoch Mykener. Auch wenn Homer nicht die historisch korrekten Fakten beschrieb, sondern Legenden, die man sich über Jahrhunderte erzählte, wissen wir heute, dass es Troja und den Trojanischen Krieg wirklich gegeben hat.

Die alten Griechen

Einige Mykener flohen vor den dorischen Angreifern und ließen sich in Ionien an der Westküste Kleinasiens (Türkei) nieder. Hier bauten sie starke Städte, regiert von einem König mit seinem Adel. Auf dem griechischen Festland eroberten die Dorier einen Großteil des Südens. Auch hier, ebenso wie im übrigen Griechenland, bildeten sich unabhängige Städte, mit eigenen Königen und Göttern. Manchmal ergriff ein skrupelloser Herrscher, ein so genannter Tyrann, die Macht und so entstanden in vielen Städten Kämpfe zwischen den Herrschern und dem Volk. Um 500 v. Chr. hatten auch die gewöhnlichen Bürger in einigen Stadtstaaten ein gewisses Mitbestimmungsrecht. Athen, der größte Stadtstaat, war sogar eine echte Demokratie.

Die Menschen waren stolz auf ihre Stadt. Benachbarte Städte bekämpften sich darum oft gegenseitig. Ende des 6. Jahrhunderts jedoch wurde ganz Griechenland vom persischen Reich bedroht, das sich ausdehnte. Darum schlossen sich die rivalisierenden Städte unter Führung von Sparta und Athen zusammen und kämpften gemeinsam gegen die Perser. Ihr Sieg in diesem Krieg vereinte die Griechen, und es entstand die Hochkultur des klassischen Griechenlands.

Das klassische Griechenland

Die Geschichte der abendländischen Kultur beginnt im 5. und 4. Jahrhundert v. Chr. im klassischen Griechenland. Die Griechen erfanden die Demokratie, die meisten Literaturgattungen, die westliche Wissenschaft und sogar die Olympischen Spiele. Die Europäer ließen sich fast 2000 Jahre lang von griechischem Gedankengut leiten.

Die griechischen Stadtstaaten

Die griechischen Stadtstaaten hatten jeweils ihre eigenen Bräuche und Sitten. Die Menschen fühlten sich zwar als Griechen und sprachen dieselbe Sprache, aber ihre Loyalität galt der jeweiligen Stadt. Es gab unterschiedliche Regierungsformen. In Sparta herrschten König und Adel, während Athen demokratisch regiert wurde. Jeder männliche Bürger, der in Athen geboren worden war, wählte und nahm damit an der Regierung teil. Sklaven und Frauen durften nicht wählen. Aber einige Rechte besaßen die Frauen doch, und selbst Sklaven konnten wieder zu freien Bürgern werden.

Griechische Kunst und Architektur

Die Griechen entwickelten einen prachtvollen Architekturstil, und ihre Bildhauer fertigten feine Marmorskulpturen an. Einige der Gebäude stehen heute noch. Töpferwaren wurden mit Zeichnungen verziert, die meistens Szenen aus dem Alltag darstellten (siehe unten). Für Historiker sind diese Bilder sehr nützlich, weil sie traditionelle Bräuche sowie Kleider, Möbel, Waffen und andere Objekte griechischen Lebens zeigen.

▷ Bürger auf dem Weg in die Akropolis, dem religiösen Zentrum Athens. Oben rechts steht der Parthenon, der Tempel der Schutzgöttin Athene.

Die griechische Kultur

Vieles hatten die Griechen von früheren Kulturen übernommen, beispielsweise von den Ägyptern, die sie ganz besonders bewunderten. Das Alphabet hatten sie allerdings von den Phöniziern. Aber die Griechen überflügelten diese frühen Völker bei weitem. Athen brachte einige der größten Denker der Welt hervor. Vieles von ihrem Wissen war neu und beeinflusst Europa bis heute. In der Mathematik und Biologie waren die Griechen über 2000 Jahre lang die führenden Experten Europas, und ihre Philosophen wie Platon und Aristoteles studiert man heute noch. Sie waren großartige Denker, aber keine Wissenschaftler in heutigem Sinne, da sie keine Experimente durchführten. Sonst hätten sich einige ihrer Ideen gleich als falsch herausstellen können. Aristoteles zum Beispiel dachte, dass alle Dinge in der Natur aus Erde, Feuer, Luft und Wasser zusammengesetzt sind.

△ Eine Marmorbüste des Philosophen Diogenes, der angeblich aus Protest gegen das schlechte Benehmen der Menschen in einer Tonne lebte.

Theater und Literatur

Die ersten wahren Dichter und Historiker waren Griechen. Darum wissen wir auch so viel über sie. Zum ersten Mal können wir aus Büchern über ein Volk lernen. Auch das Theater entstand im 5. und 4. Jahrhundert v. Chr. mit den großen Dramatikern aus Athen. Aischylos, Sophokles und Euripides schrieben Tragödien und Komödien, die heute noch aufgeführt werden.

▽ Die Schauspieler im griechischen Theater trugen Masken. Auch diese Tonfiguren tragen Masken aus einer Komödie. In den komischen Stücken wurden oft derbe Scherze über Politiker gemacht. Für Tragödien zogen die Schauspieler andere Masken auf.

Griechische Götter

Die Griechen hatten viele Götter und Göttinnen, die von Zeus und seiner Familie angeführt wurden (Athene, die Göttin Athens, war eine seiner Töchter). Viele der Götter hatten sie von östlichen Ländern »adoptiert«, während andere regionale Gottheiten waren. In den Sagen hatten die Götter zwar übernatürliche Kräfte, sie benahmen sich aber gleichzeitig wie gewöhnliche Menschen. Sie stritten, erzählten Lügen und führten ein normales Leben. Für uns sind diese Götter mythische Sagengestalten, aber die Griechen glaubten an sie. Die Religion hatte großen Einfluss auf den Alltag. Wenn jemand eine wichtige Entscheidung treffen musste, suchte er zuerst einen Seher oder ein Orakel auf und fragte einen Gott um Rat. Ein ganz berühmtes Orakel gab es in Delphi.

Der Peloponnesische Krieg

Die Rivalität zwischen Athen und Sparta mündete in einen Bürgerkrieg. Alle Städte auf der Peloponnes (dem südlichen Teil Griechenlands) ergriffen Partei für die eine oder andere Seite. Nach fast 30 Jahren Krieg war Athen besiegt und am Ende seiner Kraft. Die großen Tage der Stadtstaaten waren vorbei. Athen hatte während des Krieges die Demokratie abgeschafft. Die Griechen waren immer noch nicht vereint, und obwohl Persien mittlerweile keine Gefahr mehr darstellte, gab es neue Feinde: Das nördlich gelegene Makedonien, das die Griechen als »barbarisch« ansahen, war erstarkt. König Philipp wollte nun die Stadtstaaten erobern.

Alexander der Große

Alexander von Makedonien war ein berühmter Krieger und Herrscher, der den Einfluss Griechenlands auf eine riesige Region ausweitete. Sein Reich erstreckte sich von Griechenland im Osten bis nach Indien im Westen.

Makedonische Eroberungen

Die Makedonier waren mit den Griechen verwandt und sprachen griechisch. Für die Griechen jedoch waren sie »Barbaren«, das heißt Fremde, und keine echten Griechen. Geführt wurden die Makedonier von einem König und einer kleinen Ritterschicht, die die Makedonier zu guten Kämpfern ausbildete. König Philipp, der Vater Alexanders, begann einen griechischen Stadtstaat nach dem anderen zu erobern. Er wurde ermordet, bevor er sein Ziel erreichte, aber sein Sohn Alexander machte sich zum König der Griechen.

Alexander war der berühmteste Feldherr der Antike. Er führte den Plan seines Vaters zu Ende und zog mit den Griechen in den Krieg gegen Persien. Er begann seine Invasion 334 v. Chr. mit einundzwanzig Jahren. Der Feldzug dauerte bis 323 v. Chr., als Alexander im Alter von nur zweiunddreißig Jahren starb.

Alexanders Reich

Nachdem er den persischen König im Kampf besiegt hatte, marschierte Alexander durch Syrien nach Ägypten. Dort hießen ihn die Menschen willkommen und nannten ihn einen Gott. Er besiegte die Perser ein zweites Mal, woraufhin ihr Reich zusammenbrach. Der persische König wurde von seinen eigenen Leuten getötet, und Alexander trat seine Nachfolge an.

▷ Alexander besiegte den Perserkönig Darius in Issos (in der heutigen Türkei). Nach der Eroberung des Persischen Reichs gehörte ihm fast die ganze damals bekannte Welt. Aber das reichte ihm noch nicht aus.

Doch Alexander genügte dies nicht. Wie allen Eroberern fiel es ihm schwer, seinen Feldzug zu beenden. Außerdem wollte er die Welt kennen lernen. Er zog durch Afghanistan nach Nordwestindien. Dort besiegte er die Streitmacht eines indischen Prinzen, der 200 ausgebildete Elefanten in seinem Heer hatte. Schließlich weigerten sich die erschöpften Soldaten, die seit acht Jahren kämpften, noch weiter zu ziehen. Alexander willigte ein, nach Hause zurückzukehren. Allerdings überredete er seine Männer, zuerst noch das Industal hinunter bis zum Meer zu marschieren, von dem die Griechen glaubten, dass es die ganze Erde umschließe. Von dort führte er sie den langen Weg zurück in Richtung Heimat. Bevor sie Griechenland erreichten, starb er in Babylon.

△ Alexanders Eroberungen beruhten auf guter Organisation. Obwohl er weit reiste, stand er immer mit Makedonien in Verbindung.

→ Die Route, die Alexander der Große zurücklegte

Die griechische Welt

Alexanders Reich überdauerte seinen Tod nur für kurze Zeit. Die Könige der Maurya-Dynastie von Ostindien eroberten die indischen Ländereien zurück, das übrige Reich wurde unter Alexanders Generälen aufgeteilt. Diese gründeten Herrscherfamilien in Ägypten und dem Nahen Osten. Drei Jahrhunderte später fielen die Überreste von Alexanders Imperium teilweise an das Römische Reich.

Alexander hatte versucht, den Osten (die Welt der mesopotamischen Reiche) und den Westen (Griechenland und der Mittelmeerraum) zu vereinigen. Sein Reich war auf die Unterstützung der eroberten Völker angewiesen. Um sie für sich zu gewinnen, übernahm er einige ihrer Gebräuche. Er heiratete eine persische Prinzessin und zwang tausende seiner Soldaten zur Heirat mit asiatischen Frauen. Er vergrößerte allerdings auch den Einfluss der griechischen Zivilisation. In den Städten, die er baute, sprachen die Menschen griechisch und lebten nach griechischen Bräuchen.

△ Nach seinem Tod wurde Alexander zu einer Legende. Ein König aus dem Osten ließ sogar ein Bild von Alexanders Sieg bei Issos in seinen Sarkophag schnitzen. Tausend Jahre nach Alexanders Tod wurden immer noch eifrig Geschichten über ihn erzählt, von denen die meisten jedoch nicht der Wahrheit entsprachen.

Alexandria

Alexander gründete viele Städte, die auch nach ihm benannt wurden. Die berühmteste davon war Alexandria in Ägypten, die zu einem bekannten Zentrum der Gelehrsamkeit wurde. Euklid, der Begründer der Geometrie, und der große Erfinder Archimedes (siehe oben) studierten in der Bibliothek der Stadt. Eratosthenes, um 200 v. Chr. Vorsteher der Bibliothek, berechnete als Erster den Erdumfang.

Die Römische Republik

Die Ideen und Bräuche des klassischen Griechenlands wurden an Rom weitergegeben, die nächste große Macht des Mittelmeerraums. Ursprünglich ein kleiner Stadtstaat, eroberte die Römische Republik im Lauf der nächsten 500 Jahre ein ebenso großes Reich wie Alexander der Große.

△ Im Jahr 218 v. Chr. überraschte der berühmte karthagische General Hannibal die Römer durch einen Angriff aus dem Norden. Er führte sein Heer, darunter auch einige Kriegselefanten, über Flüsse und die Alpen nach Rom. Obwohl die Römer ihn nicht im Kampf besiegen konnten, schlug Hannibals Eroberungsversuch fehl. Nach 15 Jahren wurde er nach Hause gerufen, um Karthago gegen einen Angriff Roms zu verteidigen.

Die Etrusker

Die Etrusker, deren Vorfahren aus dem Osten gekommen waren, regierten über das nordwestliche Italien. Das Land war sehr fruchtbar, und Könige und Adel wurden reich. Die Etrusker herrschten auch über eine Stadt namens Rom. Etwa um 509 v. Chr. erhoben sich die Römer und verjagten die Etrusker. In den nächsten 200 Jahren führten die Römer ständig Krieg. Sie eroberten weitere etruskische Städte und besiegten benachbarte Völker. So wurden sie zum mächtigsten Volk Italiens.

Die Republik

Die Römer wollten keinen neuen König. Also gründeten sie eine Republik, die von zwei Beamten verwaltet wurde, den Konsuln. Diese wurden jedes Jahr neu gewählt. Die normalen Bürger, Plebejer genannt, durften zwar wählen, aber die eigentliche Macht lag bei den obersten Adelsfamilien, den Patriziern. Ihre Vertreter saßen im Senat, dem mächtigen Regierungsrat. Das Pflichtgefühl der Römer gegenüber ihren Familien und ihrem Staat war sehr stark. Darum waren sie patriotische und entschlossene Kämpfer. Nach der Eroberung Italiens besiegten sie die nordafrikanische Stadt Karthago und gewannen so die Kontrolle über den Mittelmeerraum.

▽ Die Römer bauten in jeder Stadt öffentliche Bäder. Sie hielten sich gerne sauber, mochten aber auch Spiele und Sport. Die Bäder waren eine Art Sport- und Gesellschaftsklub, wo sich Freunde oder Geschäftspartner trafen.

Die römische Religion

Vieles aus der römischen Religion wurde von den Griechen übernommen. Der römische Gott Jupiter entspricht dem griechischen Gott Zeus. Außer den Staatsgöttern verehrten sie noch Hausgötter, die den Haushalt oder den Hof beschützten.

Reich gegen Arm

Die ständigen Kriege hielten die Römer zusammen, doch es gab immer mehr Konflikte zwischen den reichen und mächtigen Patriziern und den armen Plebejern. Die Plebejer setzten sich in einigen Punkten durch. Sie durften ihre eigenen Vertreter wählen, die Volkstribunen, die eine eigene Versammlung bildeten. Trotzdem brachte der Klassenkonflikt Rom im 2. Jahrhundert v. Chr. an den Rand des Chaos. Die Regierung brach zusammen, und auf beiden Seiten wurden viele Menschen ermordet. Im nächsten Jahrhundert brach zwischen den zwei konkurrierenden Generälen Marius und Sulla ein Bürgerkrieg aus. Sulla siegte. Er war ein brutaler Herrscher, den niemand zügeln konnte, und er ließ die Republik verkommen.

◁ Den Römern gefielen grausame Sportarten. Gladiatoren kämpften bis zum Tod miteinander, um das römische Volk zu unterhalten. Manchmal kämpften sie auch mit wilden Tieren (links). Gladiatoren waren oft Sklaven oder Gefangene. Im alten Rom gab es viele Sklaven. Auf einem Sklavenmarkt wurden einmal 150 000 Menschen an einem Tag verkauft. Eine Sklavenrebellion wurde 73 v. Chr. brutal niedergeschlagen, nachdem die Rebellen plündernd durch Süditalien gezogen waren.

Das Ende der Republik

Im ersten Jahrhundert v. Chr. war das Heer zur stärksten Macht in der Römischen Republik geworden. Die Soldaten, meist in den entfernten Gebieten des Reichs, hielten in erster Linie ihren Generälen und nicht Rom die Treue . Und so erhielt Rom mithilfe der Armee seine ersten Kaiser: Nach dem Tod des Diktators Sulla hatten verschiedene Generäle um die Macht gekämpft. Der Gewinner war Julius Cäsar, der Gallien (Frankreich) erobert und Großbritannien angegriffen hatte. Er besiegte seinen stärksten Gegner Pompeius und übernahm die Macht. Cäsar herrschte nur fünf Jahre lang. Dann wurde er von einer Gruppe eifersüchtiger Senatoren ermordet, die Angst hatten, er könne sich selbst zum König ernennen. Dieser Mord führte zu einem weiteren Bürgerkrieg, den Cäsars Freund Marcus Antonius und sein Neffe Octavian gewannen. Doch die Sieger stritten sich. Octavian besiegte Antonius und wurde unter dem Namen Augustus der erste Kaiser Roms.

▽ Kleopatra, die letzte Königin Ägyptens, benutzte ihre Schönheit als politische Waffe. Sie verliebte sich in Julius Cäsar und bekam einen Sohn von ihm. Später verliebte sie sich in Marcus Antonius. Antonius' Niederlage gegen Octavian 31 v. Chr. beendete die Unabhängigkeit Ägyptens; Kleopatra beging Selbstmord.

Das Römische Reich

Sechshundert Jahre lang beherrschten die Römer fast ganz Europa, Nordafrika und Teile des Nahen Ostens. Recht, Gedanken und Bräuche der Römer beeinflussten die europäische Kultur noch weit über tausend Jahre nach dem Untergang des Römischen Reichs.

Die römische Herrschaft

Viele Menschen fielen der Ausweitung des Römischen Reichs zum Opfer, und die Sitten und Glaubenslehren von noch mehr Menschen gingen unter. Dennoch freuten sich viele in den eroberten Gebieten über die römische Herrschaft und die weitaus fortschrittlichere Lebensweise. Die Einwohner von so unterschiedlichen Gebieten wie Britannien und Palästina waren stolz darauf, römische Bürger zu sein. Unter der römischen Herrschaft wurden die Menschen gerecht und in Frieden regiert. Es gab zwei Dinge, die den Zusammenhalt des Reiches besonders stützten: die römische Sprache Latein, die noch Jahrhunderte lang von gebildeten Europäern gesprochen wurde, und das römische Recht. Die römischen Gesetze waren einfach zu verstehen und wurden konsequent durchgesetzt. In Frankreich und Großbritannien ist das römische Recht heute noch Grundlage des Rechtssystems. Außerdem verlangten die Römer keine zu hohen Steuern und die Schutzmacht und die gute Verwaltung Roms förderten Handel und Landwirtschaft. Allerdings nutzten selbst die besten römischen Statthalter ihre Macht, um sich zu bereichern.

Die Kaiser

Da die römischen Kaiser so unglaublich mächtig waren, hing viel von ihrem Charakter ab. Einige, wie Augustus, der erste Kaiser (oben), waren gerechte und kluge Männer. Andere waren selbstsüchtig und halb verrückt wie der fünfte Kaiser Nero, der Rom angeblich aus Rache in Brand stecken ließ. Der Kaiser sollte eigentlich gewählt werden, aber in Wirklichkeit war er entweder ein Nachkomme des vorherigen Kaisers oder, in späteren Jahren, der Sieger in einem Kampf zwischen konkurrierenden Generälen

▽ Ein Siegeszug durch Rom mit dem Schatz, der bei der Eroberung Jerusalems im Jahr 70 n. Chr. erbeutet wurde.

▽ Das Römische Reich im Jahr 117 n. Chr.

◁ Der Pont du Gard, das große Aquädukt über dem Tal des Flusses Gard in Südfrankreich, wurde vor 2000 Jahren erbaut, um frisches Wasser in die römische Stadt Nîmes zu leiten.

Dichtung und Baukunst

Die römische Kultur hatte den Griechen zwar vieles zu verdanken, aber die Römer hatten auch ihre eigenen großen Schreiber wie Vergil, Horaz und Ovid. Die Römer konnten nicht nur gut verwalten, sie waren auch talentierte Architekten und Ingenieure. Da sie glaubten, ihr Reich würde ewig existieren, sollten auch ihre Bauten lange halten. Tatsächlich stehen viele heute noch. Römische Gebäude hatten Bögen und Kuppeln. Sie bestanden aus Ziegeln, Zement und Stein. Die Paläste und die Villen reicher Leute waren mit einer Fußbodenheizung ausgestattet, die vor allem in den kälteren Provinzen wie Germanien recht nützlich war. Die Römer waren außerdem große Meister des Kunsthandwerks, besonders der Glas- und Mosaikkunst.

Der Anfang vom Ende

Das Reich dehnte sich immer weiter aus, bis Kaiser Hadrian an die Macht kam (117–138 n. Chr.). Ihm war es bereits zu groß, und er setzte das Heer lieber beim Straßenbau ein anstatt für Eroberungsfeldzüge. Ab dem 3. Jahrhundert ließen sich auch »Barbaren« innerhalb der Reichsgrenzen nieder. Die kaiserliche Regierung hatte an Macht verloren, Rom war längst nicht mehr so wohlhabend und dem Reich ging die Energie aus. Im Jahr 395 brach die römische Herrschaft in Europa endgültig zusammen. Das Reich wurde in ein Westreich und ein Ostreich mit der Hauptstadt Konstantinopel aufgeteilt.

Die »Barbaren«

Im 5. Jahrhundert setzte eine Völkerwanderung von Osten nach Westen ein. Als Erstes kamen die Hunnen, deren ursprüngliche Heimat weit im Osten lag. Diese Invasion von »Barbaren« zerstörte schließlich sowohl das Römische Reich in Europa als auch das Gupta-Reich in Indien.

Die Barbaren und die Römer

Ebenso wie die Griechen bezeichneten auch die Römer alle Fremden als »Barbaren«. Die germanischen Völker, die in das Reich einfielen, lebten zwar ein einfaches Leben, aber sie waren keine Wilden. Einige Germanen hatten schon seit vielen Jahren Kontakte mit Rom. Sie kannten die römischen Sitten und bewunderten das Reich, vor allem seinen Wohlstand. Sie hätten es gerne erobert, waren dafür aber nicht gut genug organisiert. Am Ende trugen sie jedoch dazu bei, das Reich zu zerstören. Völkerwanderungen von Ost nach West waren nichts Neues. Auch die Kelten in Frankreich und Großbritannien stammten ursprünglich aus Mitteleuropa.

Die Goten

Die Goten lebten als Bauern am Schwarzen Meer, als die Hunnen die Region überfielen. Sie durften dem Römischen Reich beitreten, zerstritten sich aber bald darauf mit den Römern. 378 n. Chr. besiegten sie die Römer bei Adrianopel und töteten Kaiser Valens. Sie griffen auch Italien an, wurden jedoch von einem vandalischen Feldherrn zunächst abgewehrt. Schließlich konnten sich die Römer nicht länger verteidigen, und 410 n. Chr. fiel Rom in die Hände der Goten. Die Goten waren nicht nur ein Kriegervolk. Sie stellten auch prächtige Schmuckstücke her wie diese silberne Gürtelschnalle.

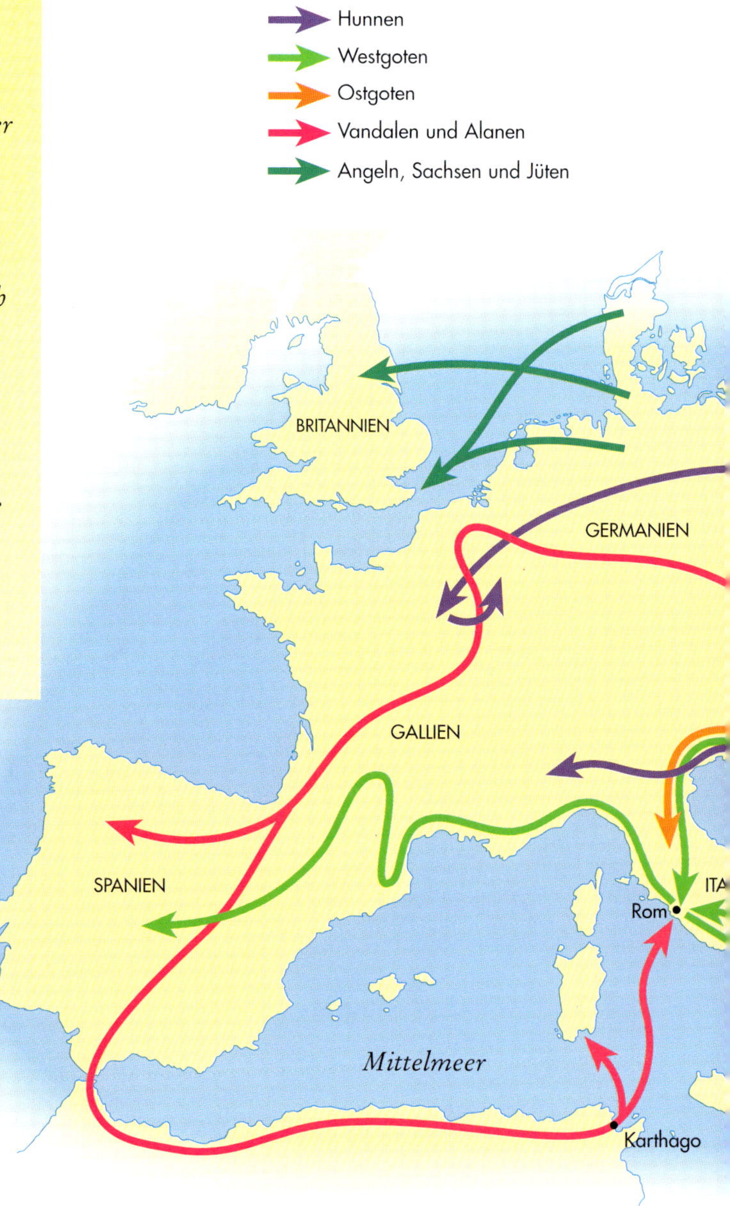

▷ Hunnen, Westgoten und Vandalen breiteten sich in Europa aus. Die Hunnen überfielen außerdem Persien und Indien und drängten die europäischen Stämme weiter nach Westen. Die Angeln und die Sachsen ließen sich in Britannien nieder.

Die Hunnen

Die Hunnen waren ein Nomadenvolk, das Vieh hielt und keinen Ackerbau betrieb. Sie lebten als Jäger und Sammler und überfielen manchmal auch Dörfer. Sie waren ausgezeichnete Reiter; selbst ihre Kinder saßen, sobald sie laufen konnten, auf Pferden. Die Ersten, die nach Westen zogen, waren die »schwarzen« Hunnen im 5. Jahrhundert. Sie breiteten sich in Osteuropa aus und drängten andere Stämme wie die Alanen und die Goten weiter westwärts. Eine andere Gruppe, die »weißen« Hunnen, wandte sich nach Süden. Sie überfielen Persien und töteten den persischen Kaiser. Dann zogen sie weiter nach Indien, zerstörten das Gupta-Reich und setzten ihre eigenen Könige auf den Thron. Die Hunnen töteten Zehntausende von Menschen und waren wegen ihrer Grausamkeit gefürchtet.

◁ Ein hunnischer Reiter. Manche Menschen glaubten, dass die Hunnen mit ihren Pferden zusammengewachsen wären. Die Hunnen benutzten einen kurzen, aber tödlichen Bogen, den man gut zu Pferd abschießen konnte. Er bestand aus einer Sehne sowie aus Holzstreifen und Knochen, die bei weder zu warmem noch zu kaltem Wetter zusammengeklebt werden mussten, so empfindlich waren die Materialien.

Der Untergang des Römischen Reichs

Die Vandalen kamen aus dem Norden Germaniens und überfielen Anfang des 4. Jahrhunderts Gallien. Sie wurden von den Westgoten in Richtung Süden nach Spanien vertrieben und ließen sich schließlich im römischen Nordafrika nieder. Sie machten Karthago zu ihrer Hauptstadt und beherrschten das Mittelmeer. Im Jahr 455 n. Chr. segelten die Vandalen nach Italien. Dort eroberten sie Rom und nahmen mit, was sie tragen konnten.

In der Zwischenzeit starteten die Hunnen unter ihrem Führer Attila ihren größten Angriff. 447 n. Chr. belagerten sie Konstantinopel, die Hauptstadt des Oströmischen oder Byzantinischen Reichs. Für drei Tonnen Gold willigten sie ein, die Stadt zu verschonen. Sie eroberten einen Großteil des Römischen Reichs und griffen sogar Italien an. Krankheit und Hunger zwangen sie jedoch zum Rückzug, bevor sie Rom einnehmen konnten. Trotzdem richteten sie so viel Zerstörung an, dass das Römische Reich daran zu Grunde ging. Der letzte Kaiser wurde 476 n. Chr. von Odoaker abgesetzt, einem »barbarischen« Heerführer, der einst auf der Seite Roms gekämpft hatte.

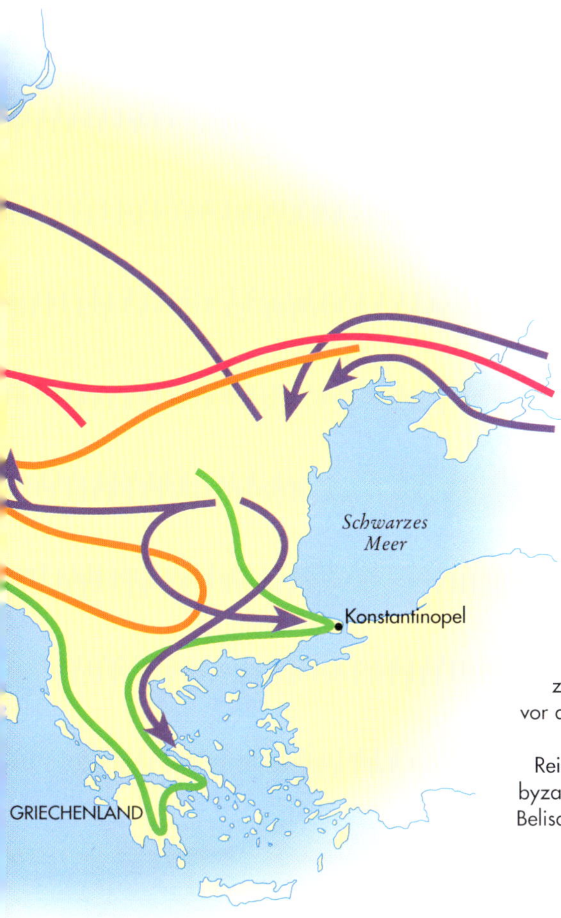

▷ Dieses Mosaik zeigt einen Vandalen vor den Toren Karthagos in Nordafrika. Ihr Reich wurde durch den byzantinischen Feldherrn Belisar im 6. Jahrhundert zerstört.

Das Byzantinische Reich

Im 5. Jahrhundert n. Chr. brach das Weströmische Reich in Europa zusammen. Das Oströmische Reich, auch Byzantinisches Reich genannt, überlebte dagegen noch weitere tausend Jahre. Dort entwickelte sich eine ganz andere Kultur als in Westeuropa.

Byzanz

Der römische Kaiser Konstantin beschloss 330 n. Chr., Byzanz zu seiner östlichen Hauptstadt zu machen, und änderte den Namen in Konstantinopel (heute Istanbul). Die Stadt beherrschte die Handelsstraßen zwischen Europa und Asien und entwickelte sich zu einer der größten und reichsten Städte Europas, während Rom immer schwächer wurde. Die massiven Stadtmauern Konstantinopels sind heute noch ein beeindruckender Anblick.

Die byzantinischen Kaiser nannten sich immer noch Römer und träumten davon, das Weströmische Reich zurückzuerobern. Nachdem Odoaker den letzten Kaiser Roms besiegt hatte, bezahlte der byzantinische Kaiser Zenon die Ostgoten dafür, ihn zu stürzen. Das gelang den Ostgoten auch, doch zu Zenons Ärger ernannte sich ihr Anführer Theoderich später selbst zum Herrscher und machte im nordöstlichen Italien Ravenna zu seiner Hauptstadt.

▷ In Konstantinopel baute Justinian die Sophienkirche (Hagia Sophia), die größte und schönste christliche Kirche der damaligen Zeit. Als die Osmanen 1453 die Stadt eroberten, verwandelten sie die Kirche in eine Moschee.

Das orthodoxe Christentum

Konstantin hatte das Christentum zur Religion des Römischen Reichs ernannt, und so war auch Byzanz ein christlicher Staat. Die Religion war Teil der Regierung und des alltäglichen Lebens. Der Kaiser galt als Vertreter Gottes und wurde auf Bildern mit einem Heiligenschein dargestellt. In Westeuropa führte der Papst die römisch-katholische Kirche, doch in Byzanz gab es kein religiöses Oberhaupt. Man sprach griechisch statt lateinisch und hatte andere Zeremonien. Streitereien um religiöse Fragen trieben die römische und die byzantinische Kirche immer weiter auseinander. Im Jahr 1054 n. Chr. trennten sie sich völlig. In Byzanz existierte ein ganz eigener religiöser Kunststil. Berühmt sind die Ikonen (religiöse Kultbilder), wie diese mit dem Erzengel Michael.

Justinian der Große

Unter Kaiser Justinian, genannt »der Große« (527–565 n. Chr.) ging der Traum, das alte Römische Reich wiederherzustellen, fast in Erfüllung. Belisar und andere byzantinische Feldherren eroberten Nordafrika, einen Großteil Italiens und Teile Spaniens zurück. Da die Byzantiner kein Latein, sondern griechisch sprachen, betrachteten die Europäer sie als Fremde und nicht als Römer. Die Byzantiner konnten die eroberten Länder nicht lange halten, und das Byzantinische Reich verlor allmählich den Kontakt mit dem Westen.

Justinian regierte gemeinsam mit seiner starken und klugen Frau Theodora. Er war der erfolgreichste byzantinische Kaiser, aber nach dem Tod seiner Frau wurde er schwächer. Allerdings zählen weder seine kurzzeitigen Eroberungen noch der Bau der Sophienkirche zu seinen größten Leistungen, sondern seine Gesetzgebung. Justinian bewahrte die römischen Gesetze, die später auch in Europa wieder eingeführt wurden.

△ Byzantinische Künstler waren besonders berühmt für ihre Mosaikarbeiten. Hier sieht man Kaiserin Theodora, die Frau Justinians, mit ihren Dienern und Beamten.

Das belagerte Reich

Das Byzantinische Reich wurde nie wieder so stark wie unter Justinian. Trotz großartiger Leistungen in Kunst und Bildung waren die byzantinischen Kaiser keine guten Regenten. Man kümmerte sich nicht um die Bauern, die das Getreide anbauten und in den Heeren kämpften. Die Kaiser hatten auch im Ausland viele Feinde. Im 7. Jahrhundert schien das Reich zusammenzubrechen, aber der große Feldherr und Kaiser Heraklius konnte es durch seinen Sieg über die Slawen und die Perser noch einmal retten. Vor seinem Tod erschien jedoch ein neuer, noch stärkerer Feind: die Heere des Islam.

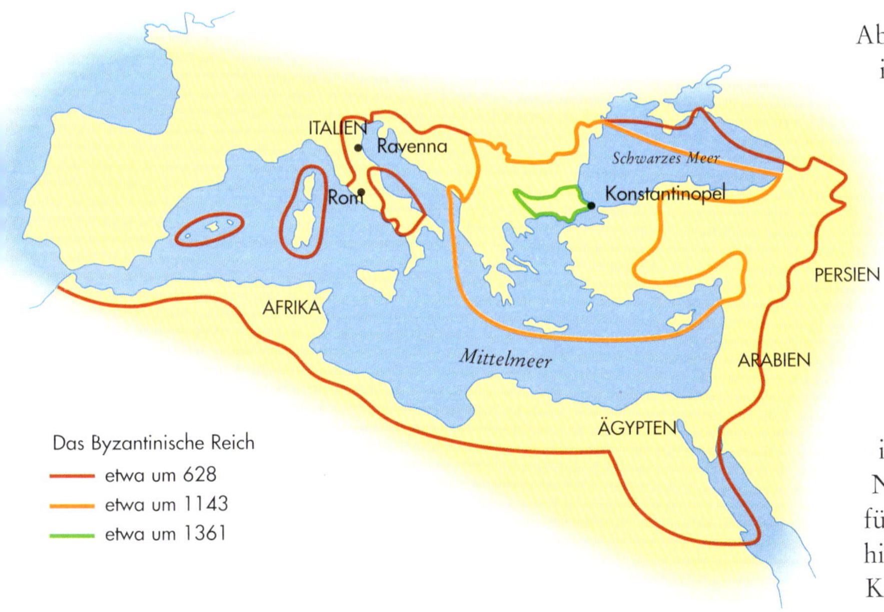

△ Das Byzantinische Reich, von 628 bis 1361

Ab dem 11. Jahrhundert wurde Konstantinopel immer schwächer, und das Reich schrumpfte. Die Byzantiner waren immer noch gute Künstler und Gelehrte, die das antike Wissen am Leben erhielten, das das westliche Europa längst vergessen hatte. Doch wie Rom tausend Jahre zuvor konnten sich die Byzantiner nicht länger selbst verteidigen und mussten fremde Soldaten anheuern. Das Byzantinische Reich ging schließlich unter, als die osmanischen Türken nach einer langen Belagerung 1453 Konstantinopel eroberten. Der letzte Kaiser starb im Kampf und mit ihm eine großartige Kultur. Nach dem Fall Konstantinopels wurde Russland das führende orthodoxe Land. Die russischen Zaren hielten sich für die Nachfahren der byzantinischen Kaiser.

Religion

In der Geschichte hat sich gezeigt, dass die Religion den größten Einfluss auf das Denken und Handeln der Menschen hat. Fast alle großen Religionen der Welt entstanden vor 2000 Jahren oder noch früher. Nur der Islam ist jünger. Alle Weltreligionen stammen entweder aus Indien oder aus dem Nahen Osten.

△ Der Hindu-Gott Schiwa tanzt in einem Feuerkreis. Schiwa, der Zerstörer, ist einer der drei Hauptgötter des Hinduismus. Die anderen sind Brahma, der Schöpfer, und Wischnu, der Bewahrer.

Der Hinduismus

Der Hinduismus ist die älteste Weltreligion. Er entwickelte sich vor mehr als 4000 Jahren in Indien und breitete sich dann im Südwesten Asiens aus. Anders als die meisten Religionen war der Hinduismus eine unorganisierte Bewegung ohne einen Begründer oder Propheten. Seine heiligen Schriften, das *Mahabharata* und das *Ramajana*, wurden vor mehr als 1500 Jahren verfasst. Im Hinduismus gibt es viele verschiedene Bräuche und Glaubensrichtungen und hunderte von Göttern. Die wichtigste Lehre lautet, dass die Menschen ihre Arbeit gut und ehrlich verrichten und ein moralisches Leben führen sollen. In der Antike existierte der Hinduismus in Indien neben dem Buddhismus, später auch neben dem Islam. Es gab zwar Konflikte zwischen den Religionen, aber die meiste Zeit lebten die Menschen friedlich zusammen.

▽ Kaiser Aschoka spielte bei der Verbreitung des Buddhismus eine wichtige Rolle. Er begann mit dem Bau der großen Stupa im indischen Sanchi. Stupas waren buddhistische Tempel zur Aufbewahrung von Reliquien.

Der Buddhismus

Der Begründer des Buddhismus war Siddharta Gautama, genannt Buddha, ein Prinz, der vor etwa 2500 Jahren in Nordindien lebte. Das Leiden der niederen Bevölkerungsschichten veranlasste ihn, sein königliches Leben aufzugeben. Buddha verbrachte den Rest seines Lebens mit Meditieren und Unterrichten. Er lehrte, dass alle Lebewesen in einer anderen Gestalt wieder geboren werden und man deshalb alle Geschöpfe achten muss. Der Kreislauf von Tod und Wiedergeburt endet, wenn der Zustand der »Erleuchtung« erreicht und alle selbstsüchtigen Begierden überwunden sind. Innerhalb des Buddhismus entwickelten sich viele verschiedene Strömungen. In Indien wurde er zwar mit der Zeit vom Hinduismus verdrängt, aber seine Lehre verbreitete sich in ganz Zentral- und Ostasien, darunter auch in China und Japan.

Das Judentum

Die Israeliten, später auch Juden genannt, waren ein kleines Volk in Palästina, dessen Religion vor mehr als 3000 Jahren entstand. Der wichtigste Gedanke des Judentums ist der Glaube an einen einzigen, allmächtigen Gott, der die Welt und alles Leben erschaffen hat. Propheten wie Abraham und Moses erzählten den Menschen von Gottes Geboten. Die Propheten waren die eigentlichen Führer der Juden, die in der Geschichte fast immer von Großmächten wie Babylon und Rom beherrscht wurden. Nach jüdischen Aufständen im 2. Jahrhundert n. Chr. wurden die meisten Juden aus Palästina vertrieben und zerstreuten sich in Europa und dem Nahen Osten. Selbst während ihres jahrhundertelangen Exils hielten sie an ihrer Religion fest. Erst mit der Gründung Israels im Jahr 1948 bekamen die Juden ihre Heimat zurück.

◁ Das Symbol der Christen ist das Kreuz, da Christus an einem Kreuz hingerichtet wurde. Dieses Kreuz ist aus Gold, Silber und Edelsteinen gefertigt.

Das Christentum

Das Christentum entwickelte sich als Ableger des Judentums nach den Lehren eines Mannes namens Jesus. Jesus Christus wurde etwa 4 v. Chr. geboren (»Christus« heißt Erlöser). Seine Anhänger glaubten, er sei der Sohn Gottes. Er setzte sich für die Armen ein und kritisierte die religiösen Führer der Juden. Er versprach ein zukünftiges Königreich Gottes, das die Armen und Demütigen belohnen würde. Seine eindrucksvolle Lehre beunruhigte die jüdischen Religionsführer und römischen Herrscher, und um 29 n. Chr. wurde er hingerichtet. Die Christen glauben, er sei wieder auferstanden und in den Himmel gekommen. Sie warten darauf, dass er eines Tages zurückkommen und das Königreich Gottes auf Erden errichten wird. Immer mehr Menschen wurden Christen, obwohl sie deswegen im Römischen Reich verfolgt wurden. Doch 313 n. Chr. erklärte Kaiser Konstantin das Christentum zur römischen Staatsreligion. In den nächsten Jahrhunderten verbreitete sich das Christentum in ganz Europa, geführt von einer mächtigen Institution unter Leitung des römischen Papstes.

▽ Die Propheten lehrten den Israeliten, Gott zu gehorchen. In einer Geschichte der Bibel wird erzählt, wie die Israeliten begannen, den fremden Gott Baal anzubeten. Daraufhin forderte der Prophet Elias die Priester des Baal heraus, um zu prüfen, welcher Gott einen Altar in Brand setzen könne.

Die Zehn Gebote

Die Zehn Gebote waren zehn in Stein geritzte Lebensregeln. Angeblich übergab Gott diese Tafel auf dem Gipfel des Bergs Sinai an Moses, als die Juden sich etwa um 1300 v. Chr. auf einer langen Reise aus dem ägyptischen Exil zurück in ihre Heimat Palästina befanden. Die Geschichte der Juden ist im Alten Testament aufgeschrieben, einem Teil der christlichen Bibel.

Amerika

In den beiden Teilen Amerikas entwickelten sich die Zivilisationen später als in Asien und Europa. Im Lauf der Jahrhunderte gab es verschiedene Völker und Reiche in Mittelamerika. Einige Traditionen wurden von einem Volk an das nächste weitergegeben.

Die amerikanischen Hochkulturen

Die ersten großen Städte Amerikas wurden vor mehr als 2000 Jahren gebaut. Dort regierten mächtige Könige, unterstützt von einem Kriegeradel und Priestern. Diese Städte lagen in Mittelamerika und westlich der Anden in Südamerika. Die dort lebenden Völker wussten jedoch nichts voneinander.

△ Diese Tonfigur eines Maya-Gottes wurde als Duftlampe verwendet.

Im heutigen Mexiko lebten die Olmeken, eines der ersten Völker Mittelamerikas. Sie bauten Mais an und stellten kunstvolle Skulpturen aus Jade her. Die Stadt La Venta war von 900–400 v. Chr. ihr kulturelles Zentrum. Die meisten größeren Gebäude waren auf Erdhügeln gebaute Tempel. Spätere Völker führten diese Tradition weiter. Im 6. Jahrhundert n. Chr. starb die Kultur der Olmeken aus.

Das goldene Zeitalter der Mayas

Das 6. Jahrhundert war ein Zeitalter der Kriege. Viele verschiedene Völker errichteten mächtige Kulturzentren in Mittel- und Südamerika. Das größte Volk waren die Mayas in Südmexiko und Guatemala, die viele Bräuche von den Olmeken übernommen hatten. Die Blütezeit der Maya-Kultur lag zwischen 300 und 1000 n. Chr., aber Reste davon existierten noch um 1520 bei Ankunft der Spanier. Die Städte der Mayas waren religiöse Orte, in denen Priester über das Alltagsleben bestimmten. Ihre riesigen Steintempel und Zikkurats waren über 60 Meter hoch. Die einzelnen Stadtstaaten waren durch ein gutes Straßensystem miteinander verbunden. Die meisten Menschen lebten in Dörfern und bebauten Felder, die sie durch Rodung des Urwalds gewannen. Die Mayas waren Experten auf vielen Gebieten, zum Beispiel in der Astronomie. Ihr Kalender war sehr genau. Außerdem waren sie gute Mathematiker. Allerdings kannten sie weder Metallwerkzeuge noch das Rad.

◁ Die Olmeken sind für ihre Schnitzereien bekannt. Diese Axt aus Jade wurde bei religiösen Ritualen verwendet.

Die Azteken

Im 15. Jahrhundert gab es auf dem amerikanischen Kontinent zwei große Hochkulturen: die Azteken in Mexiko und die Inkas in Peru. Die Azteken waren ein gewalttätiges Volk. Sie führten viele Eroberungskriege und opferten die Gefangenen ihren blutdürstigen Göttern. Wenn sie ein Reich erobert hatten, waren sie sehr grausam zu ihren neuen Untertanen. Die Hauptstadt der Azteken, Tenochtitlán, lag auf einer Insel mitten in einem See. Es war eine prächtige Stadt mit Gärten, Türmen und Kanälen und bis zu 500000 Einwohnern. Andere Untertanen des aztekischen Reichs wohnten in Dörfern. Obwohl sie keine Pflüge, Wagen oder Zugtiere hatten, ernteten sie guten Mais. Vor der spanischen Eroberung kannte man in Amerika auch keine Pferde.

Die Völker Nordamerikas

Die Einwohner Nordamerikas lebten in tausend verschiedenen Gruppen mit hunderten von verschiedenen Sprachen. Die Bewohner der Hochebenen im Mittleren Westen waren Jäger, die sich von den Büffelherden ernährten und in Tipis (Zelten) wohnten. Anderswo betrieben die Menschen Ackerbau und lebten in festen Siedlungen. Die Indianer an der Pazifikküste bauten Holzhäuser, die mit Schnitzereien und Malereien verziert waren, während die Pueblovölker des Südwestens in Adoben (Ziegelbauten) wohnten. Die meisten Völker wurden von Königen und Priestern regiert, die gewöhnlich die klügsten Männer des Stammes waren. Sie hatten viele Götter und Naturgeister und feierten ihre Feste mit Singen und Tanzen.

▽ In Tenochtitlán, der Hauptstadt der Azteken, gab es einige große Zikkurats, die das Stadtbild dominierten, ähnlich wie in den alten mesopotamischen Städten. Auf der größten Zikkurat standen zwei Tempel. Der eine gehörte dem Regengott Tlaloc, der andere dem Kriegs- und Sonnengott Huitzilopochtli. Die Überreste der Stadt liegen unter dem heutigen Mexiko City.

Die Inkas

Westlich der Anden herrschten die Inkas über einen Großteil Südamerikas. Ihr Reich umfasste verschiedene Volksgruppen mit unterschiedlichen Sprachen. Die Inkas waren auch mächtige Herrscher, aber nicht so grausam wie die Azteken. Ihr Reich wurde gut verwaltet. Befestigte Straßen verbanden die einzelnen Regionen, und schnelle Läufer informierten die Herrscher über alle wichtigen Vorfälle. Alles Eigentum gehörte dem Staat und wurde unter den Untertanen verteilt. Das Privatleben war durch strenge Gesetze geregelt. Eine Heirat war nur mit Zustimmung der Regierung möglich. Ein blinder Mann durfte beispielsweise nur eine Frau heiraten, die auch blind war. Die Alten und Kranken wurden versorgt, aber trotzdem war das Reich kein »Wohlfahrtsstaat«. Die Herrscher, nicht das Volk, standen an erster Stelle.

Die antike Welt

Über einen Großteil dieses Zeitraums gibt es keine schriftlichen Quellen. Selbst nach Erfindung der Schrift finden sich nur wenige Aufzeichnungen, die zudem nicht immer zuverlässig sind. Vieles von unserem Wissen hängt daher von der Arbeit der Archäologen ab, die beispielsweise die Ruinen der antiken Städte entdeckten.

AMERIKA

Vor 4000 v.Chr.

um 14000 Von Asien aus ziehen Menschen nach Alaska und breiten sich um 12000 nach Südamerika aus.
um 6000 In Peru und Mexiko wird erstmals Mais angebaut.
um 6000 In Peru werden Lamas (rechts) als Packtiere verwendet.
um 5000 Fischer in Kalifornien bauen große Kanus.

4000–3000 v.Chr.

um 4000 Nordamerikanische Jäger bauen Dörfer aus Grashütten.
um 3500 Pazifische Fischerdörfer in Südamerika bauen Baumwolle an und stellen Stoffe her.
um 3500 Von Mexiko bis Peru werden Tonwaren gefertigt.
um 3500 Nordamerikanische Jäger verwenden mit Gewichten beschwerte Speerschleudern.

3000–2000 v.Chr.

um 3000 Die meisten Menschen in Mittelamerika leben in festen Dörfern.
um 2500 In Mexiko und Mittelamerika wird Mais zum Grundnahrungsmittel.

2000–1000 v.Chr.

um 1800 Vorfahren der Inuit lassen sich in der Arktis nieder.
um 1800 In Südamerika entstehen Tempelstädte.
um 1100 In Südmexiko entwickelt sich die Kultur der Olmeken.

EUROPA

um 38000 Der Homo sapiens erreicht Südeuropa.
um 20000 In Frankreich und Spanien malen Jäger Tiere auf Höhlenwände.
um 10000 In Russland werden aus Tierknochen Schutzhütten gebaut.
um 5000 Vom Nahen Osten aus verbreitet sich der Ackerbau.

um 4000 Die Steingräber in der Bretagne entstehen.
um 4000 In England und Irland beginnt der Getreideanbau.
um 3500 In Teilen Europas verwendet man den Pflug.
um 3500 Bauern in Deutschland bauen Holzhäuser auf Stelzen.

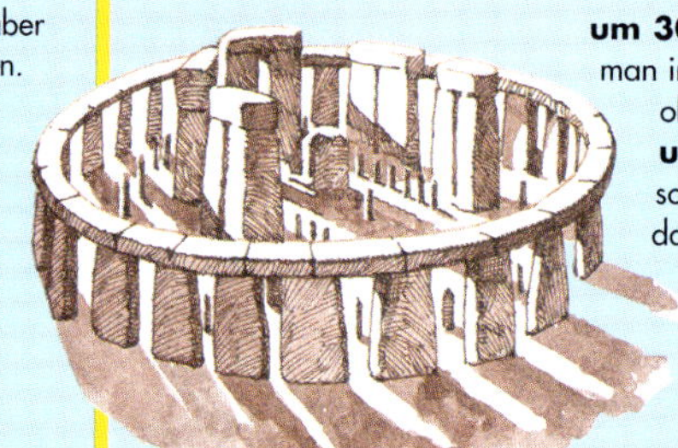

um 3000 Im Mittelmeerraum fertigt man in Formen gegossene Bronzeobjekte.
um 3000 Auf den schottischen Orkneyinseln wird das Steindorf Skara Brae gebaut.
um 2700 In England wird mit dem Bau von Stonehenge (links) begonnen.
um 2200 Bronze wird in fast ganz Europa hergestellt und benutzt.

um 2000 Auf Kreta entsteht die minoische Kultur, die bis 1450 existiert.
um 1600 In Griechenland entsteht die mykenische Kultur, die bis 1200 existiert.
um 1200 Kelten aus Mitteleuropa ziehen nach Westen.

ASIEN und OZEANIEN

um 6000 Im Industal zeugen Spuren von frühem Ackerbau.
um 6000 In Nordchina werden Schweine gehalten.
um 5000 Bauern in Südostasien und China lernen, wie man Reis anbaut.
um 5000 In Zentralchina wird handbemalte Keramik gefertigt.

um 4000 In Nordchina werden Obstbäume kultiviert.
um 4000 Große Dörfer in Nordchina werden genau nach Plan angelegt.
um 4000 Chinesische Handwerker entwickeln neuartige Tonwaren.

um 3000 Chinesische Bauern verwenden Pflüge.
um 3000 Chinesische Töpfer verbessern mithilfe der Töpferscheibe ihre Produktion.
um 3000 In Südostasien werden Gegenstände aus Metall gefertigt.
um 2400 Im Industal entstehen Städte.
um 2200 Das Zebu (Buckelrind) ist eines der Nutztiere im Industal.

um 1760 Das wohlhabende Königreich der Shang im chinesischen Henan existiert bis etwa 1125
um 1500 Polynesische Siedler erreichen Tonga und Samoa per Boot (links).
um 1500 In China werden unter den Shang kunstvolle Bronzegefäße angefertigt.
um 1450 Die Städte im Industal werden durch Erdbeben und Eroberer zerstört.

AFRIKA und der NAHE OSTEN

um 40000 Die ersten Menschen (Homo sapiens) leben in Afrika.
um 8000 Die erste Stadt, Jericho, wird gebaut.
um 7500 In Mesopotamien baut man Häuser aus Lehmziegeln.
um 6000 Hirten zähmen wilde Tierherden in Nordafrika.
um 6000 Man baut Kanäle zur Bewässerung von Feldern, webt Stoffe für Kleider und fertigt Tontöpfe zum Kochen.
um 5500 Die ersten Werkzeuge aus Metall (Kupfer) werden in Mesopotamien hergestellt.
um 5000 Die Menschen im Niltal (Ägypten) bauen Getreide an und halten Tiere.

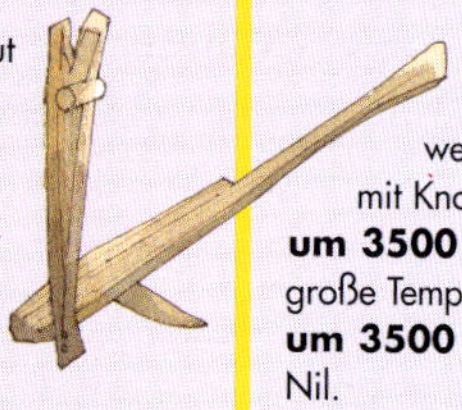

um 4000 Im Iran entstehen Dämme und Wasserspeicher.
um 4000 Mesopotamische Bauern verwenden einen einfachen Pflug (links).
um 4000 In Ägypten werden scharfe Steinmesser mit Knochengriffen hergestellt.
um 3500 In Mesopotamien entstehen große Tempel.
um 3500 Segelboote befahren den Nil.
um 3200 Die Sumerer entwickeln die früheste Form der Schrift.
um 3100 Menes vereint Ober- und Unterägypten zu einem Reich.

um 3000 In Mesopotamien verwendet man das Rad für den Transport.
um 2800 Die Menschen in Simbabwe in Südostafrika begraben ihre Toten.
um 2700 Die Pyramiden (unten) werden als Grabstätten für ägyptische Könige gebaut.
um 2600 Ägypten treibt Handel mit dem Nahen Osten.

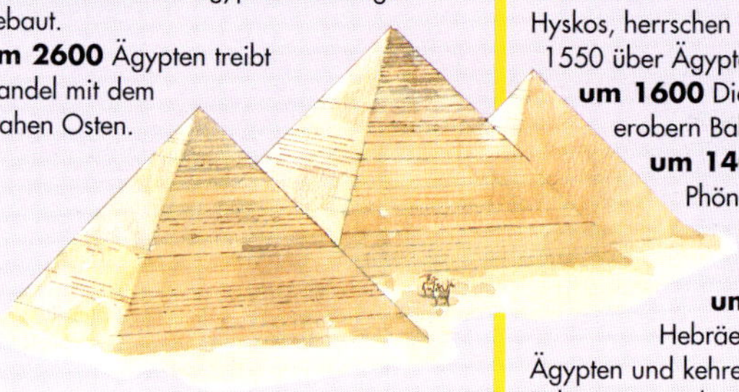

um 2000 Werkzeuge und Waffen aus Eisen werden gefertigt.
um 1780 Hammurapi veröffentlicht seine Gesetze.
um 1780 Fremde Könige, die Hyksos, herrschen bis etwa 1550 über Ägypten.
um 1600 Die Hethiter erobern Babylon.
um 1400 Die Phönizier entwickeln ein Alphabet.
um 1100 Die Hebräer verlassen Ägypten und kehren nach Palästina zurück.

Mithilfe der modernen Wissenschaft können wir überraschende Einzelheiten aus dem Leben der Menschen in diesen längst vergangenen Zeiten erfahren, sogar was sie aßen und unter welchen Krankheiten sie litten. Vieles wird uns jedoch für immer verborgen bleiben.

	1000–500 v.Chr.	500 v.Chr.–1 n.Chr.	1–500 n.Chr.	500–600
	um 1000 Olmekische Bildhauer fertigen geheimnisvolle, riesige Steinköpfe (unten). **um 850** Chavín de Huántar wird zu einem wichtigen religiösen Zentrum in Peru. **um 700** Die Olmeken verlassen ihre Hauptstadt San Lorenzo. **um 600** Die Oaxaca-Kultur verdrängt die Olmeken.	**um 500** In Südmexiko beginnen die Zapoteken, Nachfolger der Oaxaca, mit dem Bau ihres Kultzentrums Monte Albán. **um 300** In Mittelamerika vergrößert sich das Volk der Maya aufgrund verbesserter Ackerbaumethoden rapide. 	**um 100** Teotihuacán wird zum bedeutendsten Zentrum Mexikos. **um 200** Die Maya entwickeln eine Art Schrift (rechts). **um 250** Die Maya werden von gottgleichen Königen beherrscht und bauen riesige Steintempel.	 **um 550** Die Kultur der Maya befindet sich auf ihrem Höhepunkt.
	um 800 In Griechenland verfasst Homer die *Ilias* und die *Odyssee*. **776** Die ersten Olympischen Spiele finden statt. **um 600** Griechische Händler lassen sich in Marseille nieder. **509** Die Römer gründen ihre Republik. **508** Beginn der Demokratie in Athen.	**479** Die Griechen wehren einen Angriff der Perser ab. **438** In Athen wird der Parthenon gebaut. **431** Der Peloponnesische Krieg beginnt und endet 404 mit Athens Niederlage. **49** Julius Cäsar erobert Gallien. **27** Augustus wird erster römischer Kaiser.	**69** In Rom beginnt Kaiser Vespasian mit dem Bau des Kolosseums (unten). **79** Die römische Stadt Pompeji wird bei einem Ausbruch des Vesuvs verschüttet. **117** Das Römische Reich erreicht seine größte Ausdehnung. **410** Alarich und die Gothen erobern Rom. **476** Der letzte weströmische Kaiser wird abgesetzt. 	**527** Justinian wird byzantinischer Kaiser und erobert einen großen Teil des alten Westreichs zurück.
	um 1000 Fremde Eindringlinge, Arier genannt, breiten sich in Nordindien aus. **um 1000** Menschen der Jomon-Kultur fertigen die vermutlich ersten japanischen Kunstgegenstände. **557** König Kyros vereinigt die Meder und die Perser.	**um 480** Zwei große religiöse Führer sterben: Buddha (unten) in Indien, Konfuzius in China. **322** In Indien gründet Tschandragupta das Reich der Maurya. **221** Die Qin-Dynastie vereinigt China. **110** Die Chinesen eröffnen die Seidenstraße quer durch Zentralasien. 	**um 100** Die Chinesen lernen, Papier herzustellen. **um 100** Die ersten Menschen siedeln auf Hawaii. **um 150** Der Buddhismus breitet sich in China aus. **220** Nach dem Ende der Han-Dynastie teilt sich das chinesische Reich. **um 350** Die Hunnen fallen in Indien ein. **um 480** Der Niedergang des indischen Gupta-Reichs beginnt.	**535** Der letzte Gupta-Herrscher Indiens stirbt. **581** China wird unter der Sui-Dynastie wieder vereint. **593** Prinz Shotoku beginnt mit der Neuorganisation der kaiserlichen Regierung Japans. **594** Der Buddhismus wird zur Hauptreligion Japans.
	 **um 940** König Salomon von Israel baut den ersten Tempel Jerusalems. **um 900** Im Sudan wird das Königreich der Kusch gegründet. **um 900** Das Volk der Nok-Kultur in Nigeria fertigt Tonköpfe (links) an. **814** Die Phönizier gründen in Nordafrika Karthago. **um 600** König Nebukadnezar legt die Hängenden Gärten von Babylon (rechts) an. 	**332** Alexander der Große erobert Ägypten und 331 das Persische Reich. **um 300** Jüdische Händler lassen sich in Ägypten und Syrien nieder. **um 300** Im ägyptischen Alexandria wird eine Bibliothek gegründet. **um 300** Bantu sprechende Stämme aus Westafrika breiten sich nach Osten und Süden aus. **168** Der Tempel von Jerusalem wird von den syrischen Herrschern Israels zerstört. **146** Die Römer erobern Karthago.	**133** Die Juden fliehen nach einer gescheiterten Rebellion in andere Länder. **um 200** In Jordanien baut ein arabisches Volk die Stadt Petra nach griechischem Vorbild. **330** Konstantinopel wird zur Hauptstadt des Oströmischen (Byzantinischen) Reichs. **396** Der christliche Lehrer St. Augustin wird Bischof der algerischen Stadt Hippo Regius. **um 400** Das Reich von Aksum herrscht über einen Großteil Äthiopiens und des Abbaitals. **400** Die Hunnen greifen den Iran an. **um 430** Die Vandalen lassen sich in Nordafrika nieder.	 **um 570** Nubien im nordöstlichen Afrika wird christlich. **579** Das Reich der Sassaniden in Persien erreicht seine größte Ausdehnung.

Wichtige Namen

Alexander der Große (356–323 v. Chr.), König von Makedonien. Er führte ein griechisches Heer gegen die Perser und eroberte in 13 Jahren ein Reich, das sich von Griechenland bis nach Indien erstreckte. Es zerbrach zwar bald nach Alexanders Tod, verbreitete aber griechisches Gedankengut in Asien und brachte östliche Einflüsse in den Mittelmeerraum.

Archimedes (starb 212 v. Chr.), griechischer Erfinder. Er erfand eine Art Wasserpumpe, die nach dem Prinzip der Schraube funktionierte. Im Bad entdeckte er das so genannte »archimedische Prinzip«: Danach entspricht das Gewicht, das ein Körper im Wasser verliert, dem Gewicht des Wassers, das von diesem Körper verdrängt wird.

Aristoteles (384–322 v. Chr.), griechischer Philosoph. Er hatte eine Schule in Athen und unterrichtete zeitweilig auch Alexander den Großen. Er beschäftigte sich mit vielen Themen, von der Politik bis zur Pflanzenkunde, und verfasste auch Theaterstücke und Gedichte. Heute, fast 2000 Jahre nach seinem Tod, gilt er immer noch als einer der größten Gelehrten der Welt.

Augustus (63 v. Chr.–14 n. Chr.), erster römischer Kaiser. Er hieß eigentlich Oktavian und war der Neffe und Erbe von Julius Cäsar. Nach dem Sieg über seinen Rivalen Marcus Antonius herrschte er über die römische Welt und bekam 27 v. Chr. vom Senat den Titel Augustus (»Erhabener«) verliehen. Seine Herrschaft war ein goldenes Zeitalter, besonders für Literatur und Architektur.

Cäsar, Julius (100–44 v. Chr.), römischer Herrscher. Er eroberte Gallien (Frankreich) und fiel in Britannien ein (55 und 54 v. Chr.). Als mächtigster Mann im Reich kehrte er gegen den Befehl des Senats nach Italien (49 v. Chr.) zurück. Er besiegte seinen Rivalen Pompejus und herrschte als Diktator, bis er von einer Gruppe neidischer Adeliger ermordet wurde.

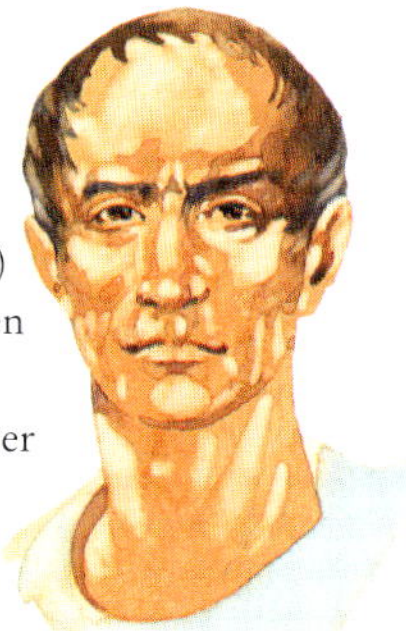

Kleopatra (69–30 v. Chr.), ägyptische Königin. Sie wurde zuerst vom römischen Herrscher Julius Cäsar und später von seinem treuesten Anhänger Marcus Antonius unterstützt. Bei der Schlacht von Actium (31 v. Chr.) ließen ihre Schiffe Antonius im Stich, der von den Streitkräften Oktavians (Augustus') besiegt wurde. Als sie Oktavian nicht auf ihre Seite ziehen konnte, beging sie Selbstmord.

Konstantin I. (gestorben 337 n. Chr.), römischer Kaiser. Nach dem Sieg über seine Rivalen wurde er 324 zum alleinigen Herrscher. Er verlegte seinen Kaisersitz von Rom nach Byzanz, das nun Konstantinopel hieß. Er begünstigte das Christentum und rief das Konzil von Nicäa (325 n. Chr.) ein, um religiöse Differenzen unter den Christen zu schlichten.

Kyros der Große (gestorben 529 v. Chr.), Gründer des persischen Reichs. Er vereinigte die Meder und die Perser und eroberte 539 v. Chr. Babylon. Er war toleranter als die meisten Eroberer und ließ die Juden, die in Babylon gefangen gehalten wurden, nach Hause zurückkehren. Seine Dynastie der Achaimeniden herrschte bis 331 v. Chr. über das riesige persische Reich.

Heraklius (gestorben 641 n. Chr.), byzantinischer (oströmischer) Kaiser. Das byzantinische Reich war am Zusammenbrechen, als Heraklius 610 den Thron bestieg. Er baute eine Armee auf und besiegte innerhalb von sechs Jahren alle Feinde, darunter auch die Perser, die die Stadt fast erobert hatten. Später konnte er jedoch neue Eindringlinge, die Araber, nicht aufhalten.

Hadrian (76–138 n. Chr.), römischer Kaiser ab 117. Seine Reisen durch das Reich überzeugten ihn davon, dass es zu groß war, um es zu verteidigen. Er befestigte die Ostgrenze am Fluss Euphrat und die Nordgrenze am Hadrianswall in Britannien. Er bewunderte die griechische Kultur und ließ viele prächtige Gebäude in Rom und anderswo errichten.

Hannibal (247–183 v. Chr.), karthagischer Feldherr. 218 v. Chr. zog er mit seiner Armee und seinen Kriegselefanten von Spanien aus über die Alpen und griff Italien an. Er schlug die Römer in Italien, konnte aber Rom nicht einnehmen. Nach 15 Jahren kehrte er nach Karthago zurück, um es gegen die Römer zu verteidigen, wurde aber in der Schlacht von Zama besiegt (202 v. Chr.).

Hippokrates (gestorben 377 v. Chr.), griechischer Arzt. Der »Vater der Medizin« lebte auf der Insel Kos und lehrte seinen Schülern, sich auf Tatsachen und Untersuchungen zu verlassen. Wir kennen ihn nur aus Legenden, und es ist nicht sicher, ob er tatsächlich das alte Ärztegelöbnis, den »hippokratischen Eid«, verfasst hat.

Justinian (483–565 n. Chr.), byzantinischer (oströmischer Kaiser). Er regierte mit seiner Frau Theodora über einen prächtigen Hofstaat. Heute ist er vor allem für seine Sammlung des römischen Rechts bekannt und für seine Bauwerke, besonders die Kirche Hagia Sophia. Mithilfe seiner Feldherren und verbündeter Barbaren eroberte er für kurze Zeit fast das ganze weströmische Reich zurück.

Pacal (603–683 n. Chr.), Maya-König von Palenque, 615–683. Während der Herrschaft von Pacal und seinem Sohn herrschte Palenque über viele andere Maya-Städte. In Palenque gab es eindrucksvolle Gebäude, darunter auch einen 20 Meter hohen Turm. Der nur 1,50 Meter große Pacal befehligte noch mit 70 Jahren seine Truppen.

Perikles (gestorben 429 v. Chr.), Staatsmann aus Athen. Seine Klugheit und seine Persönlichkeit ließen ihn zum berühmtesten Mann Athens werden. Die Künstler, die er beschäftigte, verschönten die Stadt. Er sah den Krieg mit Sparta (431 v. Chr.) voraus, und seine Pläne dafür waren zunächst auch erfolgreich. Er selbst starb vor dem Krieg an der Pest.

Ptolemäus (2. Jahrhundert n. Chr.), griechischer Gelehrter aus Alexandria. Bis ins 16. Jahrhundert bildeten seine Schriften die Grundlage des Studiums der Astronomie und der Geografie in Europa. Er glaubte, dass die Erde im Mittelpunkt des Universums stehe, und hielt sie für kleiner, als sie ist. Dieser Gedanke beeinflusste später Kolumbus' Reise nach Amerika.

Ramses II. (ca. 1290–1224 v. Chr.), ägyptischer König. Der berühmte, kriegslustige Pharao ist für seinen Kampf gegen die Hethiter in Syrien und für seine monumentalen Bauten bekannt. Zu ihnen gehören der Amun-Tempel in Karnak (das größte religiöse Bauwerk der Welt) und der Tempel von Abu Simbel, die beide riesige Statuen von ihm enthalten.

Taharka (regierte 690–664 v. Chr.), ägyptischer König. Er gehörte zur 25. Dynastie, einer äthiopischen Herrscherfamilie aus dem südlichen Nubien. Taharka regierte in einer Zeit des Wohlstands und baute viele Tempel und Denkmäler. Kurz nach seinem Tod kam es gegen die Assyrer zu einer Niederlage, und die äthiopischen Könige mussten Ägypten aufgeben.

Das Mittelalter

Die Araber und der Islam

Im 7. Jahrhundert traten im Nahen Osten die Araber als neue Macht auf. Sie glaubten an die Lehren des Propheten Mohammed und eroberten ein Reich, das noch größer war als das der Römer.

Mohammed und der Islam

Mohammed wurde im 6. Jahrhundert in Arabien geboren, das damals fast nur aus Wüste und kleinen Oasensiedlungen bestand. Er wuchs in der großen Handelsstadt Mekka auf. Er glaubte, Gott habe ihm den Auftrag gegeben, eine neue Religion zu gründen. Seine Botschaft lautete schlicht: Es gibt nur einen Gott, nämlich Allah, und Mohammed ist sein Prophet. Mohammeds Lehren verärgerten die reichen Händler Mekkas. Man griff ihn und seine Anhänger an, und Mohammed durfte nicht mehr predigen. Im Jahr 622 flohen sie nach Medina, das mit Mekka im Krieg lag. Diese Reise heißt auf arabisch »Hedschra« und gilt als Beginn des Islam. Im muslimischen Kalender wird dieses Jahr daher als Jahr 1 gezählt.

Der Islam ist mehr als eine Religion, er ist ein Lebensstil. Die Anhänger des Islam, die Muslime, sind durch den gemeinsamen Glauben an Allah vereint. Der Koran, die Niederschrift von Mohammeds Lehren, ist das heilige Buch des Islam. Nach Mohammeds Tod im Jahr 632 machten sich die Araber daran, den Nahen Osten und Nordafrika für den Islam zu erobern. Viele Völker, darunter auch die Christen in Ägypten und Syrien, begrüßten die arabische Herrschaft. Die Araber waren keine strengen Herrscher, und Völker mit anderen Religionen wurden gewöhnlich nicht verfolgt.

◁ Das ist der Hof der herrlichen Moschee in Damaskus (Syrien), die 705–715 erbaut wurde. Die Muslime entwickelten schnell eine eigene Bauweise für religiöse Gebäude, mit einer Kuppel, einem Minarett (ein Turm, von dem aus die Menschen zum Gebet gerufen werden) und einem großen Gebetsraum.

Die Verbreitung des Islam

Der islamische Anführer wurde Kalif genannt. Er war nicht nur der religiöse Führer, sondern auch der weltliche Herrscher der Muslime. Darum gab es Streit über Mohammeds Nachfolge. 656 wurde der dritte Kalif ermordet, und der Islam spaltet sich in zwei Richtungen, die Sunniten und die Schiiten. Nach einem Bürgerkrieg übernahmen die Omaijaden in Syrien die Macht. Fast 100 Jahre lang regierten sie von Damaskus aus.

Im Jahr 750 vertrieben die Abbasiden mit Unterstützung der Schiiten die Omaijaden. Sie verlegten das Zentrum des Islam von Syrien in den Irak und ernannten Bagdad zur Hauptstadt. Das islamische Reich bestand nun nicht mehr nur aus Arabern. Auch andere Völker wie die Perser spielten nun eine wichtige Rolle. Das Heer entwickelte sich zu einer starken Armee aus geschulten Sklaven, den Mameluцken, und die Kalifen wurden immer mächtiger. Im Islam gab es, grob gesagt, vier Bevölkerungsschichten. Ganz oben standen die arabischen Muslime, gefolgt von den nicht-arabischen Muslimen. Dann kamen die Angehörigen anderer Religionen und zuletzt die Sklaven.

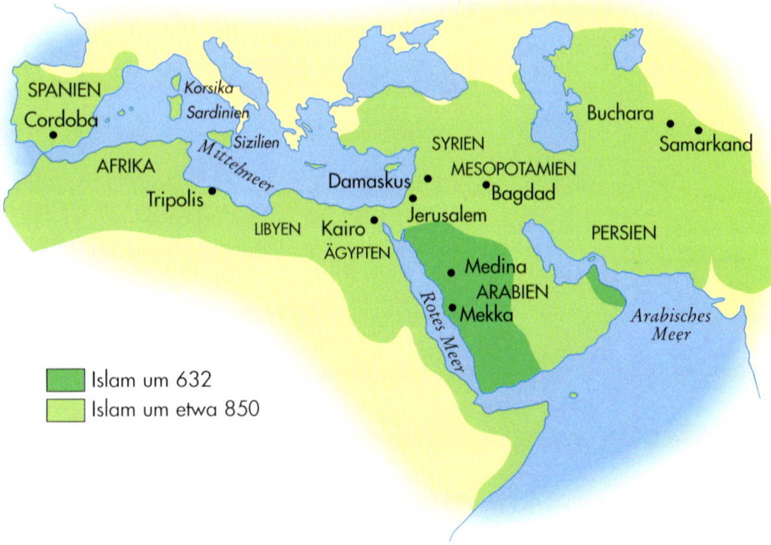

△ Die Ausbreitung des Islam 100 Jahre nach Mohammeds Tod.

Die Blütezeit des Islam

Unter den Kalifen entwickelte sich eine großartige Kultur. Mit seinen Bibliotheken und Sternwarten war der Islam dem Christentum an Bildung weit überlegen. Seine Gelehrten studierten das Wissen des antiken Griechenlands und Ägyptens, des Nahen Ostens und Asiens. Auch die islamische Herrschaft war besser und vor allem toleranter. Jeder Muslim, der es sich leisten konnte, musste einmal im Leben eine Pilgerfahrt nach Mekka unternehmen. Islamische Händler reisten außerdem nach Indien und China, um Luxuswaren zu kaufen. Auf diesen Reisen lernten sie viel über die Welt. Darüber hinaus brachte der Islam herrliche neue Kunst- und Architekturstile hervor.

▷ Islamische Gelehrte schrieben wunderschöne Bücher mit der Hand. Künstler verzierten sie mit zierlichen Miniaturgemälden. Die islamische Kunst vereinigt arabische, türkische und persische Traditionen.

Das Leben am Hof

Einige der Geschichten aus »Tausend und einer Nacht« spielen am Hof Harun al-Raschids. Dort konnte man die unglaublichsten Reichtümer bestaunen, wie diese Silberschale (unten), und die besten Musiker, Künstler und Gelehrten der Welt treffen. Islamische Handwerker erfanden eine wunderschöne neue Art der Keramikglasur, Lüster genannt.

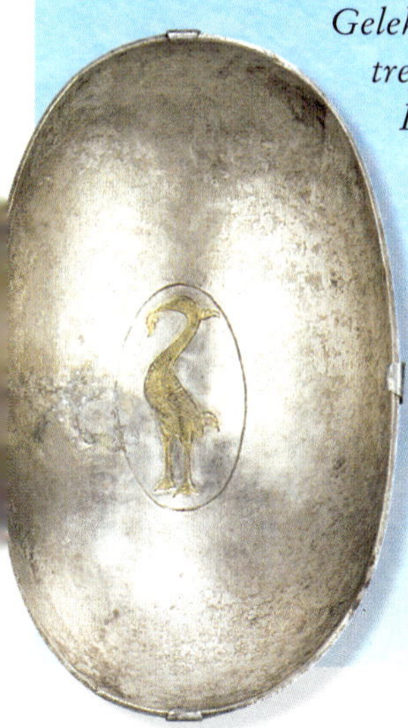

Der letzte Kalif

Nach dem Tod des abbasidischen Kalifen Harun al-Raschid (809) brach das Reich allmählich zusammen. Im 10. Jahrhundert hatten die Kalifen kaum noch Macht. Ein Zweig der Omaijaden ernannte in Spanien einen eigenen Kalifen. Die schiitischen Ismailiten eroberten Ägypten und errichteten Kairo. Die Seldschuken unterwarfen Bagdad im Jahr 1055. Der letzte abbasidische Kalif wurde 1258 von den Mongolen vertrieben.

Der Aufstieg des Chinesischen Reichs

Unter den ersten Kaisern der Tang-Dynastie wurde das chinesische Reich noch größer und reicher als unter den Han. Die Herrschaft der Tang endete im Chaos, aber die chinesische Kultur erblühte wieder unter der Song-Dynastie.

◁ Dieses Porzellanpferd mit einem Polospieler zeigt das Geschick der Tang-Künstler. Die Chinesen liebten Pferde und ließen sich solche Figuren mit ins Grab legen. Schon im ersten Jahrhundert v.Chr. schickten die Chinesen Expeditionen zu Züchtern nach Zentralasien, um dort Pferde zu kaufen.

Die Tang-Dynastie

Nach vielen Jahren Bürgerkrieg und Fremdherrschaft wurde China von den Herrschern der Sui (581–618) wieder vereinigt. Es folgte die Tang-Dynastie, die erfolgreichste Dynastie des alten Chinas. Der Kaiser wurde »Sohn des Himmels« genannt. Er stärkte seine Macht, indem er die Zentralverwaltung an Stelle von unzuverlässigen Fürsten mit loyalen und geschulten Beamten besetzte. Die Tang-Kaiser reparierten die Chinesische Mauer und vergrößerten das Reich bis weit nach Zentralasien, bis sie 751 von den Arabern aufgehalten wurden. Einmal gab es auch eine weibliche Herrscherin, Kaiserin Wu.

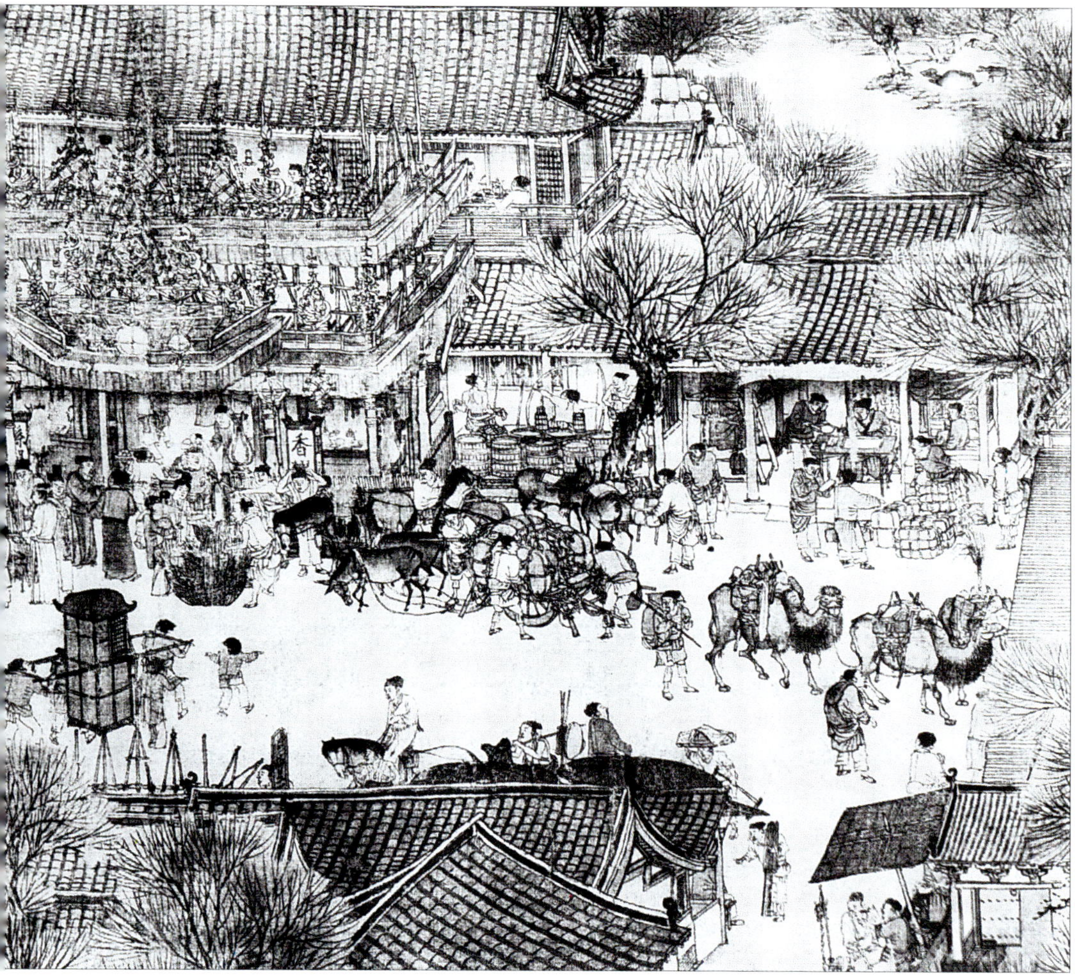

Die Hauptstadt der Tang, Chang-an (heute Xi'an), war die größte Stadt der Welt. Man traf dort Mönche aus Tibet, Händler aus Arabien und Reisende aus dem Nahen Osten, Korea und Japan. Die Bevölkerung Chinas wuchs enorm – laut einer Volkszählung gab es im Jahr 754 über 50 Millionen Einwohner. Der Landbevölkerung ging es besser als früher, obwohl Großgrundbesitzer die Macht über Land und Bauern hatten. Eine Reihe von Bauernaufständen zermürbte allmählich die Tang-Dynastie und China zerbrach in viele kleine Königreiche.

◁ Diese belebte Straße in einer chinesischen Stadt wurde um 1100 gemalt. Die Städte Chinas waren riesig. In Lanzhou zum Beispiel lebten über eine Million Menschen, die 200 Tonnen Reis am Tag verbrauchten.

Die Seidenstraße

Chinesische Handwerker stellten schöne Dinge her, zum Beispiel Seidenstoffe, die sich gut verkaufen ließen. Dadurch entwickelte sich der Handel zwischen China und anderen Ländern. Vom 3. Jahrhundert v.Chr. bis ins 15. Jahrhundert n.Chr. war China durch die Alte Seidenstraße mit dem Westen verbunden. Diese lange und gefährliche Straße zog sich von der Chinesischen Mauer bis in den Iran. Sie verlief entlang der Takla-Makan-Wüste, durch rund 1000 km Sand, und überquerte dann den Tien-Shan-Gebirgszug. Eine Abzweigung führte weiter nach Süden über das hohe Pamirgebirge nach Indien. Auf der Straße trafen sich Händler aus vielen Ländern.

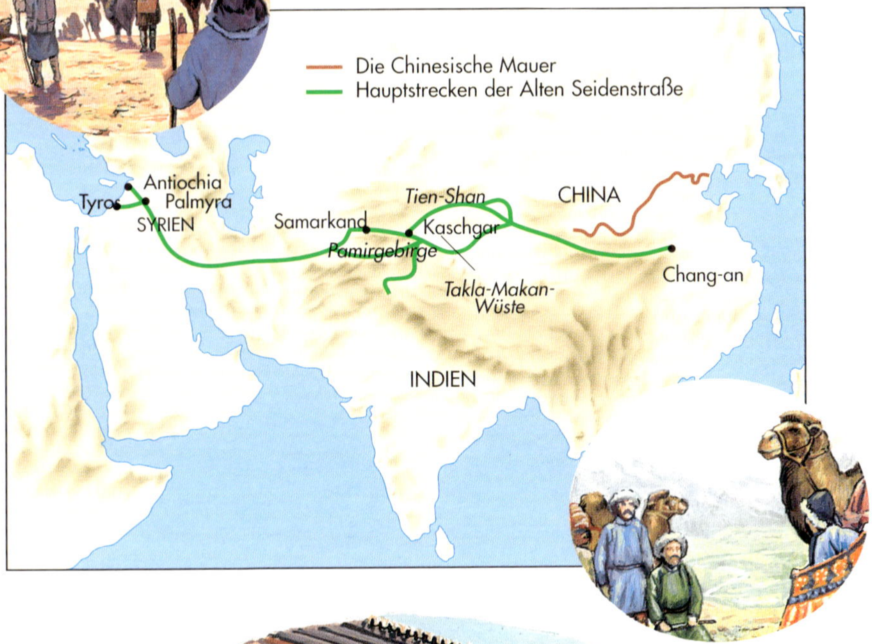

Buddhismus

Der Buddhismus war in den harten Zeiten, bevor die Sui das Land wieder vereinten, weit verbreitet. Die Buddhisten bauten zehntausende von Tempeln und Klöstern. Der Buddhismus war so beliebt, dass er nicht nur die alten Religionen des Konfuzianismus und des Taoismus bedrohte, sondern sogar die kaiserliche Macht. 845 ließ der Kaiser Wu-tsung viele Tempel und Klöster schließen. Diese strengen Maßnahmen wurden bald wieder eingestellt, als der Buddhismus die kaiserliche Herrschaft nicht länger gefährdete.

△ Über die Seidenstraße wurden Waren von China nach Zentralasien gebracht. Von dort kamen sie in den Mittelmeerraum und erreichten schließlich die europäischen Märkte. Auf dem Weg wechselten die Waren mehrmals den Besitzer. Oben sieht man ein Tor der Chinesischen Mauer und eine Karawane.

Die Song-Dynastie

Fünfzig Jahre nach dem Ende der Tang-Dynastie vereinigten die Song die kleinen Königreiche Chinas wieder zu einem Land. Ein wunderbares Zeitalter für Lyrik, Kunst und Wissenschaft brach an. Es entwickelten sich viele neue Techniken und Stile, darunter auch die Landschaftsmalerei, die Kalligrafie (die Kunst des schönen Schreibens) und das blauweiße Porzellan, das später in Europa sehr beliebt wurde. Die chinesischen Wissenschaften waren ebenfalls weit entwickelt. Man kannte den Buchdruck, in den Schulen des Kaisers wurden Technik und Medizin unterrichtet, und im Handwerk verwendete man bereits mit Wasser angetriebene Maschinen. Die zwei Reisernten im Jahr konnten die Bevölkerung gut ernähren.

Obwohl man das Schießpulver bereits kannte, war China unter den Song (960–1278) keine große Militärmacht. Das Reich war weitaus kleiner als unter den Tang. Nach 1127 verloren die Song den Norden, und 1279 wurde ganz China von den Mongolen erobert.

Die Herrscher Japans

Wegen der schützenden See rings um die japanischen Inseln wurden sie niemals erobert. Obwohl die Japaner viele Bräuche von den Chinesen übernahmen, war ihre Kultur dennoch völlig anders als die chinesische.

Die japanischen Herrscher	
710-794	Nara-Periode. Starker buddhistischer Einfluss.
794–1192	Heian-Periode. Die Fujiwara-Familie herrscht bis etwa 1000.
1192–1338	Die Kamakura-Periode. Mit der Minamoto-Familie beginnt die Militärherrschaft der Shogune.
1338–1573	Ashikaga-Shogunat. Lokale Fürsten (Daimyo) gewinnen an Macht. Zusammenbruch der Regierung und Bürgerkrieg.
1560–1603	Wiedervereinigung Japans durch Nobunaga, Hideyoshi und Ieyasu Tokugawa.
1603–1868	Tokugawa-Shogunat. Eine lange Zeit des Friedens.

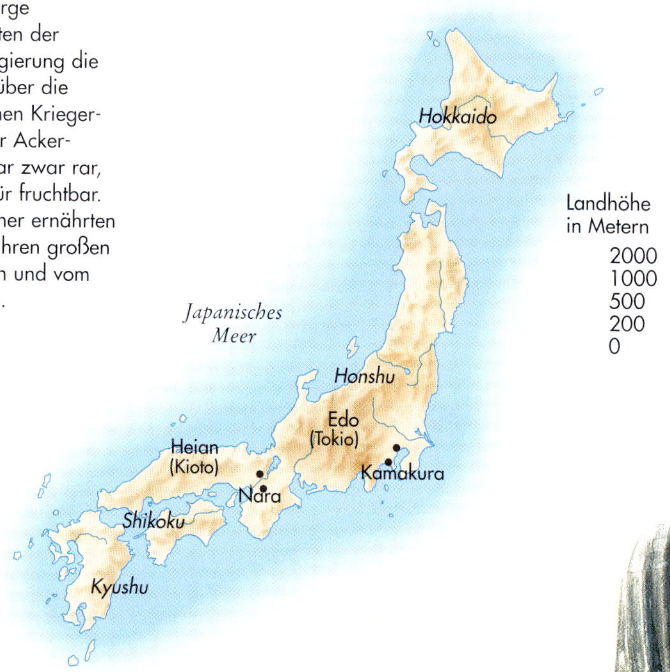

▷ Die Berge erschwerten der Zentralregierung die Aufsicht über die japanischen Kriegerclans. Der Ackerboden war zwar rar, aber dafür fruchtbar. Die Japaner ernährten sich von ihren großen Reisernten und vom Fischfang.

▽ Der Buddha von Kamakura ist über 13 Meter hoch und besteht aus Bronze. Der Buddhismus, vor allem die Zen-Bewegung, hatte einen großen Einfluss auf die japanische Kultur.

Kaiser und Shogune

Die japanische Monarchie ist die älteste der Welt. Der erste japanische Kaiser lebte vor über 2000 Jahren. Aber erst unter Prinz Shotoku Taishi (572–622) entstand nach dem Vorbild der chinesischen Tang-Dynastie eine zentrale Regierung. Damals lebten die meisten Japaner auf den südlichen Inseln. Der Norden war die Heimat eines anderen Volkes, den Ainu, deren Nachfahren dort heute noch leben.

Shotoku ernannte Nara zur Hauptstadt. Er unterstützte außerdem den Buddhismus, der einen großen Einfluss auf die japanische Kultur ausübte, auch wenn er die ältere Religion Japans, den Schintoismus, niemals völlig verdrängte. 794 verlegte Kaiser Kammu die Regierung aus dem buddhistischen Nara nach Heian (Kyoto). Dort wuchs der Einfluss mächtiger Großfamilien. Viele Jahrhunderte lang kamen aus diesen Familien die wahren Herrscher Japans, die »Shogune«. Shogune waren ursprünglich militärische Führer. Der Kaiser wurde zwar als Gott verehrt, aber in Wirklichkeit hatte er nur sehr wenig Macht über sein Volk.

Japanische Kunst

Die japanischen Adeligen hatten viel freie Zeit für die Kunst. Sie schrieben Gedichte in einer Schönschrift, die sie von den Chinesen gelernt hatten, und verzierten sie mit zierlichen Landschaftsmalereien. Unter dem Einfluss des Buddhismus verwandelten die Japaner sogar Tätigkeiten wie Papierfalten (Origami) und Gartenarbeit zu eigenen Kunstformen. Ihre Gärten ohne Pflanzen, die nur mit Steinen und Kieseln angelegt wurden, waren gestaltet wie Bilder, die man vom Haus aus betrachten konnte. Eine besondere Form des japanischen Theaters war das No-Spiel, mit Tanz und Gesang vorgeführte lyrische Dramen. Die Schauspieler trugen Masken und es gab kein Bühnenbild.

△ Eine Kabuki-Theateraufführung. Das Theater war eine der lebendigsten japanischen Künste. Neben dem No-Spiel entwickelten sich im 17. Jahrhundert in den Städten auch volkstümlichere Spielformen, darunter das Kabuki-Theater und das Bunraku-Puppenspiel.

Japaner und Europäer

Die Europäer besuchten Japan zum ersten Mal 1543. Damals war das Ashikaga-Shogunat gerade zusammengebrochen und Japan wurde von örtlichen Kleinfürsten, den »Daimyos«, regiert. Die Daimyos waren von der europäischen Technik fasziniert, vor allem von den Gewehren, die sie eifrig kauften. Europäische Missionare bekehrten viele Menschen zum Christentum. Bald darauf wurde Japan von drei berühmten Daimyos wieder vereinigt. Einer von ihnen, Tokugawa Ieyasu, ernannte sich 1603 zum Shogun über ganz Japan. Er misstraute den fremden Ideen, verjagte die Europäer und tötete viele japanische Christen, als diese sich gegen ihn auflehnten.

Die Samurai

»Samurai« heißt eigentlich Diener. Ein Samurai war ein Krieger, der wie ein europäischer Ritter für seinen Fürsten kämpfte. Sein Leben wurde von strengen Regeln kontrolliert, »Bushido« genannt, die aus dem Zen-Buddhismus stammten. Ehre, Treue und Mut waren die Tugenden der Samurai. Ein Samurai starb lieber im Kampf als sich zu ergeben. Wenn er seine Ehre verlor, tötete er sich selbst mit seinem eigenen Schwert. Unter dem Tokugawa-Shogunat waren die Samurai nicht nur Krieger, sondern auch Beamte und Statthalter, wobei ihre Regeln trotzdem noch gültig waren.

Indien unter den Maurya und Gupta

Indien wird vom Meer und dem Himalajagebirge geschützt. Es konnte nur vom Nordwesten her angegriffen werden. Von dort kamen im Lauf der Jahrhunderte viele Eindringlinge und eroberten verschiedene Reiche in Nordindien.

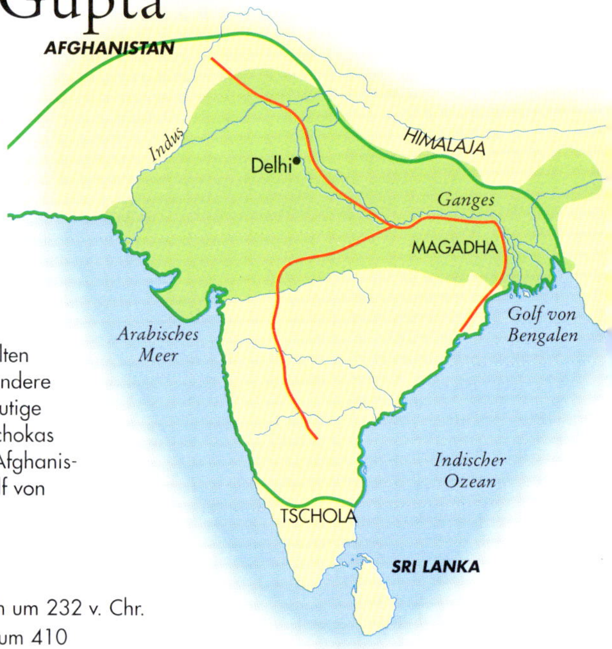

▷ Die Reiche im alten Indien umfassten andere Gebiete als der heutige indische Staat. Aschokas Reich reichte von Afghanistan bis an den Golf von Bengalen.

Das Reich der Maurya

Im Jahr 327 v. Chr., kurz nachdem Alexander Indien angegriffen hatte, wurde Chandragupta Maurya zum König von Magadha, einem großen Königreich im Tal des Ganges. Von dort aus eroberte er ein riesiges Reich. Unter der Herrschaft der Maurya ging es den Bauern und Dorfbewohnern gut. Der Handel florierte durch den Bau befestigter Straßen. Die Regierung der Maurya war gut organisiert. Es gab ein Steuersystem, sodass der Kaiser keine Kriege führen musste, um seine Schatzkammern zu füllen. Der größte Herrscher der Maurya war Chandraguptas Enkel Aschoka (273–232 v. Chr.). Eigentlich war er ein berühmter Krieger, aber irgendwann hatte er das Töten satt und verwandelte sich in einen friedliebenden Buddhisten. Er pflanzte Schatten spendende Bäume neben den Straßen und ließ überall verzierte Steinsäulen aufstellen, in die Gesetze und moralische Regeln eingemeißelt waren.

△ Diese Skulptur aus einem Hindutempel zeigt den Gott Wischnu schlafend auf der Schlange Ananta.

▽ Ein Bauerndorf zur Zeit der Gupta. Diese Wagen, die die Bewohner des Industals schon vor 4000 Jahren benutzten, gibt es auch heute noch.

Das Gupta-Reich

Nach Aschoka zerbrach das Maurya-Reich in kleinere Reiche. Erst im 4. bis 6. Jahrhundert n. Chr. entstand unter den Guptas ein neues Reich, mit dem das »goldene Zeitalter« der indischen Kultur begann. Prächtige Tempel wurden gebaut, und Tanz, Musik, Bildhauerei und Malerei blühten auf. Es entstanden große literarische Werke, die in der alten indischen Sprache Sanskrit verfasst waren. Die Mathematiker kannten bereits die Algebra und erfanden das Dezimalsystem sowie die Zahl Null. Durch den Einfluss des Hinduismus entstand eine neue Richtung des Buddhismus, genannt Mahayana, weniger streng und offener gegenüber neuen Gedanken. Obwohl das Gupta-Reich im 6. Jahrhundert von den Hunnen zerstört wurde, lebte die Gupta-Kultur in Indien weiter.

Die Kasten

Das Kastenwesen der Hindus beruht auf religiösen Überzeugungen. Die Hindus glaubten, dass bei der Erschaffung der Welt alle Menschen in vier Klassen eingeteilt wurden. Die Brahmanen waren die Priester und Gelehrten, die Khatriya waren die Krieger und Prinzen, die Vaishya waren die Handwerker und Händler (wie der Mann im Bild), und die Sudra waren die Arbeiter. Das Kastenwesen entstand im Reich der Maurya; später entwickelten sich daraus noch viel mehr Kasten. Die ganz Armen gehörten zu keiner Kaste, sie hießen »Unberührbare«. Es war fast unmöglich für eine Person, die Kaste zu wechseln oder jemanden aus einer anderen Kaste zu heiraten. Dadurch wurden die Menschen einerseits an ihre gesellschaftliche Stellung gefesselt, andererseits gab es ihnen aber auch ein Gefühl der Zugehörigkeit

Muslime in Indien

Die Araber trieben Jahrhunderte lang Handel mit den östlichen Staaten Indiens. Im 9. Jahrhundert bauten sie dort auch Moscheen. Viel später kam der Islam über Zentralasien nach Nordindien. Der afghanische Eroberer Mohammed von Ghor ernannte sich um 1200 zum Sultan von Delhi. In den nächsten 200 Jahren waren diese Sultane die stärkste Macht Indiens, das zu diesem Zeitpunkt allerdings kein richtiges Reich war. Es bestand vielmehr aus unabhängigen Staaten, die den Herrschern in Delhi Steuern zahlen mussten. Der Buddhismus wurde durch die muslimische Herrschaft fast völlig aus Indien verdrängt, während Hindus und Muslime meistens friedlich zusammenlebten. Das Delhi der Sultane wurde 1398 zerstört, als die Mongolen die Stadt einnahmen.

Südindien

Ganz früher einmal lebten in einem Großteil Indiens Menschen, die auch »Drawiden« genannt wurden. Sie wurden jedoch von Angreifern aus Nordindien in den Süden verdrängt. Hier bildeten sie eigene Königreiche, wie die tamilischen Staaten ganz im Süden oder Tschera im späteren Kerala. Diese Hindureiche lagen häufig miteinander im Krieg. Viele indische Ideen und Bräuche breiteten sich von Südindien nach Sri Lanka, Birma und Südostasien aus.

Afrika im Mittelalter

In Afrika gab es Dörfer und kleine Königreiche. Viele Menschen lebten an den Küsten und in der Sahel-Zone, einem Gebiet südlich der Wüste Sahara und nördlich des tropischen Regenwaldes. In Westafrika gab es im Lauf der Zeit mehrere große Reiche, während sich entlang der Ostküste reiche Stadtstaaten entwickelten.

▷ Die afrikanischen Staaten hatten keine festen Grenzen, und die Herrscher waren nur in der Umgebung ihrer Hauptstädte wirklich mächtig. Es gab drei große westafrikanische Reiche. Ein weiteres Großreich, Kanem-Borno, lag östlich von Songhai. Die Häfen an der Ostküste hatten muslimische Herrscher und wurden durch den Handel mit Arabien und dem Nahen Osten reich.

Die westafrikanischen Reiche

Die meisten Afrikaner südlich der Sahara waren Bauern. Viele verschiedene Pflanzen wurden angebaut, und neue Sorten aus Asien und anderen Weltteilen verbreiteten sich schnell auf dem Kontinent. Rinder und andere Haustiere wurden in vielen Gegenden und unterschiedlichen Klimazonen gezüchtet.

Die meisten afrikanischen Königreiche waren klein. Dennoch wurden einige davon so mächtig, dass sie ihre Nachbarn erobern und sich vergrößern konnten. In Westafrika gab es drei verschiedene Reiche, allerdings nicht gleichzeitig. Wenn eines schwächer wurde, übernahm ein anderes die Vorherrschaft. Das erste westafrikanische Reich, Ghana, war im 10. Jahrhundert am mächtigsten.

◁ Die Bildhauerei war die vollendetste Kunst Westafrikas. Die Bronzeköpfe aus Benin (Nigeria) sind besonders berühmt. Dieser hier wurde im 16. Jahrhundert angefertigt.

Angriffe von Muslimen aus dem Norden zerstörten Ghana, und im 13. Jahrhundert wurde es von Mali, einem größeren Reich, abgelöst. Weil die Herrscher Malis selbst Muslime waren und eine starke Armee hatten, stellten die Muslime im Norden keine Gefahr mehr dar. Besucher berichteten vom Wohlstand Malis und davon, dass es dort friedlich sei und kaum Verbrechen gebe. Doch im 15. Jahrhundert wurde Mali ebenfalls erobert. Das neue Reich gehörte den Songhai, früheren Untertanen Malis aus Gao am Niger. Es war das bis dahin größte afrikanische Reich.

Handelskarawanen durch die Sahara

Gold war die Grundlage des Reichtums der westafrikanischen Herrscher. Als sich Sultan Musa aus Mali auf Pilgerfahrt nach Mekka begab, nahm er 1,5 Tonnen Gold als Reisekasse mit. Gold wurde auch gegen Salz aus den Salzminen der Sahara eingetauscht. Salz war sehr schwierig zu bekommen und darum ebenso wertvoll wie Gold. Händler aus Nordafrika zogen mit Stoffen, Pferden und Waffen aus Eisen durch die Sahara und tauschten die Waren gegen Gold und Sklaven, die dann im Mittelmeerraum wieder verkauft wurden. Selbst europäische Könige, die Afrika nicht einmal kannten, besaßen Münzen aus westafrikanischem Gold. Die meisten Afrikaner allerdings verwendeten als Zahlungsmittel die Gehäuse der Kaurischnecke.

◁ Diese außergewöhnliche Kirche wurde vor 1000 n.Chr. von frühen Christen in Abessinien (dem heutigen Äthiopien) aus massivem Felsgestein gehauen. Abessinien wurde bereits im 4. Jahrhundert ein christliches Land, nachdem syrische Missionare den König zum Christentum bekehrt hatten. Das Land blieb bis ins 20. Jahrhundert ein unabhängiges, christliches Königreich.

▽ Früher durchquerten viele Menschen die Sahara. Händler schlossen sich zu großen Gruppen mit hunderten von Lastkamelen zusammen, Karawanen genannt. Sie reisten in Karawanen, um sich vor den Angriffen vagabundierender Wüstennomaden, wie den blau verschleierten Tuaregs, zu schützen.

Simbabwe

Diese Steinbauten sind 700 Jahre alt. Es sind die Ruinen der alten Stadt Simbabwe, die dem heutigen Staat seinen Namen gab. Die Stadtmauern waren 250 Meter lang und bis zu 10 Meter hoch. Früher war Simbabwe das Zentrum der Karanga-Handelsmacht, das wie Westafrika durch Gold reich wurde. Das Gold wurde von Frauen geschürft, in Minen, tief im Wald. Nachdem es verarbeitet worden war, brachte man es an die Küste und verschiffte es zu Handelshäfen wie zum Beispiel Sofala.

Die Geburt der europäischen Nationen

Zwischen dem 5. und 10. Jahrhundert gründeten die europäischen Stämme christliche Königreiche, die von Stammesherzögen regiert wurden. Am erfolgreichsten waren die Franken. Ihr König Karl der Große schuf ein Reich, das den Grundstein für einige Staaten im heutigen Europa legte.

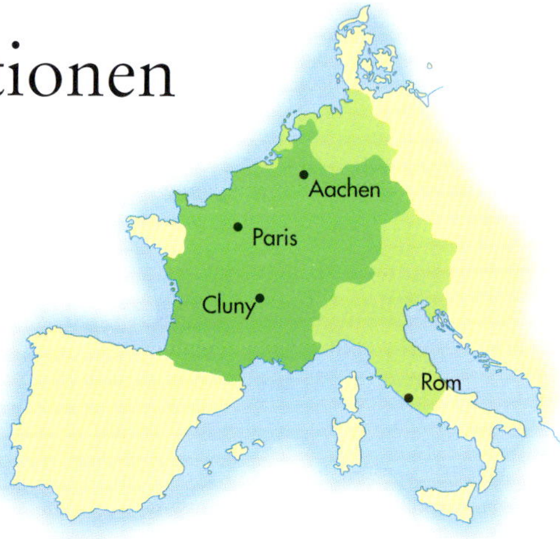

Land, das Karl der Große 771 erbte

Zusätzliche Eroberungen Karls des Großen bis 814

△ Karl der Große kämpfte gegen die Lombarden in Italien, die Sachsen in (heute) Deutschland, Muslime in Spanien und gegen viele andere Völker.

Karl der Große und der Papst

Im Jahr 771 vereinigte Karl der Große die Franken unter seiner Herrschaft und vergrößerte sein Reich durch Eroberungskriege. Er war ein geschickter Herrscher und ein großer Kriegsherr. Er zwang die unterworfenen Völker, sich zum Christentum zu bekehren. Sein Hof in Aachen wurde zum Mittelpunkt europäischer Gelehrter und Künstler.

Die größte Autorität im mittelalterlichen Europa war die Kirche. Ihr Oberhaupt war der Papst in Rom. Die Kirche erwartete, dass alle ihrer Lehre gehorchten. Ihr gehörten viele Ländereien, und der Papst hatte großen Einfluss. Weil die Kirche kein eigenes Heer besaß, benötigte der Papst einen Verbündeten, einen mächtigen Herrscher, der die Kirche unterstützte, wenn nötig auch mit Gewalt. Diesen Verbündeten fand der Papst in Karl.

An Weihnachten im Jahr 800 krönte der Papst Karl den Großen in Rom zum Kaiser. Karl trug damit den gleichen Titel wie die alten römischen Kaiser, auch wenn sein Reich ein christliches Reich war.

◁ Unter den fränkischen Königen (Karolingern) kam es zum ersten großen Wiederaufleben europäischer Kunst seit den Römern. Diese Elfenbeinskulptur wurde um 800 als Teil eines Buchdeckels angefertigt.

▷ Die schönsten Gebäude in Europa waren die Klöster, die den Regeln des Heiligen Benedikts (480–547) folgten. Das größte stand in Cluny in Frankreich. Nur ein Turm des alten Gebäudes blieb erhalten.

Nach Karl dem Großen

Nach Karls Tod 814 wurde sein Reich unter seinen Nachkommen aufgeteilt. Aus den zwei größten Teilen entstanden später die Staaten Frankreich und Deutschland. Die Vision eines christlichen Weltreichs lebte jedoch weiter. Im 10. Jahrhundert wurde der deutsche König Otto I. vom Papst gekrönt. Er übernahm den Titel »Heiliger (das heißt »christlicher«) Römischer Kaiser«, obwohl er nur über das heutige Italien und Deutschland herrschte. Fast 1000 Jahre lang trugen deutsche Könige diesen Titel.

Die Angelsachsen

Im 5. und 6. Jahrhundert griffen die Angeln, die Sachsen und andere Stämme aus dem heutigen Norddeutschland und Dänemark England an. Sie gründeten mehrere kleine Königreiche und traten zum Christentum über. Im 9. Jahrhundert wurden all diese Reiche, außer Wessex, von den Wikingern überrannt. Der König von Wessex, Alfred der Große, konnte den Süden Englands erfolgreich verteidigen. Nach seinem Tod im Jahr 900 wurde ganz England (ohne Schottland, Wales und Irland) von seinen Nachfolgern vereinigt.

△ Alfred war Englands Karl der Große. Er förderte Erziehung und Wissenschaft und schuf ein Rechtssystem. Dieses in Edelstein gefasste Porträt gehörte wahrscheinlich ihm. Vielleicht hat er es in Somerset verloren, als er vor den Wikingern floh.

Die Kirche

Vom königlichen Hof bis zum ärmsten Dorf – überall gehörten Priester mit zum Alltagsleben dazu. Der Pfarrer war meistens der Einzige im Dorf, der lesen konnte, und seine Predigten waren daher oftmals die einzige Nachrichtenquelle.

Die Klöster waren die großen Zentren der christlichen Kultur. Neben dem Gebet betrieben die Mönche Ackerbau und kümmerten sich um die Kranken (es gab keine anderen Krankenhäuser). Einige Mönche waren auch Lehrer und Gelehrte. Die einzigen Aufzeichnungen über diese Zeit stammen von Mönchen. Beda Venerabilis verfasste 731 die erste Geschichte Englands.

Frauen durften keine Priester werden, aber als Nonnen ins Kloster gehen. Dort konnten sie bis zur Äbtissin aufsteigen, einer für die jeweilige Region machtvollen Stellung. Oft wurden die unverheirateten Frauen aus guten Familien Nonnen.

Einige der schönsten Beispiele karolingischer Kunst sind die illustrierten Abschriften religiöser Bücher. Ein Mönch arbeitete viele Jahre an einem einzigen Buch.
Die Abbildung oben zeigt den Papst bei der Weihe des Klosters von Cluny im Jahr 1095.

Die Wikinger

Zwischen dem 8. und 10. Jahrhundert verließen ganze Gruppen von Skandinaviern ihre Heimat auf der Suche nach Land und Wohlstand. Diese Wikinger, wie wir sie heute nennen, waren zum Teil Räuber, aber auch Händler und Siedler.

▷ Die Schriftzeichen der Wikinger nennt man Runen. Die Familien berühmter Krieger ließen Runensteine anfertigen, die von ihren Heldentaten erzählten. Dieser Stein aus Schweden erinnert an einen toten Sohn.

Plünderer

Die Wikinger kamen aus Dänemark, Norwegen und Schweden. Sie waren eigentlich Bauern, aber weil sie so nah am Meer lebten, konnten sie auch sehr gut segeln. Vermutlich verließen sie ihre Heimat, weil es wenig Ackerland gab. Zuerst plünderten sie Dörfer in Nordeuropa. Als erbitterte Kämpfer und Heiden versetzten sie die friedliche Bevölkerung in Angst und Schrecken. Sie töteten viele Menschen oder entführten sie, um sie als Sklaven zu verkaufen. Oft griffen sie auch Klöster an, da diese nicht so gut geschützt waren, und raubten wertvolle Gegenstände wie Goldkreuze. Andere Wikinger segelten die Flüsse hoch und griffen Städte im Inland an. Im Jahr 845 fuhren über 100 Schiffe die Seine hinauf nach Paris. Der König gab ihnen 3000 Kilo Silber, damit sie wieder verschwanden.

◁ Die Wikinger hatten die besten Schiffe in Europa. Sie waren leicht und robust aus Eichen- oder Kiefernholz gebaut, sodass sie in den rauen Nordmeeren nicht zerbrachen. Sie wurden hauptsächlich mithilfe von Rudern angetrieben, hatten aber auch ein Segel und erreichten Geschwindigkeiten bis zu 10 Knoten. Wikingerschiffe waren Kriegsschiffe und für Überraschungsangriffe perfekt geeignet. Sie konnten sogar in seichten Gewässern fahren und auf dem Strand landen.

Händler und Reisende

Schwedische Wikinger segelten im 9. Jahrhundert zu Handelszwecken über die Ostsee nach Russland. Dort errichteten sie Handelsposten unter den slawischen Völkern. An der Gründung Nowgorods und des ersten russischen Staats waren sie ebenfalls beteiligt. Einige schwedische Kaufleute fuhren die russischen Flüsse entlang zum Schwarzen und zum Kaspischen Meer. Von dort ritten sie auf Kamelen weiter nach Konstantinopel, wo einige von ihnen Arbeit fanden und sich niederließen. Viele Schweden traten der Leibwache des byzantinischen Kaisers bei. Andere schwedische Händler reisten sogar bis nach Bagdad.

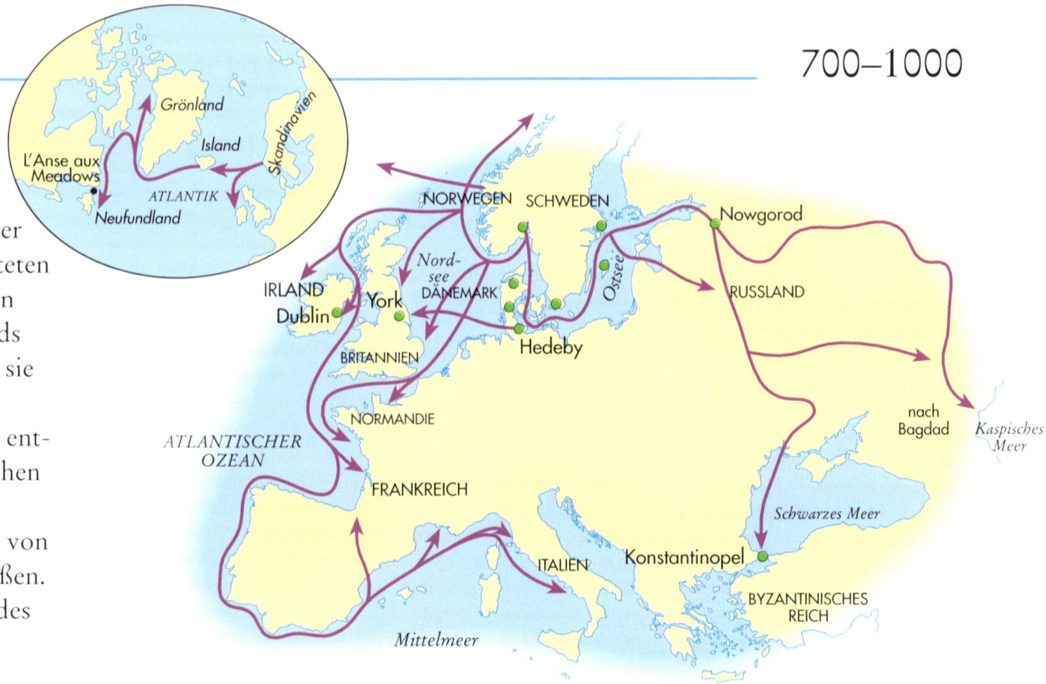

△ Die Wikinger kamen bis nach Bagdad und Neufundland. In Island gründeten die Norweger einen neuen europäischen Staat, der von einer Häuptlingsversammlung regiert wurde – sozusagen das erste europäische Parlament.

Siedler

Nach den ersten Überfällen auf Nordeuropa verließen immer mehr Wikinger Skandinavien. Sie suchten Land, auf dem sie sich niederlassen konnten. Dabei eroberten sie halb England und zerstörten fast die keltische Kultur Irlands. Mit York, Dublin und anderen Orten als Zentren gründeten sie neue Reiche. Der französische König überließ einer großen Gruppe von Wikingern die Normandie. Sie versprachen ihm dafür, sein Königreich gegen andere Wikinger zu verteidigen. Ihre Nachkommen waren die Normannen, die im 11. Jahrhundert zu einer großen Macht in Europa wurden.

Wikinger aus Norwegen segelten weit in den Atlantik hinaus, wo sie unbewohnte Inseln entdeckten. Sie ließen sich auf den Färöer Inseln und Island nieder. Von hier aus drangen sie weiter nach Westen vor und besiedelten Grönland. Sie segelten sogar bis nach Nordamerika, wo sie allerdings von den Einheimischen wieder verjagt wurden.

Das Alltagsleben

Fast überall in Skandinavien lebten die Wikinger in Holzhäusern. Nur in Island und Grönland, wo es kaum Bäume gab, verwendeten sie Steine und Torfstücke. Die Häuser hatten keine Kamine oder Fenster, nur eine Tür. Innen war ein großer Raum, in dem die Menschen lebten und arbeiteten und die Kinder spielten (bis man sie nach draußen schickte). Oft schliefen sie auch in diesem Raum, auf erhöhten Podesten an der Wand. Die Frauen kochten auf dem offenen Feuer, und der Rauch zog durch ein Loch im Dach ab.

Fürsten und Priester in Europa

Vom 11. bis zum 15. Jahrhundert lebten die meisten Menschen in Europa und in anderen Kontinenten von der Landwirtschaft. Ihr Leben wurde von dem Fürsten, dem das Land gehörte, und der kirchlichen Lehre bestimmt.

Der Feudalismus

Nach den Wikingern erlebte Europa keine größeren Angriffe mehr von außen. Der Kontinent war in verschiedene Königreiche aufgeteilt. Der König war der »Besitzer« seines Reichs und vergab Grundbesitz an Adelige, die ihn dafür unterstützten, besonders zu Kriegszeiten. Die Adeligen gaben ebenfalls wieder Ländereien an kleinere Fürsten weiter, die ihnen dafür zu Diensten waren.

Dieses System, bei dem Menschen ihre Treue und ihre Dienste gegen Land und Schutz eintauschten, nennt man »Feudalismus«. Aber nicht alle hielten sich an diese Vereinbarung. Es gab viele Kämpfe unter den Adeligen, und manche Fürsten rebellierten sogar gegen ihren König.

Die Normannen waren die erfolgreichste Feudalmacht im 11. Jahrhundert. Sie kämpften in ganz Europa. 1066 griffen sie England an und besiegten den englischen König in der Schlacht von Hastings. Ihr Anführer Wilhelm der Eroberer errichtete mithilfe seiner Fürsten und ihrer gut befestigten Schlösser ein mächtiges Feudalsystem.

Die Kirche und der König

Die Kirche war die größte Autorität in Europa. Ihr Oberhaupt war der Papst. Könige und Fürsten konnten zwar über die Körper der Menschen bestimmen, aber die Kirche beherrschte ihre Seelen. Die Menschen gehorchten der kirchlichen Lehre, weil sie Angst hatten, nach dem Tod in die Hölle zu kommen.

Die Kirche war reich und mächtig. Obwohl Könige und Adelige versprachen, die Kirche zu unterstützen, teilten sie ihre Macht nur ungern. Das führte zu Schwierigkeiten zwischen der Kirche und den Königen. Bischöfe waren nicht nur Priester, sondern oft auch mächtige Fürsten. Sollten sie also dem König gehorchen oder dem Papst? Diese Frage hatte viele Streitereien zur Folge, besonders zwischen den Päpsten und den deutschen Kaisern. In England stritten Erzbischof Thomas Becket und König Heinrich II. über die Rechte der Priester. 1170 wurde Becket deswegen ermordet.

▽ Im 12. Jahrhundert wurden in ganz Europa Burgen aus Stein gebaut, die nach einem recht einfachen Schema angelegt waren: Ein großes Hauptgebäude, der Burgfried, stand in einem Hof, von Mauern und Türmen geschützt. Diese Burg hat als zusätzlichen Schutz einen zweiten Hof und einen Wassergraben.

▽ Kirchenglocken waren das lauteste Geräusch, das man im Mittelalter auf dem Land machen konnte. Die Kirche stand im Mittelpunkt des Dorflebens. Jeder musste am Gottesdienst teilnehmen, obwohl er auf Lateinisch abgehalten wurde und nur der Priester ihn verstehen konnte. Nur Priester und Wandermönche wussten über Ereignisse außerhalb des Dorfes Bescheid.

Die Wallfahrten

Wie die Muslime unternahmen auch die Christen lange Reisen an heilige Orte, so genannte Wallfahrten. Alle möglichen Menschen wurden Pilger. Für manche war es eine Art Urlaub. Einer der beliebtesten Orte in Europa war Santiago de Compostela in Spanien, wo angeblich ein Jünger Jesu begraben lag. In England strömten die Pilger an den Schrein von Erzbischof Becket in Canterbury. Der heiligste Ort war Jerusalem, aber das war weit entfernt, und nachdem die Türken die Stadt erobert hatten, durften Christen sie nicht mehr besuchen.

Die Kreuzzüge

Im Jahr 1096 bat der Papst die christlichen Herrscher, Jerusalem zurückzugewinnen, das von den türkischen Seldschuken erobert worden war. In der Folge kam es zu einer langen Reihe »heiliger« Kriege gegen die Muslime in Palästina, auch Kreuzzüge genannt. Im Ersten Kreuzzug wurde Jerusalem erobert, und es entstanden einige kleine christliche Reiche im Nahen Osten. Die Moslems wehrten sich jedoch heftig, und allmählich verloren die Christen das Interesse an den Kreuzzügen. Um 1300 war fast das gesamte Heilige Land wieder in muslimischem Besitz.

Auch in Spanien wurde gegen die Muslime gekämpft, aber mit mehr Erfolg – der letzte muslimische Staat in Spanien fiel 1492.

▽ Dieses Gemälde aus dem 15. Jahrhundert zeigt, wie französische Künstler sich später die Kreuzzüge vorgestellt hatten. Hier sieht man den islamischen Sultan Saladin bei der Rückeroberung Jerusalems im Jahr 1187.

Alltag im Mittelalter

Das Leben in Europa zwischen 1000 und 1500 war voller Mühen. Die meisten Menschen waren arm, sie mussten hart arbeiten und starben jung. Aber auch die Armen durften sich ein paar Mal im Jahr amüsieren.

Das Leben der Bauern

Etwa ein Zehntel der Bevölkerung waren Adelige, Priester und Mönche, sonst gab es nur Bauern. Die meisten Bauern auf dem Land lebten als »Leibeigene« in Dörfern oder auf Landgütern, die einem Fürsten gehörten (ein Fürst konnte viele Dörfer besitzen). Leibeigene arbeiteten auf dem Hof ihres Herrn und durften dafür ein bisschen Land für sich bebauen. Obwohl sie eigentlich keine Sklaven waren, besaßen sie kaum Rechte. Ohne Erlaubnis des Herrn konnten sie nicht heiraten oder ihr Dorf verlassen. Der Fürst hatte sogar sein eigenes Gericht, wo er Verbrecher bestrafte und Streitereien schlichtete.

Wohnung und Essen im Mittelalter

Die meisten Häuser bestanden aus Balken, Zweigen und Lehm. Kaum jemand konnte sich Ziegel oder Steine leisten. Die Häuser der Bauern hatten nur wenige Zimmer, und die Menschen teilten sich den Platz oft mit dem Vieh. Sogar Ende des 15. Jahrhunderts besaßen nur reiche Leute Glasfenster oder Kamine. Die Frauen kochten gewöhnlich auf dem offenen Feuer und der Rauch zog durch ein Loch im Dach ab. Dadurch war die Gefahr einer Feuersbrunst groß.

Die Reichen aßen jeden Tag Fleisch, doch für die Bauern war das ein Luxus. Bei ihnen gab es meistens Haferbrei, etwas Käse und dicke Gemüsesuppe. Sie mussten auf den Feldern ihres Herrn arbeiten und außerdem noch ihr eigenes Getreide und Gemüse anbauen. Das selbst gemachte Brot wurde im Backhaus des Dorfes gebacken. In harten Zeiten gab es aber nur Eichelmehl und Brennnesselsuppe.

△ Die Dorfmühle gehörte dem Herrn. Dort konnten die Bewohner ihr Getreide gegen Bezahlung mahlen lassen.

▽ Dieses Bild zeigt Bauern bei der Ernte, beaufsichtigt von einem Vertreter des Fürsten. Sie schneiden Weizen mit einer Sichel.

Frauen und Kinder

Eine Frau aus einer guten Familie konnte entweder heiraten oder Nonne werden. Wenn sie heiratete, suchte der Vater einen Mann für sie. In den oberen Schichten war die Heirat ein Geschäft, und zwischen dem Ehemann und dem Vater der Braut wurde ein Vertrag abgeschlossen. Die Frauen mussten ihren Männern gehorchen (auch wenn manchmal die Frau die Entscheidungen traf). Ärmere Frauen arbeiteten auf dem Feld oder zu Hause, wo sie auf ihre Kinder aufpassten, das Essen bereiteten und Kleider nähten.

Mütter starben oft bei der Geburt der Kinder, und es war ein Glücksfall, wenn eines von vieren überlebte. Die Kinder mussten schon früh arbeiten. Die Jungen begannen ihre Ausbildung zum Ritter oder Handwerker schon mit acht Jahren. Sie wohnten auch bei ihrem Meister. Die Mädchen lernten von ihren Müttern. Nur wenige Bauernkinder gingen zur Schule oder konnten lesen. Die Schulen waren eine Angelegenheit der Kirche, hauptsächlich zur Ausbildung der Priester. Mit der Zeit gingen auch immer mehr Jungen – aber kaum Mädchen – aus Adelsfamilien zur Schule.

◁ Der Tod wurde oft als schwarze Figur mit einer Sense dargestellt. Hier steht er auf einem Pestopfer.

Der Schwarze Tod

Der Schwarze Tod – so nannte man die Pest, eine Krankheit, die durch Flöhe oder Ratten übertragen wurde. Die Pest brach 1347 in Asien aus und verbreitete sich in den folgenden Jahren in ganz Europa. Es war die größte Katastrophe, die Europa je erlebte hatte. In drei Jahren starb fast ein Drittel der Bevölkerung. Viele Menschen glaubten, die Epidemie sei eine Strafe Gottes.

Unterhaltung

Am Sonntag und an anderen Feiertagen ruhten die Bauern nach Möglichkeit. Sie besuchten Feste und Jahrmärkte, wo Jongleure und Sänger auftraten, aber wo man sich auch die Zähne ziehen lassen konnte. Jungen und Männer übten sich im Bogenschießen und spielten eine einfache Form des Fußballs. Das Leben war grausam, darum gefielen den Menschen Hahnenkämpfe und Bärenhatz.

▽ Turniere waren eine beliebte Unterhaltung bei den Adeligen im Mittelalter. Ritter zu Pferd traten gegeneinander an.

Die Städte in Europa

Im 12. und 13. Jahrhundert entstanden immer mehr Manufakturen, der Handel vergrößerte sich, und die alten Feudalstrukturen brachen zusammen. Die Kaufleute, die nicht nur in Europa, sondern auch mit fernen Ländern Handel trieben, bekamen mehr Einfluss.

Die Krankenpflege
Ein Arzt versucht, durch eine Urinuntersuchung die Krankheit seines Patienten zu bestimmen. Der Kranke muss sehr reich gewesen sein, da Ärzte viel Geld verlangten. Ihre Medizin half allerdings nur selten, weil sie die Ursachen der Krankheiten nicht kannten. In einigen Städten gab es von Mönchen und Nonnen geführte

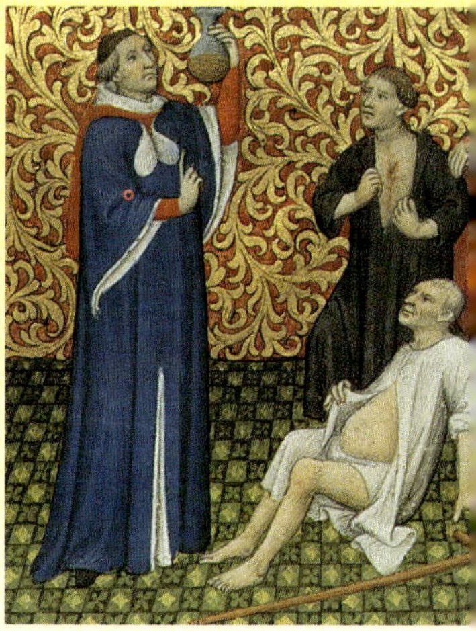

Der Aufstieg der Kaufleute

Um 1300 lebten nur wenige Menschen in Städten. Dennoch fanden dort wichtige Veränderungen statt. Einige Kaufleute, Bankiers und Handwerker (zum Beispiel Goldschmiede) wurden reicher als der Fürst, der über die Stadt herrschte. Überall in Westeuropa schlossen sich Handwerker und Kaufleute zu so genannten Zünften oder Gilden zusammen, um ihr Gewerbe zu schützen. Oft gelang es ihnen sogar, die Stadt von der Herrschaft des Fürsten zu befreien. Besonders in den großen Städten Italiens und Deutschlands herrschten reiche Händler an Stelle von Adeligen. Am reichsten war die italienische Stadt Venedig. Ihr Wohlstand stammte aus dem Handel mit dem Osten.

△ Dieser schöne italienische Engel ist ein Reliquienschrein. Darin bewahrte man zum Beispiel die Knochen von toten Heiligen auf. Pilger reisten oft weit, um vor einer heiligen Reliquie zu beten.

Der Handel wächst

Das Entstehen der Banken im 14. Jahrhundert förderte das Wachstum des Handels, weil die Kaufleute nun auf Kredit kaufen und verkaufen konnten. Aus dem Osten kamen Seide und andere Luxusgüter, aber am wichtigsten war der Handel mit Wolle und Wollstoffen. Die führenden Händler in Nordeuropa waren Mitglieder der Hanse, einer Gruppe von 150 norddeutschen Städten unter Führung von Hamburg und Lübeck, die miteinander Handel trieben. Die Hanse hatte außerdem Handelsabkommen mit Städten wie London, Brügge in Flandern und dem norwegischen Bergen getroffen. Handelsstädte lagen am Meer oder an großen Flüssen, denn die Waren wurden meistens per Schiff transportiert. Obwohl die Schiffe oft sanken, war der Wasserweg dennoch sicherer und schneller als die Straße.

△ Im Mittelalter gab es noch keine großen Unterschiede zwischen dem Leben in der Stadt und auf dem Land. Stadtbewohner hielten ebenfalls Hühner und Schweine und bauten Gemüse an, während die Menschen auf dem Land ihre Kleider und Werkzeuge selbst herstellten. Sowohl im Dorf als auch in der Stadt waren die größten Gebäude Kirchen. Die großen Kathedralen waren die schönsten Werke christlicher Kunst.

Das Ende der Feudalzeit

Durch Hunger und Krankheiten sank im 14. Jahrhundert die Bevölkerungszahl Europas. Es brach eine Zeit voller Veränderungen und großer Probleme an. Kriege und Aufstände waren nichts Ungewöhnliches. Bauern lehnten sich gegen ihre Herren auf. Die alte Feudalordnung verschwand, stattdessen wurde Geld immer wichtiger.

Im 15. Jahrhundert waren die meisten Bauern keine Leibeigenen mehr. Sie zahlten dem Adeligen eine Pacht für das Land, während er ihre Arbeit mit Geld entlohnte. Könige heuerten nun Berufssoldaten für ihre Kriege an, anstatt die Adeligen zu bitten, ihre Bauern in den Krieg zu führen.

Die Mongolen

Die Mongolen waren das letzte berittene Nomadenvolk aus Zentralasien, das Städte und Dörfer in Asien und Europa angriff. Unter Dschingis Khan eroberten sie ein Gebiet, das sich von China bis nach Westeuropa erstreckte. Es war das bis dahin größte Reich der Welt, auch wenn es nur kurze Zeit existierte.

▽ Die Mongolen lebten in großen Zelten, Jurten genannt. Sie bestanden aus leichten Holzrahmen, die mit Fell bespannt waren, und konnten in knapp einer Stunde aufgebaut werden.

Hirten und Krieger

Die Stämme der Mongolen zogen mit ihren Herden von Schafen, Ziegen und Rindern im Osten über die zentralasiatische Hochebene. Dschingis Khan, einer ihrer Stammesführer, träumte davon, die Welt zu beherrschen. Er vereinigte die Mongolen um 1206, und unter seinem Kommando eroberten sie erstaunlich schnell ein riesiges Reich. Sie waren behände und geschickte Reiter und planten ihre Angriffe sorgfältig. Ihre Anführer, die Khane, gingen erst in eine Schlacht, nachdem sie die Position des Feindes genau ausgekundschaftet und sich für die beste Angriffstaktik entschieden hatten.

▽ Ein wilder Kampf unter Mongolenstämmen. Bis Dschingis Khan sie vereinte, bekämpften sich die verschiedenen Stämme manchmal untereinander. Mongolen konnten ausgezeichnet reiten. Jeder Mann besaß vier oder fünf Pferde, die er sich aus den wilden Pferdeherden eingefangen hatte. Oft wurde das beste Pferd eines Mannes zu ihm ins Grab gelegt. Ein Krieger besaß verschiedene Wurfspeere und ein Krummschwert, aber seine beste Waffe war der Bogen. Damit traf er bis auf 300 Meter Entfernung.

Marco Polo

Durch die mongolischen Eroberungen wurden die alten Handelsstraßen von Europa nach Asien wieder geöffnet. Abenteuerlustige italienische Händler folgten der alten Seidenstraße nach China. Einer von ihnen war ein junger Mann namens Marco Polo. Er traf den Mongolenkaiser Kublai Khan 1275 (auf dem Bild unten erhält Marco Polo das goldene Siegel des Kaisers). Offenbar hatte der Kaiser ihn in seine Dienste aufgenommen. 24 Jahre dauerten Marco Polos Asienreisen. Als er nach Italien zurückkehrte, erzählte er seine Geschichten jemandem, der ein Buch darüber schrieb. Diese Erzählungen über eine fremde Kultur im Osten riefen großes Staunen hervor. Manche Leute hielten sie sogar für reine Erfindung. Zwar übertrieb Marco Polo ein wenig, aber wir wissen heute, dass viele Dinge, die man ihm nicht glaubte, tatsächlich stimmten.

Das chinesische Mongolenreich

Die Eroberung durch die Mongolen war eine Katastrophe für die chinesische Kultur, weil vieles zerstört wurde. Dschingis Khans Enkel, Kublai Khan, begründete die mongolische Herrschaft in China (auch Yüan-Dynastie genannt). Als kluger und weiser Herrscher hielt er an den chinesischen Sitten fest, unterstützte den Buddhismus und förderte den Handel. Nur den chinesischen Beamten traute er nie. Er wollte sein Reich vergrößern und Japan erobern, aber die Invasion scheiterte, weil seine Schiffe im Sturm sanken.

▽ Das Mongolenreich, als es am größten war. Das Eindringen der Mongolen in Asien und Europa hatte erstaunlicherweise kaum bleibende Auswirkungen. Nicht einmal die Sprache überlebte außerhalb der Mongolei.

Das Ende des Mongolenreichs

Nach dem Tod von Dschingis Khan (1227) wurde das mongolische Reich unter seinen vier Söhnen aufgeteilt. Einer davon, Ügedei, wurde Großer Khan. Die Mongolen führten weiterhin Angriffe gegen Russland und Ungarn, aber als Ügedei 1241 starb, kämpften seine Brüder um die Nachfolge. Kublai Khan brachte schließlich die Eroberung Chinas zu Ende. Hülägü, der Bruder des Großen Khan, griff Persien an. Er eroberte Bagdad und tötete den Kalifen. Doch 1260 besiegte ein großes Mameluckenheer die Mongolen in Palästina. Das war das Ende der mongolischen Eroberungen. Um 1300 war das Reich zerfallen und wurde von vier unabhängigen Khanen regiert.

Tamerlan

Zwischen 1380–1405 führte Timur oder Tamerlan die Eroberungen der Mongolen weiter. Möglicherweise war er ein Nachkomme von Dschingis Khan. Er war ein ebenso großer Feldherr wie dieser und genauso grausam. Aber er erwies sich als schlechter Herrscher und es gelang ihm nicht, ein Reich aufbauen. Er eroberte Westasien und zerstörte das Reich der Goldenen Horde, in dem ein anderer Nachkomme Dschingis Khans herrschte. Er marschierte in Indien ein und starb schließlich bei dem Versuch, China zu erobern.

Das Mittelalter

Zwischen der Antike und dem Beginn der Neuzeit lagen mehr als tausend Jahre. In diesem Zeitraum entwickelten sich neue Zivilisationen. Die mächtigsten von ihnen gründeten sich auf Religionen: auf das Christentum in Europa und den Islam im Nahen Osten. In anderen Gegenden wie Südamerika und in

AMERIKA

600–749

um 600 Die klassische Mayakultur befindet sich auf ihrem Höhepunkt und in vielen zentralamerikanischen Ländern entstehen die unverwechselbaren Tempel (rechts).
um 700 Die Anasazivölker im Südwesten von Nordamerika beginnen mit dem Bau von Pueblos, großen Gebäudekomplexen aus Adobe (Lehmziegel), in denen ein ganzes Dorf wohnt.

750–899

800 Die Tolteken aus Mexiko werden das führende Volk Mittelamerikas, mit Handelswegen von Costa Rica bis Arizona.

900–1049

um 900 Die Blütezeit der Mayakultur endet.
1000 Der Wikinger Leif Ericsson, Sohn von Erich dem Roten, segelt die nordamerikanische Küste entlang.

EUROPA

600–749

um 650 Die Karolinger gewinnen die Macht über die fränkischen Gebiete.
711 Die Muslime dringen in Spanien ein.
732 In Frankreich wird der muslimische Vormarsch durch die Schlacht von Poitiers aufgehalten.

750–899

771 Karl der Große wird König der Franken.
um 790 An den Küsten Nordwesteuropas beginnen die Überfälle der Wikinger. Diese Brosche (rechts) stammt aus Dänemark.
800 Karl der Große wird in Rom zum Römischen Kaiser gekrönt.
805 Die Hofburg Karls des Großen in Aachen wird vollendet (links).
871 In England stoppt Alfred der Große den Vormarsch der Wikinger.
882 Kiew wird zur Hauptstadt Russlands.
891 Abd ar-Rahman vereint das muslimische Spanien.

900–1049

910 In Frankreich wird die Abtei von Cluny gegründet.
962 Otto I. wird in Rom zum Römischen Kaiser gekrönt.
965 Der dänische König Harald Blauzahn wird zum Christentum bekehrt.
983 Die Slawen in Osteuropa rebellieren gegen deutsche Siedler.
1014 In Irland besiegt Brian Born die Wikinger in der Schlacht von Clontarf.
1016 Die Normannen dringen nach Süditalien vor.

ASIEN und OZEANIEN

600–749

um 600 Tibet wird als unabhängiges Königreich vereinigt.
618 China wird unter der Tang-Dynastie wieder vereint.
632 Die Araber beginnen mit der Eroberung des Nahen Ostens.
um 668 Korea wird von König Silla vereinigt.
710 In Japan beginnt die Epoche von Nara.

750–899

794 Kaiser Kammu verlegt die Hauptstadt Japans von Nara nach Heian (Kioto).
um 890 Angkor wird Hauptstadt des Khmer-Reichs in Südostasien.

900–1049

907 Als Aufstände und Bürgerkrieg die Tang-Dynastie zerstören, endet eine Blütezeit der chinesischen Geschichte.
979 China wird von der Song-Dynastie wieder vereint, eine großartige Epoche der Kunst und Porzellanherstellung bricht an (links).
um 1020 Die Tscholas aus Südindien greifen Sri Lanka und Birma an.
1044 Das erste birmanische Reich entsteht.

AFRIKA und der NAHE OSTEN

600–749

622 Mit Mohammeds Flucht nach Medina (der Hedschra) beginnt die islamische Zeitrechnung.
632 Die Araber beginnen mit der Eroberung des Nahen Ostens.
641 Die Araber beginnen mit der Eroberung Nordafrikas.
696 In Damaskus geprägte Gold- und Silbermünzen zieren Verse aus dem Koran.
um 700 Der Aufstieg des Reichs Ghana in Westfrika.

750–899

750 In Bagdad wird das Kalifat der Abbasiden gegründet.
760 Islamische Gelehrte verwenden Papier.
786 Harun al-Raschid wird Kalif.
850 In Samarra wird die Große Moschee gebaut, mit einem spiralförmigen Minarett (rechts). Es ist die größte Moschee des Islam.
868 In Ägypten wird eine türkische Dynastie gegründet.

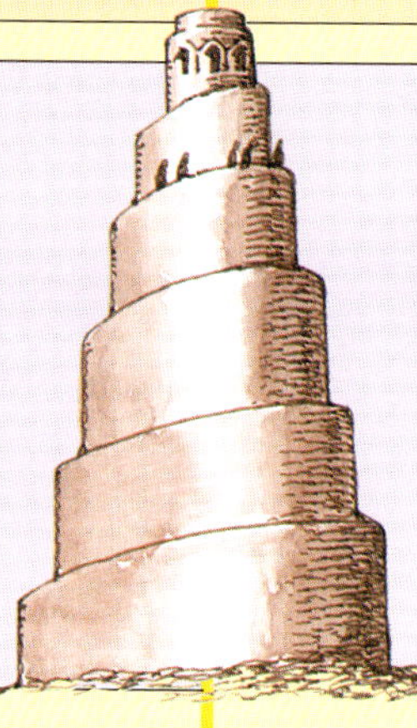

900–1049

um 900 In Bagdad entwickeln Töpfer eine metallisch glänzende Glasur, Lüster genannt.
um 950 Die ersten Gebäude Simbabwes werden gebaut.
969 In Ägypten kommen die Fatimiden an die Macht und gründen Kairo.
970 Seldschukische Türken dringen in die östlichen Gebiete des abbasidischen Kalifats ein.

fast ganz Asien entstanden verschiedene Kulturen, mit wechselnden Völkern und Dynastien an der Spitze. Trotz großer Unterschiede ernährten sich die Menschen überall von Ackerbau und Viehzucht, und Veränderungen kamen nur langsam in Gang.

1050–1199

um 1100 Das Volk der Anasazi baut den großen Pueblo von Mesa Verde in Colorado, der einen »Palast« mit 230 Räumen beherbergt.

1054 Die Ostkirche (Byzanz) und die Westkirche (Rom) trennen sich endgültig.
1066 Die Normannen erobern England.
1073 Der Machtkampf zwischen dem Papst und dem Heiligen Römischen Kaiser beginnt.
um 1077 Der Teppich von Bayeux (rechts), auf dem Szenen der normannischen Eroberung Englands dargestellt sind, wird vollendet.
1096 Der Erste Kreuzzug, der Angriff der Christen auf Palästina, macht sich auf den Weg.
um 1100 Die ersten Universitäten werden gegründet.

um 1090 In der birmanischen Hauptstadt Pagan wird der Nanda-Tempel gebaut (rechts).
um 1100 In Kambodscha wird der Tempel von Angkor Vat gebaut.
1126 Die Song-Dynastie wird aus Südchina vertrieben.
1192 In Japan beginnt die Epoche von Kamakura. Chinesische Mönche lehren den Zen-Buddhismus.

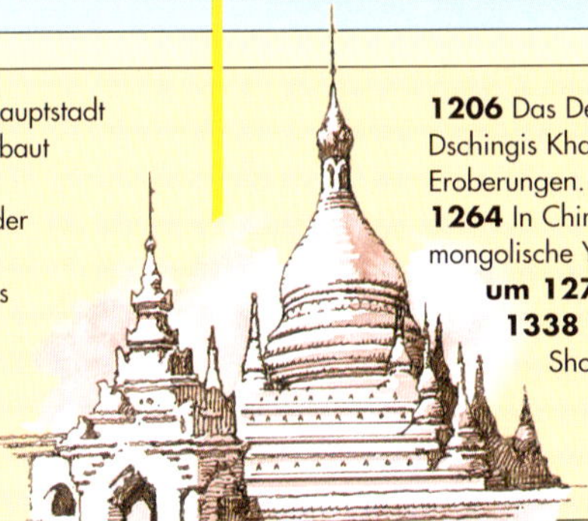

1055 Die seldschukischen Türken erobern Bagdad.
1071 Die seldschukischen Türken besiegen die Byzantiner in der Schlacht bei Manzikert.
1076 Die Almoraviden aus Nordafrika erobern das Königreich Ghana.
1096 Christliche Kreuzritter greifen im Nahen Osten an und erobern Jerusalem.
1147 Der letzte Herrscher der Almoraviden in Marokko stirbt.
1171 Saladin erobert Ägypten von den Fatimiden.
1188 Saladin erobert die Kreuzritterstaaten im Nahen Osten.

1200–1349

um 1200 Die Azteken siedeln in Mittelamerika.
um 1300 Der Stamm der Hohokam baut Gebäude mit mehreren Stockwerken, so wie dieses in Arizona (links).
um 1345 Die Azteken gründen ihre Hauptstadt Tenochtitlán.

1236 Die Mongolen beginnen mit der Eroberung Osteuropas.
1282 Prinz Llewelyn von Wales stirbt im Kampf; damit endet die Unabhängigkeit Wales' von England.
1314 Die Schotten besiegen die Engländer bei Bannockburn.
1348 Die Pest kommt nach Europa.

1206 Das Delhi-Sultanat wird gegründet. Unter Dschingis Khan beginnen die mongolischen Eroberungen.
1264 In China gründet Kublai Khan die mongolische Yuan-Dynastie.
um 1275 Marco Polo trifft in China ein.
1338 In Japan beginnt das Ashikaga-Shogunat.

um 1200 Aufstieg des Reichs Mali. Im Norden Nigerias entstehen die Hausa-Staaten.
um 1250 Aufstieg Benins.
1260 Die Mongolen werden in Palästina von den Mamelucken besiegt.
um 1300 Die Kunst des Glasmachens erreicht unter der mameluckischen Dynastie ihren Höhepunkt (links).
1300 Die Yoruba aus Ife fertigen wunderschöne Köpfe aus Ton, Stein oder Bronze (rechts).

1350–1499

um 1380 Das Inkareich in Peru breitet sich nach Chile aus.
um 1450 In den Dörfern der Taino auf Hispaniola (rechts) leben 1000–2000 Einwohner.
1492 Kolumbus erreicht die Karibik.
1497 John Cabot erreicht von England aus Neufundland.

1378 Rivalisierende Päpste führen die Kirche in das »Große abendländische Schisma«.
1389 Die osmanischen Türken erobern Südosteuropa.
1397 Die skandinavischen Königreiche vereinigen sich in der Union von Kalmar.
1453 Die osmanischen Türken nehmen Konstantinopel ein.
1479 Das christliche Spanien wird unter Ferdinand und Isabella vereinigt.
1480 Ivan III. beendet die mongolische Herrschaft in Russland.
1492 Der letzte muslimische Staat in Spanien wird von den Christen erobert.
1494 Mit der Eroberung Italiens durch die Franzosen beginnt ein Machtkampf mit den Habsburgern.

1368 In China wird die Ming-Dynastie gegründet.
1398 Tamerlan erobert Delhi.
1428 Ein vietnamesischer Staat wird von China unabhängig.
um 1434 Nach Angriffen der Thai verlassen die Khmer ihre Hauptstadt Angkor.
1498 Portugiesische Schiffe treffen in Indien ein.

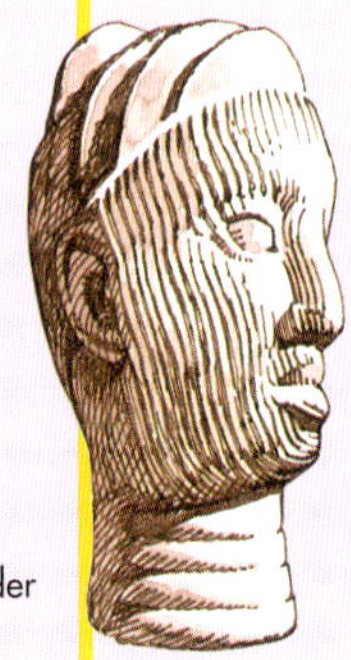

1352 Der marokkanische Reisende Ibn Battuta besucht Mali.
um 1400 Die Steinzitadelle von Simbabwe wird gebaut.
1402 Tamerlan besiegt die osmanischen Türken.
1415 Die Portugiesen erobern Ceuta in Nordafrika.
um 1450 Aufstieg des Reichs der Songhai in Westafrika.
1488 Die Portugiesen umsegeln das Kap der Guten Hoffnung und erreichen die ostafrikanische Küste.

Wichtige Namen

al-Idrisi (1100–66), arabischer Reisender und Geograf. Er wurde in Marokko geboren und studierte in vielen islamischen Städten, arbeitete aber hauptsächlich am christlichen Hof des normannischen Königs Roger II. von Sizilien. Sein berühmtestes Werk war eine silberne Weltkugel. Idrisis Karten zeigen, dass die Araber viel besser über die Erde Bescheid wussten als die Europäer.

Alfred der Große (849–899), König von Wessex. Sein Königreich wurde als Einziges nicht von den Heeren der Wikinger erobert. Sie regierten über die eine Hälfte Englands, er über die andere. Alfred war ein guter Staatsmann und Gesetzgeber, der die Bildung förderte. Seine Nachfahren vertrieben die Wikinger und herrschten über ganz England.

Aschoka (273–232 v.Chr.), Enkel von Chandragupta und größter Maurya-Kaiser Indiens. Sein Reich umfasste fast das ganze moderne Indien, Pakistan, Bangladesch und Afghanistan. Er wurde Buddhist, und seine buddhistischen Inschriften auf Felsen und Säulen in ganz Indien sind heute wertvolle Aufzeichnungen für Historiker.

Beda (»der Ehrwürdige«, 673–735), englischer Mönch und Historiker. Er lebte die meiste Zeit im Kloster von Jarrow in Northumberland, dem nördlichsten angelsächsischen Königreich. Er schrieb viele Bücher, am berühmtesten davon ist seine Kirchengeschichte, das erste Werk über die Geschichte Englands.

Benedikt von Nursia (um 480–547), italienischer Mönch und Gründer des Benediktinerordens. Er lebte als Eremit und gewann viele Anhänger, für die er das Kloster Monte Cassino in Italien gründete. Die Regeln, die er seinen Mönchen vorschrieb, wurden von Klöstern in ganz Europa übernommen. Erst im 11. Jahrhundert entstanden auch andere Orden.

Chandragupta Maurya (gestorben 286 v.Chr.), indischer Kaiser, Gründer der Maurya-Dynastie. Als junger Mann traf er Alexander den Großen. Er eroberte den Thron von Magadha, zerstörte die letzten griechischen Außenposten in Indien und gründete ein Reich in Nordindien und Afghanistan, das er 298 v.Chr. seinem Sohn übergab.

Karl der Große (742–814), Frankenkönig und Kaiser des Westens. Durch seine Kriegserfolge herrschte er über einen Großteil Europas. 800 krönte ihn der Papst zum neuen Römischen Kaiser. Sein Hof in Aachen war der Mittelpunkt europäischer Künste und Forschung.

Erich der Rote (gestorben etwa 1005), Entdecker Grönlands. In Norwegen geboren, kam er nach der Verbannung seines Vaters nach Island. Als er selbst für drei Jahre von dort verbannt wurde, ging er auf Entdeckungsfahrt. Er entdeckte Grönland und gründete dort eine Kolonie. Sein Sohn Leif segelte nach Nordamerika.

Harun al-Raschid (764–809), Kalif von Bagdad. Unter seinem Kalifat war die Stadt am reichsten und mächtigsten. Er machte Bagdad zum Zentrum arabischer Wissenschaft und stand mit Karl dem Großen und den chinesischen Tang-Kaisern in Verbindung. Mit seinen Armeen besiegte er die Byzantiner. Bei seinem Tod nahm der Einfluss der Kalifen bereits ab.

Dschingis Khan (1167–1227), mongolischer Eroberer. Er war der Sohn eines kleinen Fürsten und hieß eigentlich Temüdschin. Später nannte man ihn »Dschingis Khan« (»Weltherrscher«), weil er nach langem Kampf die Mongolen vereinigte und ein riesiges Reich eroberte. Sein Erfolg beruhte auf einer starken Verwaltung, und obwohl er nicht lesen konnte, war er ein guter Staatsmann und Gesetzgeber.

Kublai Khan (1215–94), Gründer der mongolischen Yuan-Dynastie in China. 1260 vollendete er die Eroberung Chinas, die sein Großvater Dschingis Khan begonnen hatte. Er verstand und bewunderte die chinesische Kultur und verlegte die mongolische Hauptstadt von Karakorum nach Peking. Die Yuan-Dynastie existierte bis 1368.

Marco Polo (etwa 1254–1324), italienischer Reisender in Asien. Mit nur 17 Jahren kam er mit seinen Onkeln, Händlern aus Venedig, nach China. 20 Jahre verbrachte er in Diensten des Kublai Khan und reiste durch das Reich. Nach seiner Rückkehr nach Italien kam er in Genua ins Gefängnis und diktierte einem Mitgefangenen seine Geschichte.

Mohammed (570–632), Gründer des Islam. Er war Waise und wurde von einem Onkel großgezogen. Als junger Hirte lernte er die Bräuche und Sprache der Beduinen. Nach jahrelangem Forschen und Denken wurde er Lehrer und Prophet. Aus Mekka vertrieben, floh er nach Medina, wo er nach einem Bürgerkrieg zum Herrscher über ganz Arabien wurde.

Otto I. (912–973), deutscher König. Er wurde 962 vom Papst zum Römischen Kaiser gekrönt, wodurch die von Karl dem Großen geprägte Vorstellung eines christlichen, europäischen Kaiserreichs neuen Auftrieb erhielt. Die Römischen Kaiser, deren Machtzentren in Deutschland lagen, regierten in Europa bis 1806.

Saladin (1138–93), muslimischer Feldherr im Krieg gegen die Kreuzritter. Nachdem er sich zum Herrscher über Ägypten und Syrien gemacht hatte, führte er einen heiligen Krieg gegen die Kreuzritter. Er eroberte Jerusalem zurück und besiegte das Heer des dritten Kreuzzugs, als die Stadt erneut angegriffen wurde. Außerdem war er ein guter Staatsmann und verhalf Ägypten wieder zu Macht und Wohlstand.

Shotoku Taishi (573–621), japanischer Herrscher. Als Regent für seine Tante, die Kaiserin, stärkte er die kaiserliche Regierung und verringerte die Macht des Adels. Er hatte Kontakt mit der Tang-Dynastie in China und führte das chinesische Regierungssystem sowie konfuzianisches und buddhistisches Gedankengut in Japan ein.

Wu Tsetien (624–705), die einzige Kaiserin Chinas. Als ihr Mann, ein Tang-Kaiser, starb, sperrte sie ihren Sohn ein und übernahm selbst die Macht (690). Sie war eine geborene Politikerin, verbesserte die Verwaltung und förderte die Künste. Allerdings galt sie auch als skrupellos – sie bespitzelte ihre Minister und ließ ihre Gegner töten.

Sundjata Keita (etwa 1210–60), König von Mali. Er gründete das Großreich Mali unter den Mandevölkern Westafrikas. Er herrschte über die Handelswege durch die Sahara und die westafrikanischen Goldvorräte. Keita war ein toleranter Herrscher und wird heute noch als großer Held verehrt.

DIE FRÜHE NEUZEIT

Die Entdeckungsreisen

Im 15. Jahrhundert begannen europäische Seefahrer, die Ozeane zu erforschen, um neue Handelswege zu finden. Um 1550 hatten sie bereits die Welt umsegelt und jeden Kontinent außer der Antarktis besucht. In Asien, Afrika und Amerika errichteten sie Handelsposten und Kolonien.

Handelswege

Seit der Antike importierten die Europäer Luxusgüter wie Seide und Gewürze aus Asien. Diese Waren gingen auf dem Weg nach Europa durch viele Hände und waren sehr teuer. Weil die Ausbreitung des Osmanischen Reichs immer mehr Handelswege auf dem Land versperrte, wollten die Europäer einen Seeweg nach Osten finden. Niemand wusste allerdings, ob es überhaupt einen gab, denn die Schiffe entfernten sich normalerweise nicht weit vom Festland. Viele Menschen glaubten, dass die Erde flach sei und die Schiffe am Rand abstürzen würden. Und selbst diejenigen, die es besser wussten, hielten sie für sehr klein. Keiner ahnte, dass es Amerika überhaupt gab. Darum war es eine große Überraschung, als die europäischen Seefahrer bei ihrer Suche nach neuen Wegen in den Osten die »Neue Welt« entdeckten.

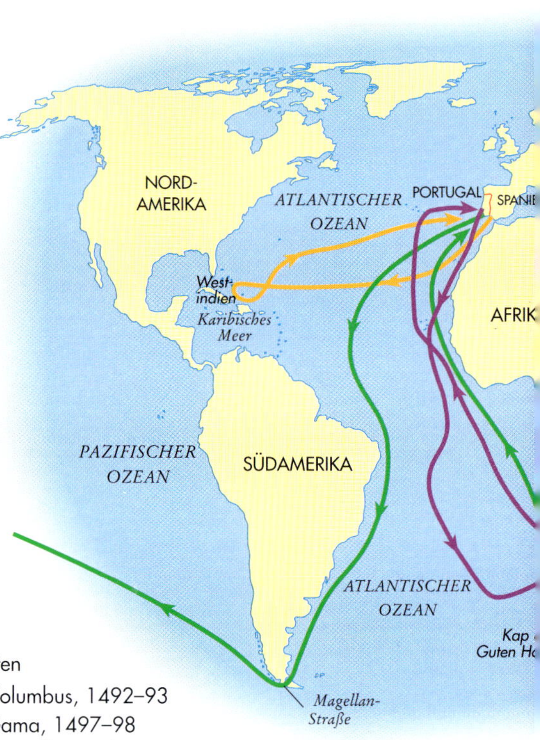

Entdeckungsfahrten
→ Christoph Kolumbus, 1492–93
→ Vasco da Gama, 1497–98
→ Ferdinand Magellan und Juan Sebastian del Cano, 1519–22

△ Den besten Weg nach Indien und dem Fernen Osten fand Vasco da Gama. Im Westen versperrte Kolumbus' »Neue Welt« den Weg nach Asien. Spätere Seefahrer, die immer noch glaubten, dass Asien ganz in der Nähe lag, versuchten weiterhin, Amerika zu umfahren oder zu durchqueren. Ferdinand Magellan umsegelte 1519 die Südspitze Südamerikas und überquerte als erster Europäer den Pazifik. Aber nur eines seiner Schiffe kam 1522 nach der Weltumsegelung wieder nach Hause. Dieser Weg nach Osten war zu weit und zu gefährlich für den Handel.

Europäische Seefahrten

1488 Bartolomeu Diaz passiert das Kap der Guten Hoffnung in Südafrika.
1492 Kolumbus überquert den Atlantik.
1497 John Cabot segelt von England nach Neufundland.
1498 Vasco da Gama entdeckt den Seeweg nach Indien über Ostafrika.
1534 Jacques Cartier fährt in den Sankt-Lorenz-Strom in Kanada ein.

Der Gewürzhandel

Der Osthandel war klein, aber sehr rentabel. Vor allem Gewürze wie Pfeffer, Nelken (half gegen Zahnweh), Ingwer und sogar Zucker kamen aus Asien. Man verwendete sie in der Medizin und bewahrte sie in Töpfen wie auf diesem Bild auf. Derjenige, der den Gewürzhandel kontrollierte, machte große Gewinne. Auf diesen Handelswegen wurden auch andere Luxuswaren transportiert, zum Beispiel chinesische Seide.

Die Portugiesen

Die ersten Entdecker der Ozeane waren die Portugiesen. Ihre Seefahrer erforschten die westafrikanische Küste auf der Suche nach den afrikanischen Goldminen und einem Seeweg nach Osten. Bartolomeu Diaz erreichte 1487 die Südwestspitze Afrikas, das Kap und damit den Weg in den Indischen Ozean. Zehn Jahre später folgte ihm Vasco da Gama mit einer großen, gut bewaffneten Flotte. Er besuchte die Handelsstädte Ostafrikas und segelte mit einem arabischen Führer von Malindi aus weiter über den Indischen Ozean. Damit hatte er einen Seeweg von Europa nach Asien gefunden. Innerhalb weniger Jahre rissen da Gama und andere portugiesische Seefahrer den Handel über den Indischen Ozean aus den Händen der indischen und arabischen Kaufleute. Dann fuhren sie weiter zu den Gewürzinseln des Pazifiks.

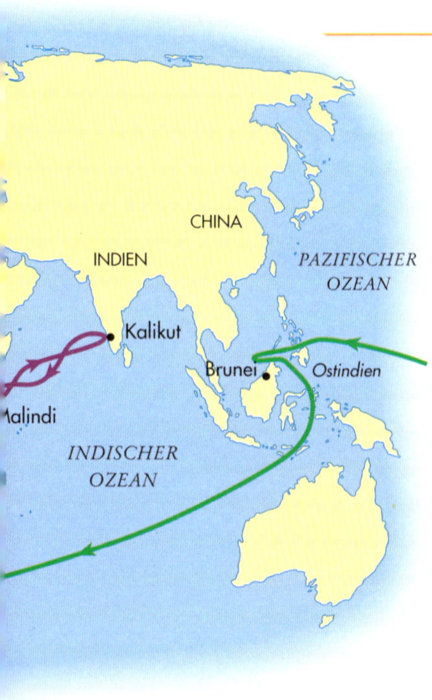

▷ Kolumbus und seine 40-köpfige Besatzung segelten mit der Santa Maria, einem 30 Meter langen, robusten Handelsschiff. Sie erlitt später in Westindien Schiffbruch, aber Kolumbus hatte noch zwei kleinere Schiffe. Er konnte auf See nur den Breitengrad ablesen (die Position zwischen Nord und Süd), bei der Bestimmung des Längengrads (die Position zwischen Ost und West) musste er sich auf seinen Orientierungssinn verlassen.

Kolumbus

Der italienische Seefahrer Christoph Kolumbus hoffte, er könne einen Weg in den Osten finden, wenn er nach Westen segelte. Nachdem andere Regierungen sein Angebot abgelehnt hatten, trat er schließlich in die Dienste Spaniens. 1492 landete er in der Karibik, in der festen Überzeugung, den Seeweg nach Indien gefunden zu haben. Deswegen nennen wir die Inseln heute Westindische Inseln und die Ureinwohner Amerikas Indianer.

Spanien errichtete Kolonien auf den Westindischen Inseln und begann, das Festland zu erkunden. Hunderte von abenteuerlustigen Spaniern kamen. Viele suchten nach Gold und wollten reich werden, aber es gab auch christliche Missionare, die die Eingeborenen bekehren wollten. 1499 entdeckte Amerigo Vespucci, ein weiterer italienischer Seefahrer in spanischen Diensten, den Amazonas. Nach ihm wurde der neue Kontinent Amerika getauft.

▷ Die Ureinwohner Amerikas hatten noch nie Gewehre, Pferde oder große Schiffe gesehen. Diese Azteken kämpfen gegen die Spanier. Links trägt einer von ihnen ein Leopardenfell.

Andere Staaten

Der Papst erklärte, dass die Welt zwischen Spanien und Portugal aufgeteilt werden solle. Also zog man eine senkrechte Linie quer durch eine Karte des Atlantiks. Spanien bekam das westliche Amerika, Portugal erhielt Brasilien und Ostindien. Die anderen Staaten Europas waren damit aber nicht einverstanden. John Cabot, ein Italiener, der für England arbeitete, entdeckte 1497 Neufundland. Zwischen 1534 und 1536 entdeckte der Franzose Jacques Cartier den Sankt-Lorenz-Strom und erreichte das heutige Montreal. In der Folge entstanden englische Kolonien in Massachusetts und Virginia sowie französische Kolonien in Kanada.

Die europäische Renaissance

Im 15. und 16. Jahrhundert wollten die Europäer immer mehr über die Welt um sie herum wissen. Das war auch ein Grund für die Entdeckungsfahrten. Außerdem entwickelten sie neue Gedanken über Kunst, Wissenschaft und Religion, die große Veränderungen nach sich zogen.

Die Wiedergeburt des Wissens

Renaissance heißt eigentlich »Wiedergeburt«. Der Begriff bezieht sich auf ein neu erwachtes Interesse an der Kunst und dem Wissen des antiken Griechenlands und Roms, das zu dieser Zeit in Italien seinen Höhepunkt erreichte. Jahrhundertelang war die Kirche der Mittelpunkt des Wissens und der Kunst gewesen, während die alten, klassischen Kulturen größtenteils vergessen waren. Nun fertigten Gelehrte neue Übersetzungen antiker Werke an. Sie entdeckten, dass die Menschen, die 1000 Jahre vor ihnen gelebt hatten, die Welt oftmals besser verstanden hatten als sie. Das Interesse am Wissen der Antike inspirierte viele Gelehrte zu eigenem Denken und führte sie zu großen Entdeckungen in Kunst und Wissenschaft. Diese Gelehrten nannte man Humanisten, weil sie sich für den Menschen und die ihn umgebende Welt interessierten. Es war eine sehr aufregende Zeit. Die Menschen hatten das Gefühl, dass ihren Forschungen und Erfindungen keine Grenzen gesetzt waren.

▽ Die Kathedrale im italienischen Florenz. Dieses wunderbare Bauwerk wurde um 1436 fertig. Viele berühmte Künstler der Renaissance hatten daran gearbeitet. Die Kuppel hatte Filippo Brunelleschi entworfen. Sie war die erste große Kuppel, die seit dem 6. Jahrhundert in Europa gebaut wurde.

Die Ausbreitung der Renaissance

Die Renaissance blühte in verschiedenen Teilen Europas zu unterschiedlichen Zeiten. Ihren Höhepunkt hatte sie in Norditalien, der fortschrittlichsten Region Europas. Wohlhabende Kaufleute und Prinzen der Stadtstaaten, wie die Päpste in Rom oder die Familie Medici aus Florenz, gaben viel Geld für schöne Gebäude und Kunstwerke aus. Sie ermutigten die besten Künstler, für sie zu arbeiten.

Die Ideen der Renaissance verbreiteten sich auf dem ganzen Kontinent. In den Niederlanden wollten reiche Kaufleute ebenfalls Gemälde haben. Dort entwickelte sich die Ölmalerei. Der berühmteste humanistische Gelehrte Europas war ein Niederländer namens Erasmus.

△ Michelangelo bemalt die Decke der Sixtinischen Kapelle in Rom mit Szenen aus der Bibel. Michelangelo war einer der größten Genies der Renaissance: Bildhauer, Maler, Architekt (er entwarf den größten Teil der Peterskirche in Rom) und Dichter. Die Decke der Kapelle ist größer als ein Basketballfeld; Michelangelo malte vier Jahre daran.

Der Buchdruck

Die wichtigste Erfindung der Renaissance war der Buchdruck mit beweglichen Metalllettern. Dieses Bild zeigt eine Druckerwerkstatt in der Renaissance. Der Deutsche Johannes Gutenberg war der Erste, der Mitte des 15. Jahrhunderts Metalllettern benutzte. Davor wurden Bücher noch mit der Hand geschrieben oder mit hölzernen Druckstöcken gedruckt. Nun konnten Bücher in großer Auflage billiger und schneller hergestellt werden. Dadurch verbreiteten sich die neuen Gedanken noch schneller. Obwohl die Gelehrten immer noch in Latein schrieben, verwendeten einige Autoren schon ihre Muttersprache.

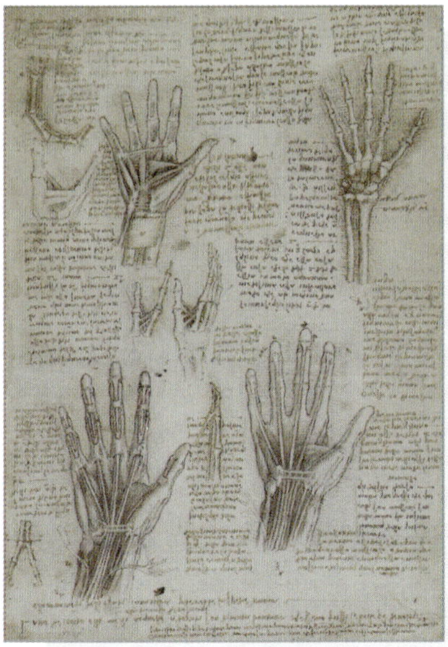

△ Leonardos Notizbücher sind voller Zeichnungen von wundersamen Maschinen und Studien des menschlichen Körpers wie dieser hier. Er schrieb seine Notizen in Spiegelschrift.

Die Wissenschaft

Weil sie sich für alle möglichen Wissensgebiete interessierten, erforschten die Gelehrten viele verschiedene Fächer, anstatt sich nur auf ein Gebiet zu spezialisieren. Der Italiener Leonardo da Vinci war ein gutes Beispiel dafür. Heute ist er hauptsächlich als Maler bekannt, aber er war auch Militärexperte, Techniker und Erfinder. Er sezierte sogar Leichen, um zu verstehen, wie Knochen und Muskeln funktionieren.

Die Literatur

Wie in der Malerei und in der Bildhauerei wurden auch die Themen der Literatur realistischer und basierten nicht mehr so stark auf religiösen Geschichten. Theaterstücke wurden in eigens dafür gebauten Theatern aufgeführt und nicht mehr auf der Straße oder in Gaststätten gespielt. Es entstanden die ersten Theater seit den Römern. Die Stücke des englischen Schriftstellers William Shakespeare (1564–1616) wurden in solchen Theatern aufgeführt.

▷ William Shakespeare

Die Reformation

Über 1000 Jahre lang gab es nur eine christliche Kirche in Westeuropa mit dem römischen Papst als Oberhaupt. Im 16. Jahrhundert trennten sich einige Menschen und Länder von dieser Kirche; die Christen teilten sich in Katholiken und Protestanten.

▽ Im Jahr 1517 schlug Luther in der deutschen Stadt Wittenberg 95 kritische Thesen über die Kirche an das Kirchenportal, das oft als Nachrichtenbrett benutzt wurde. Diese Tat gilt als Beginn der Reformation.

Klagen über die Kirche

Einige Christen im 16. Jahrhundert beklagten, dass sich viele Kirchenmänner, vom Papst bis hin zu gewöhnlichen Priestern und Mönchen, nicht wie echte Christen benehmen würden. Der Papst herrschte über einen großen Teil Italiens und schien sich mehr für Macht und Geld zu interessieren als für Gott. Die Bischöfe waren oft sehr hartherzige Grundbesitzer, und viele Priester waren unwissend, faul und unehrlich. Einige Menschen protestierten gegen die Art und Weise, wie die Kirche geführt wurde; darum nannte man sie später Protestanten. Obwohl sie anfangs in der römisch-katholischen Kirche bleiben und sie verbessern wollten, gründeten die Protestanten am Ende doch ihre eigenen Kirchen.

Martin Luther

Martin Luther (1483–1546), ein deutscher Priester, war einer der Ersten dieser Reformatoren. Er kritisierte, dass der Papst Leute gegen Geld von ihren Sünden lossprach. Luther glaubte nämlich, dass nur Gott den Sündern vergeben könne. Der Papst schloss Luther wegen seiner Kritik aus der Kirche aus. Dieser hatte aber viele Anhänger, darunter auch einige deutsche Fürsten, die gemeinsam mit ihm die katholische Kirche verließen.

Die Reformation breitete sich aus. Die Protestanten beschwerten sich auch darüber, dass der Gottesdienst und die Bibel in Latein abgefasst waren und normale Leute sie daher nicht verstehen konnten. Sie glaubten, dass die Kirche die Menschen absichtlich unwissend hielt, um sie besser kontrollieren zu können. Luther übersetzte deshalb einen Teil der Bibel ins Deutsche.

◁ Johann Calvin war ein Reformator, der die Schweizer Protestanten in Genf anführte. Er lehrte, dass nur die von Gott Erwählten nach ihrem Tod in den Himmel kämen. Diese »Auserwählten« waren seine Anhänger. Calvins Ideen waren noch weiter verbreitet als die von Luther, besonders in den Niederlanden und Schottland.

Die Zerstörung der englischen Klöster

Manche Herrscher gewannen durch den Widerstand gegen die katholische Kirche und den Papst an Macht und Reichtum. Heinrich VIII. von England zum Beispiel ernannte sich selbst zum Oberhaupt der englischen Kirche, schloss die Klöster und übernahm die kirchlichen Ländereien, wodurch sich sein Vermögen immens vergrößerte. Dabei wurden jedoch auch viele religiöse Kunstwerke zerstört.

Die Gegenreformation

Nach der Reformation leitete die katholische Kirche ihrerseits eine Erneuerung ein. Starke Päpste verlangten von den Geistlichen einen Lebenswandel, der mehr im Sinne des Christentums war. Ein neuer religiöser Orden wurde gegründet, die Gesellschaft Jesu. Seine Mitglieder nannte man Jesuiten. Sie gründeten Schulen und wurden Missionare, um die Menschen zum Katholizismus zu bekehren.

Religionskriege

Die Teilung in Katholiken und Protestanten führte zu Kriegen und Verfolgungen. In den meisten Ländern waren Kirche und Regierung eng miteinander verbunden. Die Herrscher wollten nicht, dass ihr Volk sich einer anderen Kirche anschloss. Sie hatten Angst, dass der Ungehorsam gegen die Kirche auch zu einem Ungehorsam gegen die Regierung führen könnte.

Frankreich hatte einen katholischen König. Dort gab es erbitterte Bürgerkriege zwischen Katholiken und Protestanten (Hugenotten genannt), bis der Anführer der Hugenotten als Heinrich IV. zum König von Frankreich gekrönt wurde. Er musste zwar Katholik werden, aber im Edikt von Nantes 1598 gestattete er den Hugenotten, ihre Religion frei auszuüben. Protestanten in den nördlichen Niederlanden rebellierten gegen ihre spanischen, katholischen Herrscher. 1609 wurden Teile der Niederlande von Spanien unabhängig.

Der Dreißigjährige Krieg (1618–1648) begann als Krieg zwischen den protestantischen deutschen Fürsten und dem katholischen Kaiser. Daraus wurde ein Machtkampf zwischen verschiedenen Ländern, bei dem sich die mächtigen katholischen Länder Spanien und Frankreich als Feinde gegenüber standen.

△ Das Massaker der Bartholomäusnacht: Am 24. August 1572 wollte der französische König die Hugenottenführer in Paris ermorden lassen. Es kam zu einem großen Massaker, bei dem tausende von Hugenotten getötet wurden.

Die Weltreiche der Spanier und Portugiesen

Im 16. Jahrhundert breitete sich unter Führung von Spanien und Portugal der Einfluss der Europäer über die ganze Welt aus. Portugal beherrschte den wertvollen Gewürzhandel, während Spanien Amerika eroberte und durch das dort entdeckte Silber reich wurde.

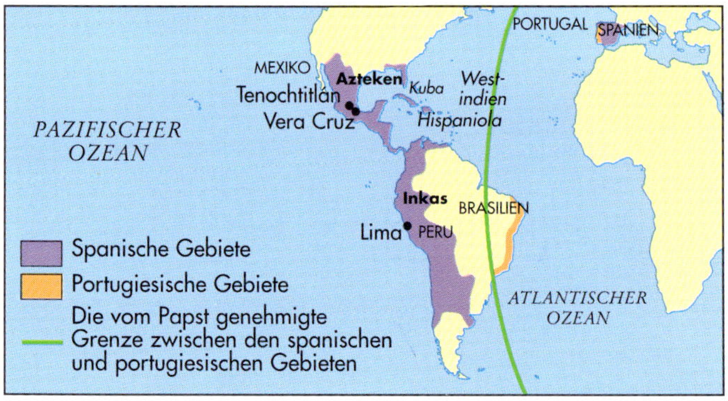

△ Die Trennlinie, die die nicht-christliche Welt zwischen Portugal und Spanien aufteilte, wurde 1494 festgelegt.

Das portugiesische Weltreich

Nachdem die Portugiesen den Indischen Ozean unter ihre Kontrolle gebracht hatten, zogen sie weiter nach Osten. Dort wollten sie den Handel mit den Molukken, auch »Gewürzinseln« genannt, an sich reißen. Portugals größter Eroberer hieß Albuquerque. Er errichtete eine große Handelsstation in Goa im Westen Indiens und eroberte 1511 den bedeutenden malaiischen Hafen Malakka.

1512 erreichte der Portugiese die »Gewürzinseln« und zog 1513 weiter nach Hormus in Südpersien. Damit beherschten die Portugiesen den Persischen Golf. Um 1556 gründeten sie noch eine Handelsstation in Macao in China. In Südamerika beanspruchten sie Brasilien für sich. Portugal interessierte sich hauptsächlich für den Handel und weniger für eine Besiedlung der neuen Gebiete.

▽ Die Schlacht um Tenochtitlán. Die Aztekenstadt lag auf einer Insel in einem See und war durch einen Damm mit dem Festland verbunden. Die Spanier zerstörten die Stadt und erbauten das heutige Mexiko City.

Das spanische Amerika

Außer Brasilien »gehörte« ganz Amerika den Spaniern, nachdem spanische Abenteurer den Kontinent in der Hoffnung, reich zu werden, erobert hatten. Der spanische Regierungsbeamte Cortés hörte in Kuba Geschichten von einem reichen Land tief im Innern des Kontinents. 1517 landete er mit 500 Männern im mexikanischen Vera Cruz. Die Einheimischen dort schlossen mit ihm ein Bündnis gegen ihre Herrscher, die Azteken. Der Aztekenkönig Montezuma hieß die Spanier zunächst in seiner Hauptstadt Tenochtitlán willkommen, doch bald darauf gab es Streit. Mithilfe der verbündeten Indios eroberten die Spanier Tenochtitlán, woraufhin das gesamte Aztekenreich in ihre Hände fiel. Cortés wurde zum Statthalter von »Neuspanien« ernannt, einem Gebiet, das größer war als Spanien selbst.

Das andere große amerikanische Reich war das Inkareich in Peru. Es war geschwächt durch einen Bürgerkrieg und deshalb leicht zu erobern. Francisco Pizarro drang 1531 mit nur 180 Männern in das Inkareich ein. Ihr Herrscher Atahualpa hieß die Spanier willkommen, doch sie überfielen ihn aus dem Hinterhalt und eroberten die Hauptstadt Cuzco. Innerhalb weniger Jahre hatten Pizarros Nachfolger das gesamte Reich eingenommen.

△ Die Inkas machten wunderschöne Gegenstände aus Gold wie dieses Lama. Atahualpa versprach den Spaniern einen Goldschatz, wenn sie ihn frei ließen. Die Spanier nahmen das Gold und töteten Atahualpa trotzdem.

Das spanische Weltreich

Die Spanier durchsuchten »Neuspanien« nach »El Dorado«, der legendären Goldstadt. Auf ihrer vergeblichen Suche nach dem Gold töteten sie viele Ureinwohner und entdeckten Silberminen in Mexiko und Peru. Jedes Jahr schickten sie riesige mit Silber beladene Flotten nach Hause. Eine Zeit lang war Spanien deswegen das reichste und mächtigste Land Europas.

Spanische Bürger erhielten von ihrem König große Ländereien in Amerika und versklavten die dort lebenden amerikanischen Ureinwohner. Obwohl die spanische Regierung und die christlichen Missionare immer wieder versuchten, die Sklaven zu schützen, starben viele an Überarbeitung und Misshandlungen. Noch mehr Indios fielen allerdings den europäischen Krankheiten zum Opfer. Um sie zu ersetzen, holten die Spanier neue Sklaven aus Afrika.

△ Zuerst kauften die europäischen Händler die Pelze von einheimischen Jägern. Später entwickelte sich eine neue Art von Jägern, so genannte »Waldläufer«, die teils französischer, teils amerikanischer Abstammung waren.

Neuengland und Neufrankreich

Andere europäische Länder waren nicht damit einverstanden, dass die Welt zwischen Portugal und Spanien aufgeteilt war. Aber erst 100 Jahre später gründeten Engländer, Franzosen und Holländer ebenfalls Kolonien in Amerika. Zu dieser Zeit hatte Spanien bereits an Macht verloren. Die englischen Kolonien in Virginia und Neuengland waren ursprünglich von Geschäftsleuten gegründet worden, aber auch viele Religionsflüchtlinge siedelten sich dort an, wie zum Beispiel die Puritaner in Massachusetts.

Die Franzosen gründeten Siedlungen in »Neufrankreich« (Südostkanada) wegen des wertvollen Pelzhandels, aber nur wenige Menschen ließen sich dort auf Dauer nieder. 1682 reiste der französische Entdecker La Salle von den Großen Seen aus den Mississippi hinunter zum Golf von Mexiko und nahm das Land dort für Frankreich in Besitz. Dadurch fühlten sich die englischen Kolonien bedroht, und England und Frankreich kämpften um Gebiete in Nordamerika, bis die Franzosen 1763 geschlagen waren.

Als mit die einträglichsten amerikanischen Kolonien erwiesen sich die Westindischen (Karibischen) Inseln mit ihrer Zuckerproduktion.

Die europäischen Nationen

Im 16. Jahrhundert entwickelte sich in Europa eine Gruppe unabhängiger Staaten, die von mächtigen Königen regiert wurden. Die Menschen begannen, sich als Bürger einer Nation zu fühlen, und betrachteten die Treue gegenüber ihrem König als ihre Pflicht.

△ Die Heirat von Ferdinand von Aragonien und Isabella von Kastilien vereinigte 1479 zwei spanische Königreiche. Als 1492 das letzte islamische Reich besiegt war, wurde Spanien zum ersten Mal vereint.

»Neue Monarchien«

Im 16. Jahrhundert hatten die Herrscher mehr Einfluss als früher. An Stelle der mächtigen Adeligen verwalteten nun die vom König ernannten Minister das Land. Es gab königliche Gerichtshöfe und Berufsarmeen, die das Land kontrollierten und Feinde bekämpften. Aber die Könige brauchten auch die Unterstützung ihrer Untertanen. Darum mussten Ordnung und Wohlstand im Land herrschen. Die Bevölkerung nahm zu und Handel und Geschäfte florierten. Die Könige unterstützten die Geschäftsleute mit besonderen Privilegien.

Um 1400 gab es keine herrschende Großmacht mehr in Europa. Der französische König regierte nur über ein Drittel seines eigenen Landes, weil der englische König und der Herzog von Burgund über große Teile Frankreichs herrschten. Doch um 1453 hatte Frankreich die Engländer vertrieben, und um 1477 bekam es außerdem noch die Hälfte des geteilten Burgunds. Dadurch wurde Frankreich zu einem starken, geeinigten Königreich. Ähnliches geschah auch in anderen Teilen Europas: In Russland ernannte sich der Großfürst Moskaus zum russischen Zar, und in Schweden erklärten die mächtigen Wasakönige ihre Unabhängigkeit von Dänemark.

Die mächtigen Tudors

Im 15. Jahrhundert gab es in England einen langen Bürgerkrieg um die Krone. Der erste Tudorkönig, Heinrich VII., gewann 1485 seine Krone im Kampf und tat alles, um seine Herrschaft zu festigen. Sein Sohn Heinrich VIII. (links) vergrößerte die königliche Macht, indem er sich 1534 zum Oberhaupt der englischen Kirche ernannte. Seine Tochter, Elizabeth I., wurde geschickt mit den inneren und äußeren Schwierigkeiten fertig, obwohl die Menschen das damals einer Frau nicht zugetraut hätten. Englische Seefahrer wie Francis Drake bekämpften die Spanier in der Neuen Welt. Drake gelang es tatsächlich, die große spanische Flotte, die Armada, zu besiegen, als sie 1588 England angreifen wollte.

▽ Das Haus eines reichen englischen Wollhändlers im 16. Jahrhundert. Der Wollhandel war das größte Geschäft Europas.

△ Philipp II. von Spanien begann 1557, das Escorial zu bauen, das nach einem nahe gelegenen Dorf benannt wurde (»Escorial« heißt Abfallhaufen). Es war Kloster, Palast, Schule und ein Zentrum der Kunst und des Wissens. Trotz seiner Größe und Pracht machte es einen etwas düsteren Eindruck.

Deutschland und Italien

Nicht alle Monarchien waren so erfolgreich wie das Geschlecht der Tudors. Auch die Könige Polens und Spaniens eroberten im 15. Jahrhundert große Reiche, die aber recht schnell wieder verschwanden, als die osmanischen Türken Südosteuropa eroberten und Deutschland bedrohten. Der König der Deutschen war zugleich Kaiser des Heiligen Römischen Reichs Deutscher Nation. Er hatte jedoch keine Macht über die deutschen Fürsten, weil diese von ihm unabhängige Regenten waren. Der Kaiser hatte Probleme, weil sein Herrschaftsgebiet viel zu groß war. Karl V. (Kaiser 1519–58) herrschte nicht nur über Deutschland und über Italien, das in verschiedene Staaten aufgeteilt war, sondern auch über die Niederlande und Spanien mit seinen überseeischen Kolonien. Dieses riesige Reich ließ sich nicht von einer Regierung allein verwalten. Als Karl seinen Titel aufgab, fiel das Heilige Römische Reich an seinen Bruder, während sein Sohn die spanische Krone erhielt.

Spanien

Unter Karls Sohn Philipp II. war Spanien das mächtigste Königreich Europas, weil es dank des amerikanischen Silbers so reich war. Das brachte ihnen auch Feinde, besonders als Spanien 1580 noch Portugal eroberte. Englische und französische Schiffe griffen das Reich an. Das Silber ließ die Preise steigen, und die Spanier glaubten, sie bräuchten nun nicht mehr für ihren Lebensunterhalt zu arbeiten. Dies führte zu einem Niedergang des Landes im 17. Jahrhundert.

Der Aufstieg der Bankiers

Banken existierten erst seit dem 14. Jahrhundert, weil die Kirche sagte, es sei eine Sünde, Geld zu verleihen und Zinsen zu verlangen. Alles begann mit Handelsbankiers wie den Medici in Italien, die Waren auf Kredit kauften und verkauften. Die Banken waren normalerweise Familienunternehmen, und einige Familien wurden dadurch sehr reich. Die berühmtesten deutschen Bankiers waren die Fugger aus Augsburg, die durch Kredite an Kaiser Karl V. ein Vermögen verdienten. Allerdings war es auch sehr riskant, den großen Monarchen Geld zu leihen, da sie es nicht immer zurückzahlten.

Das Persische Reich

Das Persische Reich der Safawiden-Dynastie (im heutigen Iran) war das kleinste der drei islamischen Reiche. Es überlebte nicht lange, wurde aber durch seine Kunst berühmt. Sein Einfluss ist bis in die Gegenwart zu spüren.

△ Das safawidische Reich gewann unter dem großen Herrscher Abbas I. an Macht. Er vereinte und stärkte es. Es existierte über 100 Jahre, das Osmanische Reich jedoch gab es viel länger.

Das safawidische Reich Persiens um 162

Das Osmanische Reich um 1683

Die Teilung des Islam

Im 15. Jahrhundert war der Islam weiter verbreitet als das Christentum und in viele Gruppen oder Sekten aufgeteilt. Im frühen 16. Jahrhundert, etwa um die Zeit der europäischen Reformation, geriet auch der Islam in eine Krise, verursacht zum Teil durch den Aufstieg der Safawiden. Das waren schiitische Muslime aus Aserbeidschan, die nach ihrem Gründer, dem Sufi Safi al-Din, benannt wurden. Sie entwickelten sich zur stärksten Macht Persiens, und 1502 ernannte sich ihr Führer Ismail zum Schah. Erst nach vielen Jahren und vielen Kriegen herrschte Ismail endlich über ganz Persien.

Ismail I.

Unter Ismail vergrößerte sich das safawidische Reich. Es war größer als der heutige Iran und umfasste Perser, Turkmenen, Araber und andere Völker. Ismail erklärte seine Form des Schiismus zur Staatsreligion Persiens, und das ist sie auch heute noch. Seine Anhänger wollten ihn zum Oberhaupt des gesamten Islam machen. Dadurch fühlten sich andere islamische Führer bedroht, besonders die osmanischen Sultane. Weil es zwischen den osmanischen Türken und den Persern bereits Streitereien um Land gab, war ein Krieg unausweichlich. Als die Osmanen angriffen, konnte Ismail sie nicht daran hindern, Persien einzunehmen und tausende von Menschen zu töten. Angeblich hat man Ismail nach dieser Niederlage nie wieder lächeln sehen. Der Krieg zwischen Safawiden und Osmanen dauerte noch über 100 Jahre an.

△ Eine Karawanserei war eine Art Reiseherberge, in der es Essen und Unterkunft für die Karawanen der Kaufleute gab. Um den Handel zu fördern, ließ Schah Abbas seine Untertanen Straßen, Brücken und Karawansereien bauen.

Abbas der Große

Unter der Herrschaft von Schah Abbas (1586–1628) erlebte das safawidische Reich seinen Höhepunkt. Er schuf eine Armee aus Berufssoldaten, mit der er die angreifenden Usbeken vertrieb, von den Osmanen besetzte Gebiete zurückeroberte und Bagdad einnahm. Diese Siege halfen ihm, die Völker Persiens zu einer Nation zu vereinen. Abbas war toleranter als seine Vorgänger. Er duldete sogar christliche Missionare in seinem Reich. Die Europäer wollten mit Persien Handel treiben, aber Abbas ärgerte sich über die Portugiesen, weil diese den Handel im Persischen Golf kontrollierten. 1622 eroberte er Hormus von ihnen zurück. Abbas war ein geschickter Regent, der Handel, Gewerbe und Kunst förderte. Er verteidigte skrupellos seine eigene Macht, schuf dafür aber ein reiches und mächtiges Land.

Teppiche
Die Menschen in vielen asiatischen Ländern knüpften wunderschöne Läufer und Teppiche von Hand. Am schönsten sind die persischen Teppiche mit ihren Blumen- und Tiermustern.

Nadir Schah

Die späteren safawidischen Herrscher hatten weder Abbas Begabung noch seine Klugheit. Sie vergeudeten ihre Zeit mit Intrigen und Fehden. Das Reich wurde 1722 von den Afghanen erobert, 1736 aber beanspruchte Nadir Schah den Thron für sich. Der frühere Anführer einer großen Räuberschar war ein ausgezeichneter Heerführer und der Letzte der großen Eroberer aus Asien. Nadir Schah verjagte Afghanen, Türken und andere Völker und schuf durch die Eroberung Indiens ein noch größeres Reich als das der Safawiden. Allerdings war der Krieg auch sein einziges Talent. Er war grausam und habgierig und wurde schließlich von seinen eigenen Soldaten ermordet.

▽ Schah Abbas verlegte den Regierungssitz nach Isfahan, einer der schönsten Städte der Welt. Dort gab es funkelnde Moscheen und Minarette, Pavillons, Obstgärten, Bäche und lebhafte Basare.

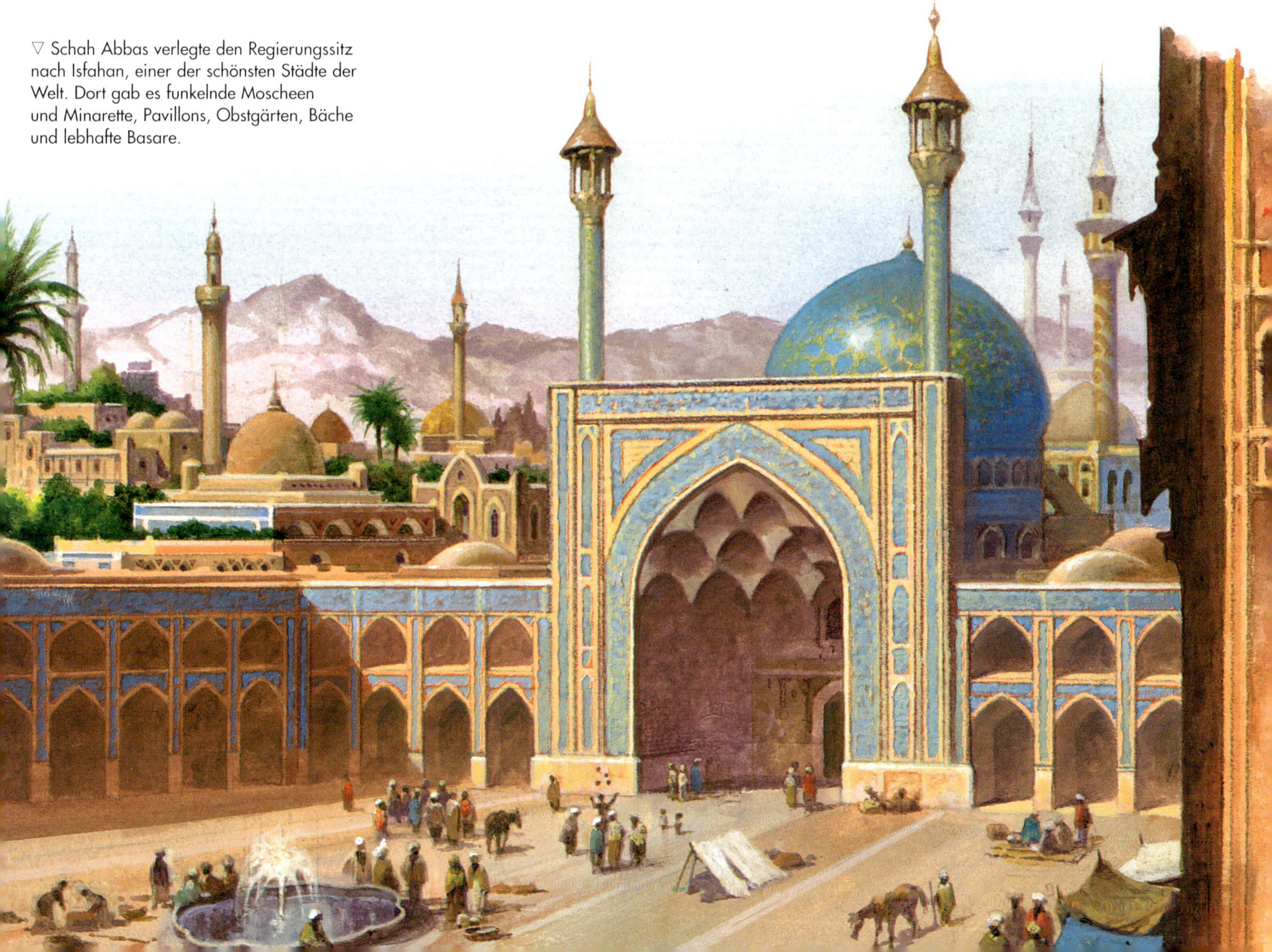

Das Osmanische Reich

Im frühen 16. Jahrhundert war das Osmanische Reich der Türken die stärkste Macht der Welt. Es umfasste Gebiete aus drei Kontinenten: Asien, Afrika und Europa. Die meisten Muslime verehrten den osmanischen Sultan als Oberhaupt des Islam.

◁ Sehr wichtig für die osmanischen Erfolge waren die Janitscharen, das erste Berufsheer der Welt. Sie stammten größtenteils aus christlichen Bauernfamilien und waren als Kinder in Konstantinopel zu muslimischen Soldaten erzogen worden. Dort lebten sie in ihren eigenen Unterkünften nach ihren eigenen Gesetzen. Sie waren dem Sultan treu ergeben, der ihnen dafür besondere Privilegien gab. Später wurden sie jedoch manchmal aufgrund ihrer Stärke und Unabhängigkeit zu einer Bedrohung für schwächere Herrscher.

Der Aufstieg der Osmanen

Als das Reich der türkischen Seldschuken 1243 von Mongolen angegriffen wurde, übernahmen die Osmanen die Macht. Während des 14. Jahrhunderts eroberten sie schnell weitere Gebiete, hauptsächlich des Byzantinischen Reichs. 1453 nahmen sie auch Konstantinopel ein. Damit begann der Untergang des 1100-jährigen Byzantinischen Reichs. Unter Selim dem Strengen (1512–20) fügten die Osmanen ihrem Reich noch Ägypten, Syrien und einen Teil des safawidischen Persiens hinzu.

▽ Um noch mehr Gebiete in Südosteuropa erobern zu können, mussten die Türken Konstantinopel einnehmen. Schließlich eroberten sie die Stadt 1453 mithilfe einer riesigen Kanone, die man allerdings nur alle paar Stunden abfeuern konnte.

Süleiman der Prächtige

Unter Süleiman I. waren Wohlstand und Macht des Osmanischen Reichs am größten. Die Europäer nannten ihn »den Prächtigen«, weil sie von seinem luxuriösen Hof beeindruckt waren, und seine Untertanen gaben ihm den Namen »der Gesetzgeber«, weil er ein guter Herrscher war. Die Bevölkerung wuchs, das Ackerland war fruchtbar. Es gab gute Krankenhäuser und Schulen und kaum Verbrechen. Obwohl Süleiman Muslim war, nahm er auch Andersgläubige auf. Er hatte griechisch sprechende Christen aus dem alten Byzantinischen Reich in seinen Diensten und ernannte christliche Statthalter in den neu eroberten Ländern des Balkans (Südosteuropa). Süleiman war außerdem ein guter Feldherr. Seine Heere eroberten Aden und Algier und besetzten die Festung des Johanniterordens auf der Insel Rhodos. 1525 nahmen sie Ungarn ein. Durch die Belagerung Wiens im Jahr 1529 bedrohten sie sogar das Herz Europas.

Die osmanische Flotte

Eine große Schwäche aller islamischen Reiche war das Fehlen einer Flotte. Süleiman fand einen Mann, der das änderte: Cheireddin, von den Europäern auch »Barbarossa« (»Rotbart«) genannt. Er war ein nordafrikanischer Seefahrer und berüchtigt für seine Überfälle auf christliche Schiffe und Städte im Mittelmeerraum. Mit Süleimans Unterstützung baute er eine starke Flotte von Kriegsgaleeren, die dem Sultan die Herrschaft über das östliche Mittelmeer verschaffte.

▷ Süleimaniyeh, Süleimans Moschee in Istanbul. Süleiman beauftragte den großen Architekten Sinan, im ganzen Reich Moscheen, Paläste, Schulen und Hospitäler zu bauen. Diese Moschee steht heute noch und erinnert an die goldenen Zeiten des Osmanischen Reichs.

Der Niedergang der Osmanen

Viele der Sultane nach Süleiman waren schlechte Herrscher. Sie kümmerten sich nur um die Streitereien an ihrem großen Hof und nicht um die Regierung, den Handel und das Gewerbe. Die Bevölkerung nahm weiter zu, der Wohlstand des Reichs dagegen nicht. 1571 besiegte eine christliche Flotte die osmanische in der Seeschlacht von Lepanto, woraufhin die Osmanen die Kontrolle über das Mittelmeer verloren. Zwischendurch wurde das Reich unter fähigen Herrschern wieder mächtiger. Am größten war es Ende des 17. Jahrhunderts, als die Minister aus der mächtigen Kuprili-Familie stammten und die osmanischen Heere wieder Wien belagerten (1683). Aber das Reich konnte diese Macht nicht aufrechterhalten. Im 19. Jahrhundert verloren die Osmanen fast alle Gebiete in Europa und Afrika. Der letzte Sultan wurde abgesetzt, als 1922 die moderne, türkische Republik gegründet wurde.

Das Indien der Moguln

Das dritte große islamische Reich im 16. Jahrhundert war das Reich der Moguln. Sie vereinten fast ganz Indien und herrschten über 200 Jahre lang.

▷ Die Rajputen waren erbitterte Gegner der Moguln. Sie waren eine Kriegerkaste aus dem Nordwesten Indiens, berühmt für ihre Tapferkeit und Unabhängigkeit. Akbar gewann ihre Unterstützung durch eine Mischung aus Zwang und Freundschaft. Eine seiner Frauen war eine Prinzessin der Rajputen.

Akbar

»Mogul« leitet sich von dem Wort »Mongole« ab. Babur (»Tiger«), der erste Großmogul, war ein Nachkomme des mongolischen Eroberers Tamerlan. Er besetzte Afghanistan und begann 1525 mit der Eroberung Indiens. Sein Enkel Akbar (1556–1605) war erst siebzehn, als er die Herrschaft übernahm. Er eroberte ganz Nordindien. Nachdem die Moguln ihr Reich mit Gewalt gewonnen hatten, konnte es Akbar durch seine gute Regentschaft halten. Die Nordinder hatten bereits einige islamische Herrscher gehabt, aber Akbar überzeugte die Hindus, indem er ihnen mit Respekt begegnete. Er heiratete eine Hindu-Prinzessin, nahm an hinduistischen Feiern teil und beschäftigte sowohl Hindus als auch Muslime in seiner Verwaltung. Er brachte Frieden und Gerechtigkeit in Gegenden, die bislang nur Krieg kannten.

Akbar konnte angeblich nicht lesen. Er ließ sich jedoch viele Bücher vorlesen, und während seiner Herrschaft waren viele Inder und Ausländer von Kunst und Sitten der Moguln fasziniert.

Akbars Palast

Akbar gründete die prächtige Mogulstadt Fatehpur-Sikri in der Nähe seiner Hauptstadt Agra, weil dort sein Sohn und Nachfolger Jahangir geboren wurde. Dort hörte er sich Streitgespäche von Muslimen, Hindus, jesuitischen Missionaren und anderen an. Einmal schlug er vor, ein Christ solle mit der Bibel und ein Muslim mit dem Koran ins Feuer gehen, um zu sehen, wer verbrennen würde. Beide lehnten dankend ab.

▽ Das Mogulreich war zwar unter Aurangseb am größten, aber es gab viele Konflikte, weil die Zentralregierung zusammenbrach.

Schah Jahan

Auf Akbar folgten strengere Herrscher. Großmogul Schah Jahan (1628–53) wollte sogar die Tempel der Hindus zerstören, doch sein Befehl wurde nicht ausgeführt. Im 18. Jahrhundert konnten die Europäer die Meere und Teile der Küste an sich reißen, weil die Moguln keine Marine hatten. Das Mogulreich wuchs zwar immer noch, war aber nicht mehr so wohlhabend. Die Steuern waren so hoch, dass die Bauern, anstatt sie zu bezahlen, lieber ihr Land verließen. Auf den Straßen, die unter Akbars Herrschaft sicher gewesen waren, trieben Räuber ihr Unwesen.

Aurangseb

Unter Aurangseb (1658–1707) war das Reich am größten. Aber der Preis dafür war hoch. Aurangseb war so oft auf Kriegszügen, dass das Land nicht ordentlich regiert wurde und die Rebellionen zunahmen. Nach seinem Tod verloren die Großmoguln stetig an Macht. 1738 eroberte Nadir Schah Delhi und raubte die Schätze des Mogulpalasts. Ohne eine starke Zentralregierung konnten auch die Europäer ungehindert eindringen. Bereits 1765 lag die Macht über Indien nicht mehr in den Händen der Mogulherrscher, sondern bei der britischen Ostindien-Kompanie. Ursprünglich nur eine Handelsgesellschaft, wurde sie zu einer herrschenden Macht, um Handel und Gewinne zu steigern. 1757 übernahm sie Bengalen, und um 1815 herrschte sie über fast ganz Indien, entweder direkt durch einen Gouverneur oder über ihren Einfluss auf die indischen Fürsten verschiedener Regionen.

▽ Der Taj Mahal, der berühmteste Prachtbau der Moguln. Schah Jahan ließ dieses Mausoleum für seine Lieblingsfrau errichten. Er selbst liegt auch darin begraben.

Die Expansion Chinas

Das Leben in China hatte sich über die Jahrhunderte kaum verändert. Trotz aller Aufstände, Bürgerkriege und jahrelanger Fremdherrschaft wurde die chinesische Kultur von den Mandarinen bewahrt, einer kleinen Gruppe gebildeter Männer, die das Alltagsleben regelten.

△ Die Mandschukaiser eroberten die Mongolei und Tibet. Sie dehnten das chinesische Reich bis weit ins Innere Asiens aus.

Die Ming-Dynastie

Im Jahr 1368 vertrieben die Ming die mongolische Yuan-Dynastie. Unter der strengen Herrschaft der frühen Ming-Kaiser wurde das chinesische Reich wieder stark. Die Landwirtschaft verbesserte sich dank neuer Pflanzen und dem Bau von Kanälen und Wasserleitungen. Die Ming versuchten sogar, die hart arbeitenden Bauern vor den großen Landbesitzern zu schützen. In den Städten blühte das Handwerk, besonders die Textilherstellung. In Nanking waren rund 50000 Webstühle in Betrieb. Europäische Händler zahlten mit Silber für chinesischen Tee, Seide und Porzellan, und die chinesischen Kaufleute wurden reich. Die Bevölkerung nahm wieder zu.

◁ Unter den Ming und den Mandschu waren die chinesischen Töpfer wunderbare Kunsthandwerker. Diese Vase entstand in der Ming-Zeit. Europäer bewunderten die importierten Töpfe und nannten sie »China-Porzellan«.

▷ Die Mandarine waren kaiserliche Beamte. Die Farbe des Knopfs am Hut eines Mandarins zeigte seinen Rang. Mandarine waren auch Lehrer, Künstler und Landbesitzer und mussten eine Prüfung ablegen, um Beamte werden zu können.

Der Niedergang der Ming

Mit dem Aufblühen von Industrie und Handel bildete sich eine reiche Mittelschicht. Doch die Macht lag noch immer bei den Landbesitzern und den Beamten der Oberschicht. Eifersüchtig bewachten sie ihre Stellung gegenüber Konkurrenten. Gleichzeitig schwand die Macht der frühen Ming-Kaiser. Obwohl die Chinesische Mauer ausgebessert wurde, konnten Überfälle der Mongolen nicht verhindert werden. Japanische Piraten griffen die Küste an und segelten den Jangtse hinauf, um Städte im Inland zu plündern. Die Ming verloren die Kontrolle. Nach 1582 überließen sie die Regierungsgeschäfte gierigen und unehrlichen Palastbeamten. Auf dem Land und in den Städten brachen Aufstände aus. Darum bat man die Mandschu, ein Kriegervolk aus der Mandschurei, die Ordnung wiederherzustellen. Doch die Qing-Dynastie der Mandschu ergriff selbst die Macht.

▷ Die verbotene Stadt wurde von den Ming als Residenz für den Kaiser und seine Familie erbaut. Es ist eine kleine Stadt innerhalb Pekings, der Hauptstadt der Ming. Außer der königlichen Familie und Hofbeamten durfte niemand hinein – es drohte die Todesstrafe.

Die Qing-Dynastie

Die Mandschu-Kaiser der Qing-Dynastie versuchten nicht, die chinesischen Bräuche zu ändern. Nur die Beamten mussten nun als Zeichen ihrer Loyalität Zöpfe tragen (eine Sitte der Mandschu). Durch den Frieden und die starke Regierung ging es den Chinesen bald wieder besser. Kluge Qing-Kaiser förderten Bildung und Kunst. Unter Kaiser Kangxi (1661–1722) entstanden große Werke der Literatur, darunter auch ein Lexikon mit 2000 Bänden.

Die chinesische Kultur war so stark und prachtvoll wie noch nie. Trotzdem veränderte sich nicht viel. Obwohl China durch den Handel Kontakte mit dem sich schnell wandelnden Europa hatte, schien das Land stillzustehen. Um 1800 hatten die Qing, wie vor ihnen die Ming, an Macht verloren. Das halbe Land lehnte sich gegen die Regierung auf, die Marine blieb in den Häfen, weil man nach dem Auslaufen der Schiffe einen Angriff der Piraten befürchtete, und Europäer kontrollierten den chinesischen Handel. Das alte Reich war verloren und konnte mit letzter Kraft noch bis 1911 überleben.

Entdeckungsfahrten

Zwischen 1405–33 unternahm Admiral Zheng He lange Entdeckungsreisen in fremde Meere, auf denen er bis nach Ostafrika kam. Seine 60 Schiffe, Dschunken genannt, waren größer und sicherer als europäische Schiffe. Er wollte auf seinen Reisen Luxuswaren für den chinesischen Hof kaufen und Steuern von chinesischen Kolonien eintreiben. Später wurden solche Reisen verboten, und jeder Kaufmann, der mit Ausländern Handel trieb, wurde hingerichtet.

Eingebundene Füße

Kleine Füße waren ein Zeichen vornehmer Geburt. In den Familien der Oberschicht wurden die Füße von jungen Mädchen ganz fest mit Stoff umwickelt, damit sie nicht mehr wachsen. Allerdings konnten die Mädchen dann nicht mehr richtig laufen.

Japans Tokugawa-Shogunat

Von 1615 bis 1854 schirmten Japans Herrscher ihr Land vor der Welt ab. Fremde durften nicht hinein und Japaner nicht hinaus. Nach 1854 aber veränderte sich Japan rasch, und um 1900 war es bereits die größte Macht in Asien.

Die Welt wird ausgeschlossen

Unter der Herrschaft des Tokugawa-Shogunats war Japan von der Welt abgeschnitten. Nur ein paar wenige holländische Kaufleute durften in das Land reisen, aber nur auf eine kleine Insel. Die Japaner brauchten sie, um sich mit westlichen Waren zu versorgen, vor allem mit Gewehren. Die Shogune beschränkten die Macht der kleinen Fürsten, der Daimyos, und verhinderten Raubüberfälle auf fremde Küsten und Schiffe. Sie wollten Frieden und Ordnung. Die Menschen sollten nach den alten Bräuchen leben und in der Gesellschaftsschicht bleiben, in die sie hineingeboren wurden. Manchen fiel das schwer, zum Beispiel den Samurai, die ja Krieger waren und in Friedenszeiten nichts zu tun hatten. Japan war im 18. Jahrhundert eines der reichsten Länder der Welt, aber es war sehr rückschrittlich verglichen mit dem Westen, der sich so schnell veränderte.

◁ Bei Regen werden Reispflanzen gesetzt. Die japanischen Bauern machten das Beste aus ihrem knappen Ackerland. Sie legten Terrassen an und konnten so auch an steilen Abhängen Reis anbauen. Doch da ihnen das Land nicht gehörte, wurden nur diejenigen reich, die den Reis als eine Art von Steuern eintrieben.

Das Land verändert sich

Die Tokugawa-Shogune mochten keine Veränderungen, aber die Dinge wandelten sich trotzdem. Aufgrund des verbesserten Reisanbaus vergrößerte sich die Bevölkerungszahl. Im Handel wurde es üblich, mit Geld zu bezahlen, und eine neue Schicht von Kaufleuten wuchs heran. Weil sie nichts produzierten, standen die Kaufleute eigentlich unter den Bauern, trotzdem wurden sie reicher und mächtiger als die Daimyos.

Japanische Künste

Die japanischen Künste blühten. Beliebt wurden farbige Drucke, die Szenen des Alltagslebens zeigten. Sie beeinflussten auch die westliche Kunst des 19. Jahrhunderts. Trotz des Widerstands der Regierung entwickelten sich im 17. und 18. Jahrhundert beliebte Theaterformen wie das Kabuki-Theater und das Bunraku-Puppentheater zu echten Kunstformen. Die Schauspieler rechts tragen Kostüme des Kabuki-Theaters und stellen einen Mörder und sein Opfer dar.

Das Ende des Shogunats

Während die Städte wohlhabend wurden, blieben die Bauern auf dem Land arm. Darum kam es immer öfter zu Aufständen. Die Regierung der Shogune wurde schwächer. 1854 wurde Japan gezwungen, seine Häfen für den westlichen Handel zu öffnen. Die Daimyos hassten die Fremden und rebellierten gegen den Shogun. Andere begriffen jedoch, dass man die westlichen Mächte nicht für immer ausschließen konnte.

▽ Im Jahr 1853 segelte eine amerikanische Flotteneinheit in den Golf von Tokio und verlangte, dass Japan seine Häfen für den Handel öffnen solle. Der Shogun stimmte widerwillig zu. Damit war Japans lange Isolation beendet.

△ Die Japaner verwandelten gerne einfache Dinge in schöne Kunst. Sogar das Teetrinken war eine Zeremonie und fand in einem besonderen Raum statt.

Fortschritte der Wissenschaft

Aufgrund von wissenschaftlichen Entdeckungen im 17. Jahrhundert verstanden die Menschen allmählich mehr von Natur und Universum. Erfindungen wie das Teleskop und das Mikroskop machten diese Fortschritte möglich. Galileis Beobachtungen bewiesen, dass die Erde um die Sonne kreist, und Newton erklärte die Gründe dafür.

▷ Die Gelehrten in diesem Observatorium im 16. Jahrhundert in Konstantinopel (Istanbul) maßen mit ihren Instrumenten die Sterne. Im Hintergrund sieht man einen Kreuzstab, einen Quadranten und ein Astrolabium – Geräte, mit denen Reisende ihren Standort anhand der Position der Sterne ermitteln konnten. Die Erforschung der Sterne war im Islam sehr wichtig, weil die Muslime dadurch von jedem beliebigen Ort aus bestimmen konnten, wo Mekka lag, damit sie sich beim Gebet in die richtige Richtung verneigten.

Die Wissenschaft im Osten

Vor dem 17. Jahrhundert waren die Wissenschaften in China, Indien und dem islamischen Reich viel fortschrittlicher als in Europa. Die Chinesen waren besonders in technischen Dingen weit voraus. Vor mehr als 1000 Jahren erfanden sie den Abakus (den ersten Rechner), Uhren, Raketen, Papier und den Buchdruck. Außerdem verfügten sie über ein großes medizinisches Wissen.

Die Hindus in Indien waren in der Mathematik führend. Sie erfanden die Zahl Null und entwickelten die Zahlen, die wir noch heute benutzen. Auch die Kalifen von Bagdad unterstützten die Wissenschaften, solange sie nicht den religiösen Lehren widersprachen. Die Astronomen und Geografen Arabiens waren die besten der Welt. Die Araber hatten ihre Mathematik von den Hindus übernommen. Sie übersetzten und studierten die Werke der antiken griechischen Gelehrten, die in Europa vergessen worden waren.

▷ Als Galilei erfuhr, dass ein Holländer 1608 ein Teleskop erfunden hatte, baute er sofort auch eines. Damit konnte er die raue und unebene Oberfläche des Mondes erkennen.

Spektakuläre Entdeckungen

1608 Lippershey baut das erste Teleskop
1628 Harvey weist nach, wie das Blut zirkuliert
1658 Huygen baut eine Pendeluhr
1662 Erste Forschungen in der Statistik
1673 Leeuwenhoek baut ein Mikroskop mit 200-facher Vergrößerung
1676 Römer berechnet die Lichtgeschwindigkeit
1687 Newton veröffentlicht seine Theorie der Schwerkraft

Das Universum begreifen lernen

Vor dem 17. Jahrhundert wurden die Wissenschaften von der christlichen Kirche gebremst, die jeden bestrafte, dessen Gedanken nicht mit ihrer Lehre übereinstimmte. Kopernikus, ein polnischer Mönch, schrieb ein Buch über Astronomie, das dem kirchlichen Glauben widersprach, die Erde sei der Mittelpunkt des Universums. Er traute sich erst kurz vor seinem Tod 1543 das Buch zu veröffentlichen. Knapp 100 Jahre später bekam ein Italiener namens Galileo Galilei Ärger, weil er Kopernikus' Theorien unterrichtete. Galilei wusste, dass Kopernikus' Gedanken stimmten, weil er mit einem Teleskop in den Himmel geschaut hatte. Dabei sah er, dass der Jupiter von seinen Monden umkreist wird wie die Erde von ihrem Mond. Veränderungen im Aussehen der Planeten bestätigten, dass sie sich um die Sonne drehten. Galileis Teleskop löste viele Rätsel. Es bewies, dass die Planeten deswegen größer aussehen als Sterne, weil sie uns näher sind, und dass die Milchstraße kein Lichtbogen ist, sondern aus Milliarden von einzelnen Sternen besteht.

Galilei konnte jedoch nicht erklären, warum manche Planeten sich um andere drehen. Erst der englische Wissenschaftler Isaac Newton entdeckte das Gesetz der Schwerkraft. Er erklärte es in dem Buch *Mathematische Prinzipien der Naturlehre*, einem der wichtigsten wissenschaftlichen Bücher aller Zeiten. Newton erkannte, dass die Umlaufbahn des Mondes demselben Gesetz unterliegt wie das Fallen eines Apfels – dem Gesetz der Schwerkraft.

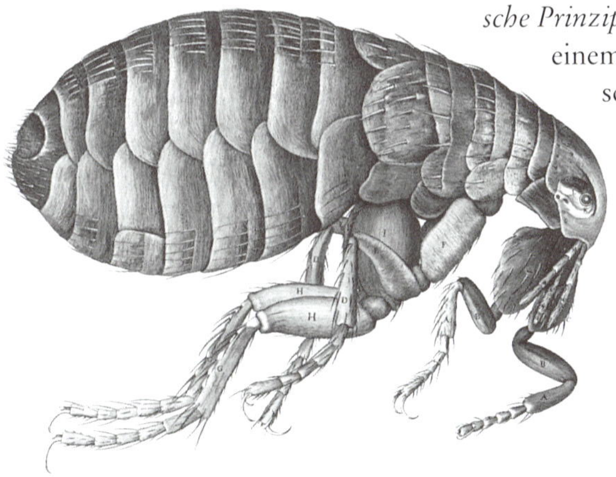

△ Robert Hooke konnte mit seinem Mikroskop einen kleinen Floh deutlich genug sehen, um diese detaillierte Zeichnung anzufertigen.

Die Erforschung von Lebewesen

Die spektakulärsten Entdeckungen dieser wissenschaftlichen Revolution wurden zwar in der Mathematik, der Physik und der Astronomie gemacht, aber auch in anderen Wissenschaften gab es wichtige Fortschritte, besonders in der Biologie. Ein flämischer Arzt namens Vesalius beschrieb in einem Buch über den menschlichen Körper (1543) die einzelnen Organe und fertigte aufgrund seiner Sektionen genaue Zeichnungen dazu an. Dieses Buch half dem Engländer William Harvey, die Blutzirkulation im Körper zu verstehen (1628). Nachdem Leeuwenhoek ein verbessertes Mikroskop erfunden hatte, wurden auch in der Biologie erstaunliche Entdeckungen gemacht. Robert Hooke, ein Engländer, beschrieb als Erster die Zellen von Lebewesen.

Wissenschaftliche Gesellschaften

Auch Universitäten begannen, die Naturwissenschaften ernst zu nehmen. Das Gresham College in London (1575) spezialisierte sich auf die Astronomie. Sir Isaac Newton (rechts) studierte Mathematik und Naturwissenschaften an der Cambridge University. Um 1660 wurden wissenschaftliche Gesellschaften oder Klubs gegründet, wie die englische Royal Society oder die Französische Akademie der Wissenschaften. Sie förderten den wissenschaftlichen Fortschritt, indem sich dort die Wissenschaftler treffen und über ihre Ideen diskutieren konnten.

Europa zur Zeit des Sonnenkönigs

Die Macht der europäischen Könige war im 17. Jahrhundert auf ihrem Höhepunkt. Der französische König Ludwig XIV. war der mächtigste König Europas. Die meisten Länder wurden immer reicher, aber unter der veralteten absolutistischen Regierungsweise wurden viele dieser Reichtümer einfach verschwendet.

Frankreich unter Ludwig XIV.

Die Herrschaft Ludwigs XIV. (1643–1715) war die längste in der europäischen Geschichte. Frankreich war ein starkes Land mit einer großen Bevölkerung, gutem Ackerboden, Gewinn bringendem Handel und einer fast unbesiegbaren Armee. Ludwigs Macht war nahezu grenzenlos: Er traf alle wichtigen Entscheidungen selbst und musste kein Parlament befragen. Er wollte Frankreich zur mächtigsten Nation Europas machen, indem er die Grenzen ausweitete. Als seine Soldaten Gebiete angriffen, die zu anderen Ländern gehörten, verbündeten sich andere europäische Mächte wie die Holländer und die Engländer für eine Reihe von Kriegen gegen Frankreich. Obwohl er in diesen Kämpfen viele Siege errang, konnte Ludwig nur wenige Ländereien erobern. Die hohen Kriegskosten und die vielen Gefallenen schwächten Frankreich. Das Leben der Menschen verbesserte sich unter Ludwig nicht. Im Gegenteil, die Armen zahlten am meisten Steuern, während der Adel und die reichen Kirchenmänner kaum Abgaben entrichten mussten. Die Bauern erhielten weniger Geld für ihr Getreide und tausende von ihnen verhungerten. Die Bevölkerung nahm ab.

Als Ludwig im Sterben lag, warnte er seinen Erben davor, so viel zu bauen und zu kämpfen, wie er es getan hatte.

▽ Ludwigs großes und unglaublich teures Schloss in Versailles war das architektonische Wunder Europas. Hier führte der »Sonnenkönig«, wie Ludwig genannt wurde, ein Leben voller endloser und langweiliger Zeremonien. Die französischen Adeligen mussten bei ihm am Hof leben, damit er sie unter Kontrolle hatte, und ihn bedienen. Es war Sitte, dass die Franzosen ihren König anschauen durften, darum ging beim Essen immer ein Strom von Besuchern an ihm vorbei, die ihn gegen ein geringes Entgelt bestaunen konnten.

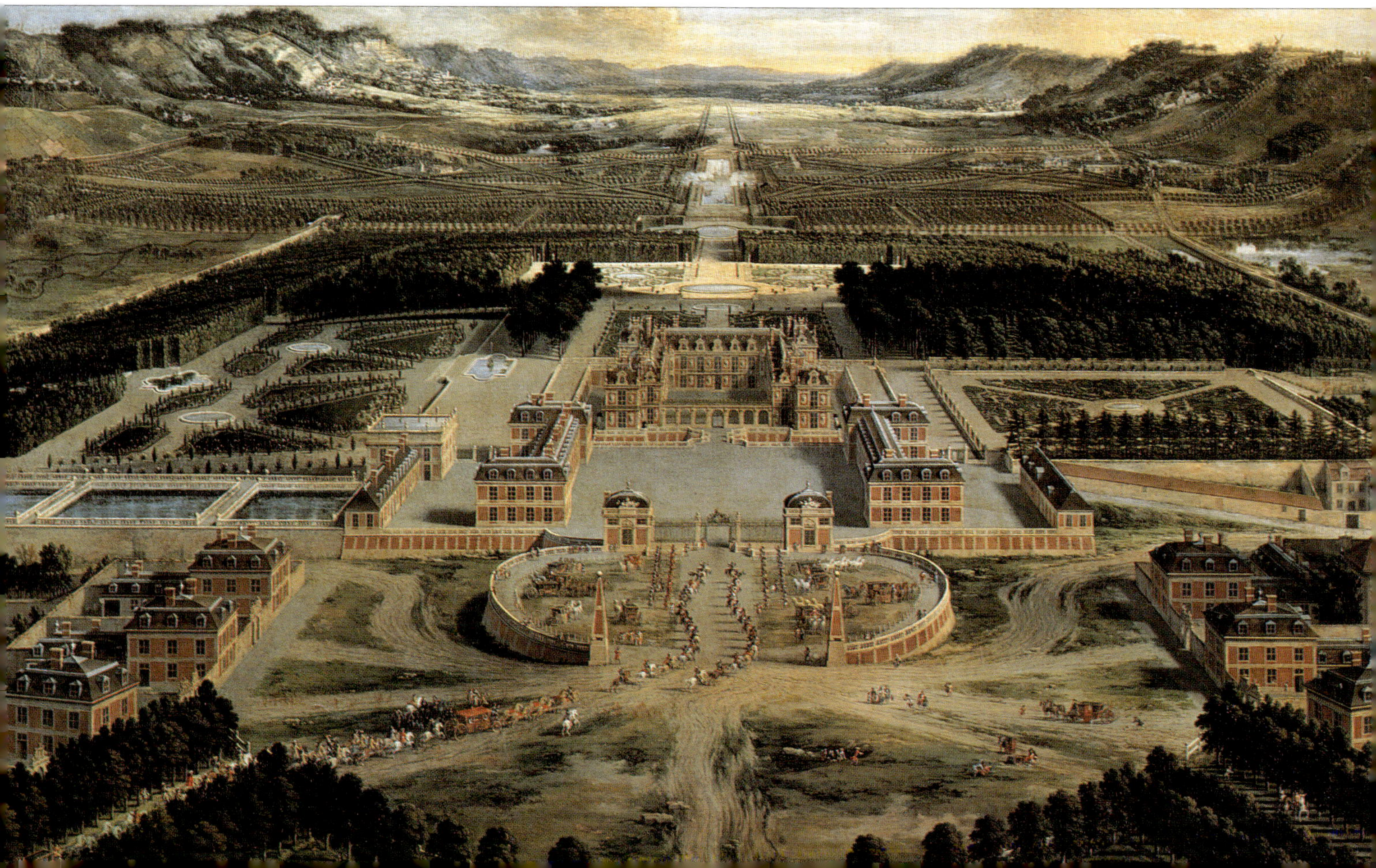

Der englische Bürgerkrieg

Wie Ludwig XIV. glaubte auch Karl I. von England, dass Gott ihn auserwählt habe, um sein Land zu regieren (1625–49). Doch das englische Parlament wollte die königliche Herrschaft besser kontrollieren und beschloss, dass er die Steuern nicht ohne Zustimmung des Parlaments erhöhen dürfe. Das führte zu einem Streit zwischen Karl und den Parlamentariern, und schließlich kam es zu einem Bürgerkrieg (1642–46). Die Heere des Parlaments (»Rundköpfe«) besiegten die Armeen des Königs (»Kavaliere«). Als Karl sich mit den Schotten verbündete, um den Thron zurückzuerobern, wurde er als Volksverräter hingerichtet (siehe Bild). Einige Jahre lang war England nun eine Republik, aber 1653 übernahm Oliver Cromwell, der Heerführer des Parlaments, die Macht. Er wurde »Lord Protector« genannt und herrschte fast wie ein König. Nach seinem Tod 1660 bestieg Karls Sohn als Karl II. den Thron.

Die europäischen Staaten

In Österreich, Portugal und Spanien verfügte der Monarch über eine fast grenzenlose Macht. Spanien war mittlerweile jedoch nicht mehr das mächtigste Land Europas. Der spanische König Karl II. (1664–1700) wollte das Weltreich zusammenhalten, darum vermachte er Spanien an einen Enkel von Ludwig XIV. Ludwigs Feinde wollten aber nicht, dass Frankreich auch über das spanische Weltreich herrschte, und besiegten im spanischen Erbfolgekrieg (1702–14) die berühmte französische Armee.

Die unabhängigen Staaten der Niederlande hatten sich unter Führung Hollands zu einer Republik zusammengeschlossen. Ihr Führer, der Statthalter, war zwar eine Art Monarch, aber er teilte die Macht ebenbürtig mit der Ständeversammlung (Parlament). In Nordeuropa hatten sich die schwedischen Wasakönige um die Ostsee herum ein Reich erobert, doch die stärkste Macht in dieser Gegend war Russland unter seinem mächtigen Zaren.

▽ Vor allem die einfachen Leute hatten im englischen Bürgerkrieg und den Kriegen auf dem europäischen Festland zu leiden. Die Soldaten bekamen oft keinen Sold und mussten von dem leben, was sie stehlen konnten.

Die europäischen Handelsreiche

Die europäischen Kriege breiteten sich durch den Kampf um Handel und Kolonien auch auf andere Kontinente aus und viele verschiedene Völker gerieten unter europäische Herrschaft.

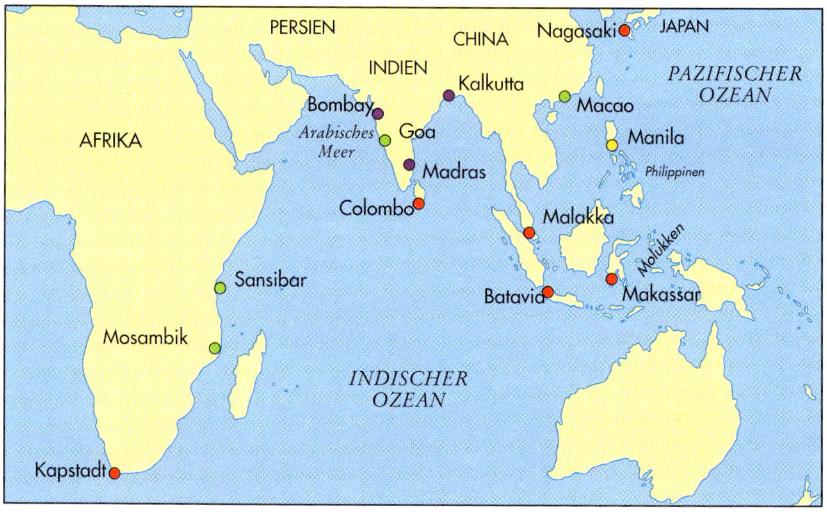

Von Europäern kontrollierte Gebiete
- Niederländisch
- Englisch
- Spanisch
- Portugiesisch

Die Niederländer

Die unabhängige niederländische Republik war Anfang des 17. Jahrhunderts zwar klein, aber reich und selbstbewusst. Ihr Reichtum gründete sich auf Schifffahrt und Handel. Die riesige niederländische Handelsflotte bewältigte einen Großteil von Europas Überseehandel. Darum zogen die Niederländer auch als eines der ersten Völker wegen Handelsstreitigkeiten in den Krieg. Größtenteils zum Nachteil der Portugiesen bauten sie ein Handels- und Wirtschaftsimperium auf. Die Soldaten der niederländischen Ostindischen Kompanie vertrieben die Portugiesen aus vielen Handelsposten in Ostindien und Westafrika.

Aber die Niederländer wurden schon bald von der stärkeren englischen Flotte herausgefordert. Die Briten kontrollierten den Ärmelkanal, durch den die niederländischen Handelsschiffe auf dem Heimweg fahren mussten. In drei Seekriegen versuchte England zwischen 1652 und 1674 die niederländische Übermacht im Überseehandel zu beenden. Doch 1689 wurde der niederländische Prinz Wilhelm von Oranien König von England, und die zwei rivalisierenden Länder verbündeten sich gegen den französischen König Ludwig XIV.

Die Ostindien-Kompanien

Die Handelsreiche der Niederländer, Engländer, Franzosen und anderer Länder wurden hauptsächlich von privaten Handelskompanien erobert. Diese Kompanien erhielten Geld von Geschäftsleuten oder Aktionären, waren aber auch auf die Unterstützung der Regierung angewiesen. Sowohl die niederländische als auch die englische Ostindien-Kompanie hatten von ihrer Regierung ein Monopol erhalten, sodass sie keine Konkurrenz aus dem eigenen Land zu befürchten brauchten. Sie waren sehr aggressiv und gingen mit Gewalt gegen ihre ausländischen Handelskonkurrenten vor. Ähnliche Kompanien machten in anderen Teilen der Welt Geschäfte. In Amerika finanzierte die Massachusetts Bay Company 1630 die Besiedelung von Massachusetts. Die Kompanien waren vor allem an den Waren interessiert, die man in Europa nicht bekommen konnte, wie Seide, Porzellan, Tee, Kaffee und Gewürze. Die amerikanischen Kolonien produzierten Tabak und Baumwolle.

Handelskolonien

Die holländische Ostindische Kompanie gründete 1619 Batavia (heute Jakarta) als Konkurrenz zur portugiesischen Hafenstadt Malakka. Es wurde später zur Hauptstadt der holländischen Gebiete in Ostindien. Im 17. Jahrhundert war die niederländische Kompanie mächtiger als ihre Konkurrenten. 1641 eroberte sie Malakka und sicherte sich das Handelsmonopol mit Japan.

Im Jahr 1652 errichteten die Holländer einen Handelsposten in der Nähe des Kaps der Guten Hoffnung, an dem die Schiffe auf dem Weg nach Batavia anlegen und ihre Vorräte auffüllen konnten. Das Land dort war wunderschön, sehr fruchtbar und kaum besiedelt. Nach 1685 zog das Kap neben den Siedlern aus den Niederlanden auch französische Hugenotten an, die von Ludwig XIV. vertrieben worden waren. Daraus entstand die erste größere europäische Kolonie in Afrika.

▽ Beamte der britischen Ostindien-Kompanie zu Besuch bei einem indischen Fürsten. Die Briten herrschten über Indien, auch wenn sie eigentlich nicht deswegen gekommen waren. Sie wollten Geld verdienen und nicht regieren.

Christliche Missionare

Außer Händlern, Abenteurern und Soldaten waren auch katholische Missionare unter den ersten Europäern in den Kolonien. Im spanischen Teil Amerikas versuchten Franziskaner und Jesuiten, die Indios vor der Habsucht der Eroberer zu schützen, auch wenn sie natürlich selbst ebenfalls an der Zerstörung der alten Bräuche beteiligt waren. Mit die bekanntesten Missionare waren Francis Xavier in Japan und Matteo Ricci, der das Christentum nach China brachte und versuchte, es mit den chinesischen Traditionen in Einklang zu bringen. Er war ein sehr gebildeter Mann, der Bücher auf Chinesisch schrieb und selbst wie ein chinesischer Mandarin lebte. In Peking, wo er 1601–10 wohnte, war er sehr geachtet. Nur seine eigene Kirche war mit seinen Methoden, christliche Vorstellungen an die chinesische Kultur anzupassen, nicht einverstanden.

Das Bild zeigt Pater Ricci mit dem ersten von ihm bekehrten Chinesen vor einem Altar.

Das erste Britische Weltreich

Die europäischen Kriege des 18. Jahrhunderts wurden auf dem europäischen Festland, aber auch weltweit ausgetragen. Die Hauptkonkurrenten England und Frankreich wollten ihren Handel steigern und bauten sich dafür Handelsreiche in Übersee auf. Beide hatten eine starke Marine, die ihnen dieses Vorhaben ermöglichte. 1763, nach dem Siebenjährigen Krieg, hatten die Briten Frankreich aus Kanada und Indien vertrieben.

Der Aufstieg Russlands

Russland erschien im 18. Jahrhundert als neue Großmacht auf der Bühne Europas. Es wurde von den russischen Zaren regiert und erstreckte sich über 12000 Kilometer von der Ostsee bis zum Pazifischen Ozean. Damit war es das größte Land der Welt. Ein großer Teil des Landes war jedoch kalt und unfruchtbar und seine Völker waren arm und ungebildet.

▷ Die Ausdehnung Russlands. Das riesige Reich entstand aus dem kleinen Großfürstentum Moskau, das sich 1533 von der mongolischen Herrschaft befreite, rivalisierende Fürsten besiegte und viele Gebiete eroberte, die auch später noch zum modernen Russland gehörten.

Nordeuropa

In Nordeuropa stand die Kontrolle der Ostsee im Mittelpunkt des Interesses. In dieser Gegend gab es viele Rohstoffe, und der Handel blühte. Ganz Westeuropa war von Holz, Tauwerk und anderen Produkten für den Schiffbau abhängig. Dänemark wurde im 16. Jahrhundert reich, weil es den Ostseezugang kontrollierte und hohe Zollgebühren kassierte.

Im 17. Jahrhundert übernahm Schweden die Vorherrschaft. Unter Gustav Adolf, dem erfolgreichsten General des Dreißigjährigen Kriegs (1618–1648), wurde Schweden zu einer starken Macht in Europa. Aber mit dem Erfolg kamen auch die Feinde, und damit bröckelte Schwedens Einfluss wieder. Zwar kämpfte das Land unter Karl XII. mit einigem Erfolg im Nordischen Krieg (1700–1721) gegen seine Feinde, aber schließlich wurde es von den Russen in der Schlacht von Poltawa besiegt (1709). Die Vorherrschaft über die Region verschob sich von Skandinavien zu den zwei größeren Kontinentalstaaten Russland und Preußen.

Russland schaut nach Westen

Die Großfürsten von Moskau vergrößerten ihr Land durch die Eroberung muslimischer Gebiete im Osten. Im Jahr 1547 ernannte sich Großfürst Iwan IV. zum Zaren. Die russische Kultur, insbesondere die Religion, war stark von Byzanz beeinflusst. Die Zaren betrachteten sich als die Nachfolger der byzantinischen Kaiser. Durch die Niederlage Schwedens im Nordischen Krieg vergrößerte sich das russische Gebiet bis an die Ostsee und machte das Land zur stärksten Macht in Nordeuropa. Peter der Große (Peter I., 1682–1725), der »Vater« des modernen Russlands, war fest entschlossen, sein rückständiges Land auf westeuropäisches Niveau zu bringen. Seine Methoden waren zwar hart und grausam, aber wirkungsvoll. Er bekämpfte lästige Gruppen wie die Bojaren, die Russland einst nur zu ihrem eigenen Nutzen regiert hatten, und ersetzte sie durch eigene Beamte. Außerdem holte er westliche Fachleute als Lehrer nach St. Petersburg und reiste selbst durch Europa, um neue Eindrücke zu sammeln. Als »Peter Michailov« getarnt arbeitete er sogar auf holländischen und englischen Werften.

▷ Peter baute an der Ostsee seine prächtige neue Hauptstadt St. Petersburg, sein »Fenster zum Westen«. Russland erhielt dadurch einen wichtigen Ostseehafen. Unter Peter begann der Bau dieses Winterpalasts, der unter Katharina der Großen vollendet wurde. Heute ist er ein berühmtes Museum, die Eremitage.

Das Russische Reich um 1533
Eroberte Gebiete um 1725
Eroberte Gebiete um 1796

Katharina die Große

Russland wurde immer größer und einflussreicher. Katharina die Große, eine deutsche Prinzessin, die ihrem Mann Peter III. auf den Thron folgte (1762–96), träumte von einem neuen orthodoxen Großreich. Sie vergrößerte Russland durch Kriege gegen die Türken und tat sich mit Österreich und Preußen zusammen, um Polen aufzuteilen. Wie Peter wollte auch sie das Land »europäisieren«. Nach einem Volksaufstand im Jahr 1773 erkannte sie, dass sich etwas ändern musste, aber ihre Reformen halfen nur den Adeligen und Stadtbewohnern und nicht den Bauern.

Leibeigene

Die meisten Russen waren arme Bauern oder Leibeigene (rechts). Leibeigene hatten kaum Rechte, besaßen kein Land, gingen nicht zur Schule und starben oft an Hunger. Aus Verzweiflung rebellierten sie häufig gegen die Landbesitzer. Der Wert eines Grundbesitzes bemaß sich nicht nach seiner Größe, sondern nach der Anzahl der dort lebenden Leibeigenen. Die Reformen von Peter und Katharina gaben nur den Adeligen mehr Rechte. Für die Leibeigenen änderte sich nichts, da man auf ihre Arbeit angewiesen war.

▽ Obwohl Peter wollte, dass die Russen sich mehr an Europa orientierten, vergrößerte sich Russland unter ihm weiter nach Südosten, zum Schwarzen und Kaspischen Meer, und nach Osten. Er unterstützte die Kosaken, eigentlich freie Wehrbauern in Südrussland, die Sibirien eroberten, und organisierte Expeditionen, die später den Pazifik und Alaska erreichten.

Europa im 18. Jahrhundert

Auch im 18. Jahrhundert gingen die Kriege zwischen den rivalisierenden europäischen Monarchien weiter. Mit Russland und Preußen kamen jedoch einige neue »Mitspieler« hinzu. Alle Länder hatten das Ziel, ihre Macht und ihren Einfluss zu vergrößern.

Der Aufstieg Preußens

Den habsburgischen Kaisern Österreichs (zugleich Deutsche Kaiser) war es nicht gelungen, Deutschland zu vereinigen. Nach Ende des Dreißigjährigen Kriegs (1648) bestand es immer noch aus vielen Kleinstaaten mit ihren eigenen Regierungen und Religionen (Katholiken und Protestanten). In Brandenburg, einem dieser Staaten, regierten die Hohenzollern, eine ehrgeizige Adelsfamilie. Sie erbten das ostdeutsche Herzogtum Preußen und ernannten es 1701 zum Königreich. Schwer arbeitende Bauern verwandelten die preußischen Ebenen in fruchtbares Ackerland. Die preußischen Adeligen bildeten einen mächtigen Offiziersstand, und Preußens Armee entwickelte sich zur besten in Europa. Dadurch wurde das protestantische Preußen zum Rivalen des katholischen Österreichs um die Vorherrschaft in Deutschland.

▽ Wolfgang Amadeus Mozart (1756–91) gab schon mit fünf Jahren Konzerte. Er war einer der großen deutschsprachigen Komponisten des späten 18. Jahrhunderts. Andere berühmte Komponisten waren Haydn und Beethoven.

Friedrich der Große

Mit einer vollen Schatzkammer und einer großen Armee befand sich Friedrich der Große von Preußen (Friedrich II., 1740–86) in einer starken Position. Im Jahr 1740 besetzte er die reiche österreichische Provinz Schlesien. Er war ein großer Feldherr und konnte das Gebiet auch nach acht Jahren Krieg noch behaupten. Der Konflikt setzte sich im Siebenjährigen Krieg (1756–63) fort. Österreich hatte mit Frankreich und Russland mächtige Freunde. Preußens einziger Verbündeter war England, das zwar Geld, aber keine Soldaten schickte. Friedrich war ein Musikliebhaber und Freund der Philosophie. Er war einer der neuen, modernen Herrscher des 18. Jahrhunderts wie Katharina die Große von Russland und der österreichische Kaiser Joseph II. Sie alle glaubten, dass die Vernunft, die so viele wissenschaftliche Fragen beantwortet hatte, auch Regierungsprobleme lösen könne. Sie waren aktive Reformer, die ihren Untertanen viel Gutes taten. Doch trotz einiger vernünftiger Verbesserungen in Gesetzgebung, Erziehung, Wirtschaft und Regierung, beharrten sie weiter auf ihrer unumschränkten königlichen Macht.

Die großen europäischen Kriege

1689–97	Krieg der »Großen Allianz« gegen Frankreich
1700–21	Nordischer Krieg
1702–13	Spanischer Erbfolgekrieg
1740–48	Österreichischer Erbfolgekrieg
1756–63	Siebenjähriger Krieg

◁ Österreich und Preußen kämpften im Siebenjährigen Krieg gegeneinander. Trotz aller Verluste hatte sich Preußen um 1770 wieder erholt. Friedrich behielt Schlesien und eroberte 1772 sogar noch einen Teil Polens.

Die Kaffeehäuser

Im 17. Jahrhundert wurde der aus dem Nahen Osten importierte Kaffee ein beliebtes Getränk in Europa. Kaffeehäuser in den Städten (rechts) waren ein Treffpunkt für viele Geschäftsmänner und Kaufleute. Dort konnte man auch die neuen Tageszeitungen lesen. Das berühmte Londoner Versicherungsunternehmen Lloyd's wurde von einer Gruppe von Kaufleuten und Reedern gegründet, die sich im Kaffeehaus Lloyd's trafen.

Gewinner und Verlierer

Im 18. Jahrhundert war Frankreich zwar immer noch die stärkste Macht in Europa und ein Vorbild in Kunst und Mode, aber es dominierte den Kontinent nicht länger. Es hatte viele seiner Kolonien und Handelsposten an den Rivalen England verloren, das um 1763 über ein großes Weltreich herrschte. In Mitteleuropa war das habsburgische Österreich zwar immer noch stärker als Preußen, wurde aber bereits durch Russlands Vorstoß nach Südosteuropa bedroht. Anders als Preußen bestand das Habsburgerreich aus einem Völkergemisch, mit verschiedenen Religionen und Rassen (dort lebten mehr Slawen als Deutsche). Der Verlust Schlesiens war das erste Zeichen dafür, dass Österreich seine Vormachtstellung in Deutschland zu verlieren drohte.

Die Teilung Polens

Während Russland und Preußen wuchsen, verschwand mit Polen eine alte europäische Nation. In Polen gab es keine Erbmonarchie. Die Könige wurden gewählt, was zur Folge hatte, dass andere Länder sich ständig einmischten, um ihren Lieblingskandidaten auf den Thron zu bekommen. Die polnischen Adeligen kontrollierten die Wahl, aber wie die russischen Bojaren waren auch sie nicht am Wohl des Landes interessiert, sondern nur an ihrem eigenen Reichtum. Das übrige Volk bestand aus machtlosen Bauern. Dadurch gelang es den drei Nachbarn Polens, Russland, Preußen und Österreich, das Land zwischen sich aufzuteilen. Russland nahm etwa die Hälfte, die anderen den Rest. 1795 existierte Polen nicht mehr.

▽ Das handwerkliche Geschick erreichte im 18. Jahrhundert einen Höhepunkt. Dieser Sekretär gehörte dem König von Frankreich, der führenden Nation in Kunst und Mode.

Die nordamerikanischen Kolonien

Die ersten britischen Siedlungen in Nordamerika entstanden 1607 in Virginia. Um 1700 gab es entlang der amerikanischen Ostküste bereits 13 Kolonien. Obwohl sie alle sehr verschieden waren, vereinten sie sich 1776 zu einer neuen Nation: den Vereinigten Staaten von Amerika.

Die dreizehn Kolonien

Die indianische Bevölkerung in dieser Region war klein und weit verstreut. Es gab Platz für alle, und die Beziehungen zwischen den Siedlern und den Indianern waren zu Beginn noch gut. In den ersten, harten Jahren starben sehr viele Kolonisten. In Massachusetts wären noch mehr gestorben, wenn die Algonkinindianer den Weißen nicht beim Anbau einheimischer Pflanzen geholfen hätten. Die zwei Rassen vermischten sich jedoch nicht. Tausende von Indianern starben an europäischen Krankheiten, und als die Kolonien wuchsen, breiteten sich Misstrauen und Gewalt aus. Die friedlichen Quäker in Pennsylvanien behandelten ihre Nachbarn mit Achtung, aber andere Siedler respektierten die Rechte der Indianer nicht.

Es gab hunderte von kleinen indianischen Stämmen. Außer in der Irokesischen Liga, die den Norden des Staats New York beherrschte, schlossen sie sich selten zusammen. Doch 1675 vereinigte ein Häuptling namens Metacomet (die Engländer nannten ihn spöttisch »König Philipp«) einige Stämme in Massachusetts und griff Kolonialsiedlungen an. Obwohl andere Stämme den Indianern zu Hilfe kamen, zerstörten die Siedler aus Rache unschuldige Dörfer.

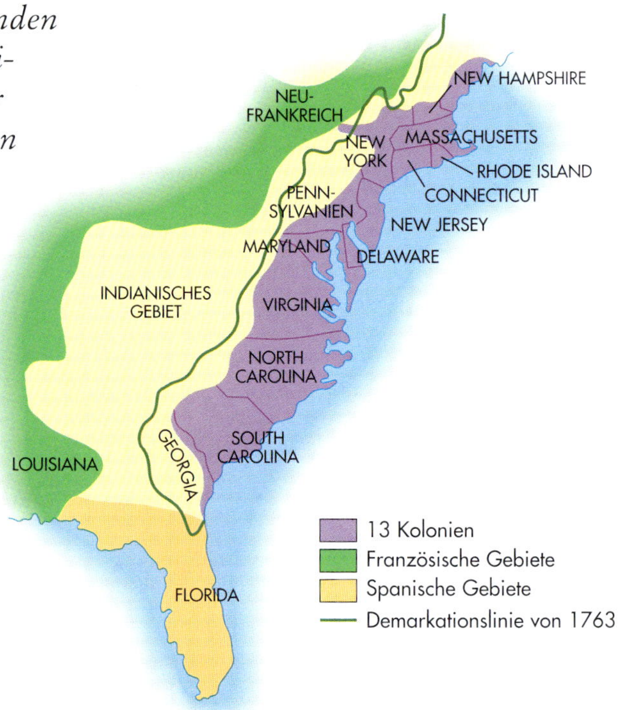

△ Die 13 Kolonien um 1756. Die meisten Menschen lebten in Küstennähe. Die Demarkationslinie sollte die Siedler davon abhalten, weiter nach Westen auf indianisches Gebiet vorzudringen.

▷ Die amerikanischen Städte wuchsen im 18. Jahrhundert rapide, besonders in den nördlichen Kolonien. Um 1770 hatte Philadelphia, die größte Stadt, bereits mehr Einwohner als die meisten europäischen Städte. Der Waldreichtum des Landes war der Grund, warum die meisten Häuser aus Holz gebaut waren.

◁ Auf diesem Gemälde schließt William Penn, ein englischer Quäkerführer, einen Vertrag mit den Delawaren und bezahlt für ihr Land (1682). Seine Politik brachte den Siedlern in Pennsylvanien einen langen Frieden mit den amerikanischen Ureinwohnern.

Von Maine nach Georgia

Die Kolonien wurden zu unterschiedlichen Zeiten und aus unterschiedlichen Anlässen gegründet. Einige waren Handelsniederlassungen. Viele Kolonisten waren religiöse Flüchtlinge. So wurde Massachusetts von Puritanern mit strengen Glaubensregeln geführt. Die südlichen Kolonien entwickelten sich ganz anders. Die Landbesitzer wurden durch ihre Ernten (Tabak und Zucker) reich, die auf riesigen, von Sklaven bearbeiteten Plantagen heranwuchsen. Die Kolonien, besonders die nördlichen, später Neuengland genannten, entwickelten sich ohne große Einmischung des weit entfernten Englands. In den meisten gab es eine Versammlung von gewählten Volksvertretern. Da diese Versammlungen die Steuern festlegten, besaßen sie sogar Einfluss auf die Gouverneure des Königs.

Die meisten Siedler stammten von den britischen Inseln, aber es kamen auch Menschen aus anderen Ländern. New York zum Beispiel war holländisch, bis es von den Briten erobert wurde. In Pennsylvanien siedelten hauptsächlich Deutsche, Schweizer und Skandinavier. Die Briten und Franzosen kämpften um Ländereien in Kanada und im Süden.

Neue Lebensmittel

In der Neuen Welt (Nord- und Südamerika) gab es einige ganz andere Pflanzen und Tiere als in der Alten Welt. Durch die neuen Lebensmittel verbesserte sich der Speiseplan der Europäer. Am wichtigsten waren Kartoffeln und Mais, aber auch Tomaten, Paprika und Truthähne waren willkommene Delikatessen.

Handel und Industrie

England erwartete, dass die Kolonien billige Rohstoffe für die britischen Industrien lieferten und die fertigen britischen Produkte wieder abkauften. Sie sollten keine eigenen Industrien besitzen oder mit anderen Ländern handeln. Die südlichen Kolonien bauten Pflanzen an, die ein warmes Klima brauchen, wie Tabak, Reis und Zucker (auf den Westindischen Inseln). Aus den nördlichen Kolonien mit dem kälteren Klima und dem weniger guten Ackerboden kamen Fische und Pelze. Dort trieb man auch mit anderen Ländern Handel und baute eigene Industrien auf, zum Beispiel den Schiffsbau.

Die Harvard-Universität

Die erste richtige Universität wurde 1636 in Cambridge, Massachusetts, gegründet. Die Stadt wurde nach dem englischen Cambridge benannt, in dem viele puritanische Priester ausgebildet worden waren. Der Name der Universität stammte von einem dieser Priester, John Harvard, der 1639 der Universität sein Geld und seine Bibliothek vermacht hatte.

Der Sklavenhandel

Als europäische Händler nach Westafrika kamen, fanden sie dort kaum Gewürze und Gold, aber eine andere, sehr wertvolle Handelsware: Menschen. Zwischen dem 17. und dem 19. Jahrhundert wurden etwa 20 Millionen Menschen in Afrika gefangen genommen, über den Atlantik gebracht und in Nord- und Südamerika als Sklaven verkauft

▽ Der Dreieckshandel.
Manchmal rebellierten die Gefangenen auf einem Sklavenschiff. Aber sie hatten fast keine Möglichkeit zu entkommen. Auf den Westindischen Inseln flüchteten einige Sklaven und wurden Piraten.

Billige Arbeitskraft

Die ersten afrikanischen Sklaven wurden schon um 1434 in Portugal verkauft. Um 1700 war der Sklavenhandel zu einem großen, internationalen Geschäft geworden. Europäische Siedler in der Karibik und in anderen warmen Gegenden der Neuen Welt benötigten viele Arbeitskräfte für ihre Zuckerrohr- und Baumwollplantagen. Sie zahlten hohe Preise für afrikanische Sklaven, die gut arbeiteten und keinen Lohn kosteten.

Sklaverei

In den meisten Ländern gab es die Sklaverei schon seit der Antike. In Ostafrika handelten auch Araber mit Sklaven, aber der westafrikanische Sklavenhandel nach Amerika war besonders grausam. Die Menschen wurden davongetrieben wie Vieh und zu einem anderem Kontinent verschleppt, ohne Hoffnung auf Freiheit. Familien wurden auseinander gerissen, und die Sklaven wurden auf den Plantagen oft grausam behandelt und mussten arbeiten bis zum Umfallen. Viele Besitzer dachten, dass Schwarze keine vollwertigen Menschen seien, und sahen in der Sklaverei nichts Böses. In Westafrika verödeten ganze Landstriche durch die Beutezüge der Sklavenfänger.

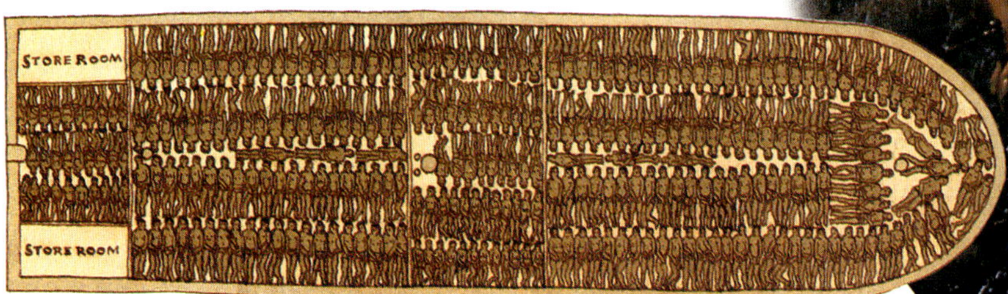

△ Diese Zeichnung zeigt, wie voll der Laderaum eines Sklavenschiffs gefüllt war. Kein Zentimeter Platz wurde verschwendet.

Der Dreieckshandel

Der Sklavenhandel brachte riesige Gewinne. Die Schiffe starteten in europäischen Atlantikhäfen wie Liverpool oder Bordeaux und führten billige Gewehre, Alkohol und andere Waren mit sich. Diese verkauften sie den Menschen an der westafrikanischen Küste, die mit den Gewehren hilflose Dorfbewohner aus dem Landesinneren zusammentrieben. Die Gefangenen wurden an die europäischen Händler verkauft und über den Atlantik gebracht, um in den Kolonien wieder mit großem Gewinn bei Auktionen versteigert zu werden. Die Schiffe luden dann Zucker und andere Produkte der Kolonien und brachten sie nach Europa. Mit etwas Glück ließ sich auf allen drei Abschnitten dieses Dreieckshandels Profit machen.

Toussaint l'Ouverture

Im Jahr 1791 rebellierten die Sklaven in Haiti, angeführt von Toussaint l'Ouverture, gegen ihre grausamen französischen Herren. Die Franzosen versprachen, die Sklaverei zu beenden, und Toussaint kämpfte als Governeur für die Franzosen gegen britische und spanische Angreifer. Später schickte Frankreich eine Armee, um die französische Herrschaft zu sichern, und ließ Toussaint gefangen nehmen. Er starb in Frankreich, aber die Franzosen wurden trotzdem besiegt, und 1804 wurde Haiti unabhängig.

Die Abschaffung der Sklaverei

Im Laufe der Jahre waren immer mehr Europäer entsetzt über die Sklaverei und die Grausamkeit des Sklavenhandels. England als größte Handelsnation verbot 1807 den Sklavenhandel. Aber da auf den Plantagen im Süden der USA, auf den Westindischen Inseln und in Brasilien weiter eine große Nachfrage herrschte, ging der Handel einfach weiter. In Brasilien wurde die Sklaverei erst 1888 abgeschafft, und in einigen anderen Ländern erst in den 60er-Jahren des 20. Jahrhunderts.

◁ Sklaven, Sklavenhändler und europäische Kaufleute auf einem Sklavenschiff vor Westafrika. Eine Frau bekommt das Zeichen ihres Besitzers eingebrannt.

Die frühe Neuzeit

In dieser Zeit kamen die verschiedenen Erdteile zum ersten Mal miteinander in Kontakt. Allerdings rückten die Menschen dadurch nicht viel näher zusammen, da unterschiedliche Vorstellungen, Bräuche und vor allem Glaubensrichtungen sie weiterhin voneinander

AMERIKA

1500–1549

1503 Montezuma wird Herrscher der Azteken.
1519 Cortés bricht zu einer Expedition gegen die Azteken in Mexiko auf.
1521 Magellans Schiff vollendet seine Reise um die Welt.
1532 Pizarro beginnt mit der Eroberung des Inkareichs.
1536 Der französische Entdecker Cartier erreicht Hochelaga (Montreal).

1550–1594

um 1550 Die Portugiesen legen die ersten Zuckerrohrplantagen in Brasilien an.
1585 Walter Raleigh scheitert bei seinem Versuch, eine englische Kolonie in Virginia zu gründen.

1595–1639

1607 In Jamestown entsteht die erste größere englische Kolonie in Amerika.
1608 Samuel de Champlain (rechts) gründet Quebec.
1620 Siedler vom Schiff *Mayflower* (links) gründen in Plymouth die erste englische Kolonie in Massachusetts.
1625 Die Holländer gründen eine Kolonie in Neu-Amsterdam (New York).

EUROPA

1500–1549

um 1500 In Italien erreicht die Renaissance ihren Höhepunkt. Michelangelo vollendet das Standbild des *David* (rechts).
1519 Karl II. von Spanien wird Heiliger Römischer Kaiser.
1521 Martin Luther wird aus der Kirche ausgeschlossen.
1534 Heinrich VIII. leugnet die Autorität des Papstes als Oberhaupt der Kirche in England.
1541 In Genf tritt Calvin sein Priesteramt an.

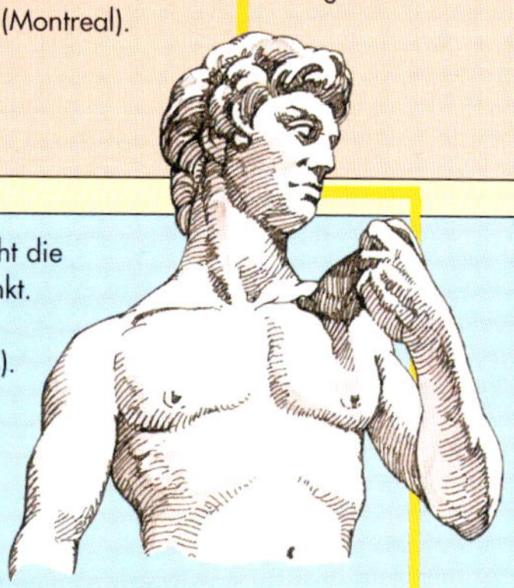

1550–1594

um 1555 Zar Ivan IV. vergrößert das russische Reich durch seine Siege über die Tartaren.
1558 Elisabeth I. (rechts) wird Königin von England.
1562 In Frankreich beginnen die Religionskriege (bis 1598).
1571 Eine christliche Flotte besiegt die osmanische in der Seeschlacht bei Lepanto.
1588 Die Engländer besiegen die spanische Armada.

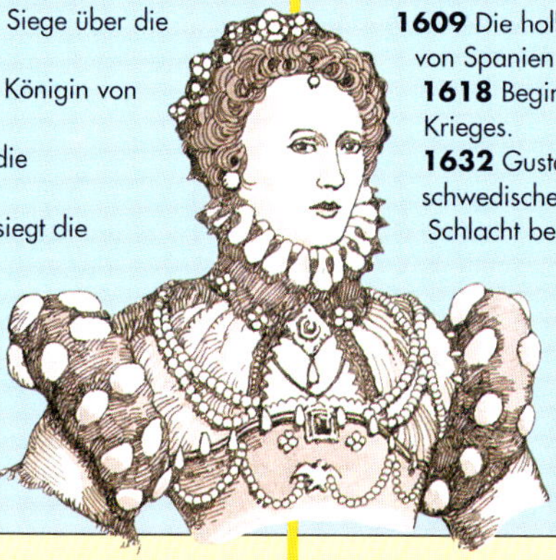

1595–1639

1600 England und Holland gründen ihre Ostindischen Kompanien.
1609 Die holländische Republik wird von Spanien unabhängig.
1618 Beginn des Dreißigjährigen Krieges.
1632 Gustav Adolf, der große schwedische König, fällt in der Schlacht bei Lützen.

ASIEN und OZEANIEN

1500–1549

1511 Die Portugiesen erobern Malakka in Südostasien.
1526 Babur gründet die Mughal-Dynastie in Indien.
1549 Christliche Missionare kommen nach Japan.
1556 In Indien wird Akbar zum Mughal-Kaiser und die Kunst erlebt eine Blütezeit (rechts).

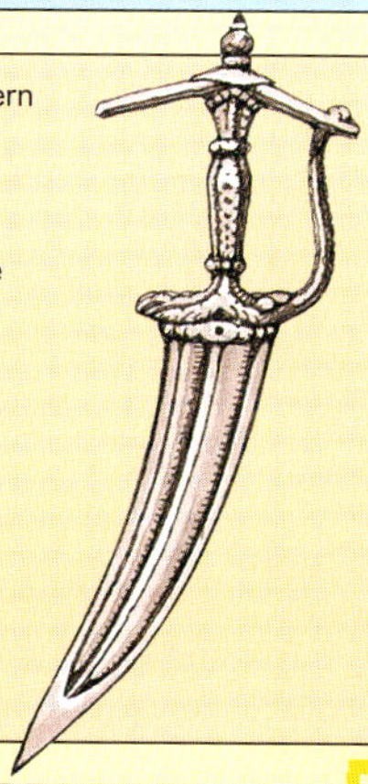

1550–1594

1557 Die Portugiesen gründen einen Handelsposten in Macao, China.
1568 Nobunaga erobert die Herrschaft über Japan.
1571 Die Spanier erobern die Philippinen.
1581 Die russischen Kosaken beginnen mit der Eroberung Sibiriens.
1582 Der christliche Missionar Matteo Ricci kommt nach China.
1592 Korea wehrt den japanischen Angriff ab.

1595–1639

1605 In Indien wird der Goldene Tempel v
Amritsar (rechts) gebaut.
1609 In Japan wird das Tokugawa-Shogur
gegründet.
1616 Die ersten Europäer landen an der Westküste Australiens.
1619 In Indonesien errichtet die holländische Ostindische Kompanie einen Handelsposten in Batavia, dem heutigen Jakarta.
1627 Schah Jahan wird Kaiser von Indien.

AFRIKA und der NAHE OSTEN

1500–1549

1500 In Persien kommt die Dynastie der Safawiden an die Macht.
1502 Die ersten afrikanischen Sklaven werden nach Amerika verschleppt.
um 1516 Die osmanischen Türken erobern Syrien und Arabien.
um 1540 Das Mali-Reich wird von den Songhai, den Portugiesen und den Marokkanern angegriffen.

1550–1594

1575 Die Portugiesen errichten eine Siedlung in Angola.
um 1591 Die Zentren des Saharahandels verlagern sich in die Städte der Hausa, wie beispielsweise Kano im nördlichen Nigeria. Diese sind für ihre Handwerkskünste, zum Beispiel Lederarbeiten (rechts), bekannt.

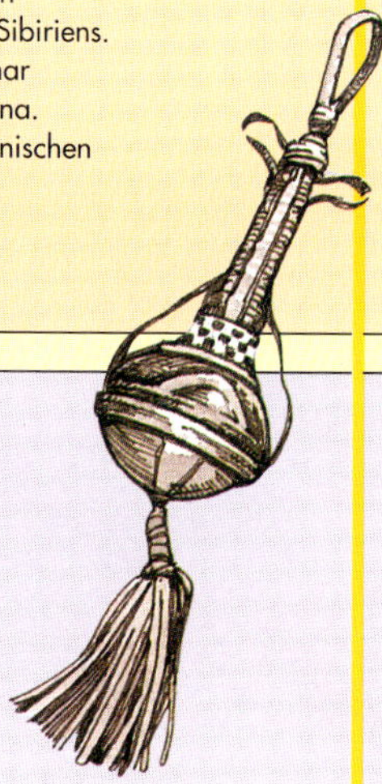

1595–1639

1618 Die englischen und holländischen Westafrikanischen Kompanien werden gegründet.
1637 Die Holländer vertreiben die portugiesischen Kaufleute von der Goldküste (Ghana).
1638 Die osmanischen Türken erobern Bagdad von Persien zurück.

trennten. Das aggressive Verhalten der Europäer, deren Schiffe und Armeen die ganze Welt bereisten, führte zu schweren Störungen des Lebens auf den anderen Kontinenten. Nur die großen Reiche Asiens blieben zunächst davon verschont.

1640–1684	1685–1729	1730–1774

1640–1684

1654 Die Holländer werden aus Brasilien vertrieben.
1664 Die Engländer bekommen New York von den Holländern.
1684 La Salle segelt den Mississippi hinunter und nimmt Louisiana für Frankreich in Besitz.

1685–1729

1713 Europäische Siedler vertreiben die Tuscarora und andere Indianerstämme aus Nord- und Süd-Carolina.
1726 Nathaniel Bacon führt einen Aufstand gegen den Gouverneur von Britisch-Virginia an, um die Indianer aus der Kolonie zu vertreiben.

1730–1774

1741 Unter dem Kommando des Dänen Vitus Bering segeln Schiffe einer russischen Expedition von Sibirien über die »Beringstraße« nach Alaska.
1759 Die Briten übernehmen Quebec und erobern Neu-Frankreich (Französisch-Kanada).
um 1770 Die Irokesenföderation bricht auseinander. Die Irokesen fertigen solche Schuhe an (rechts).

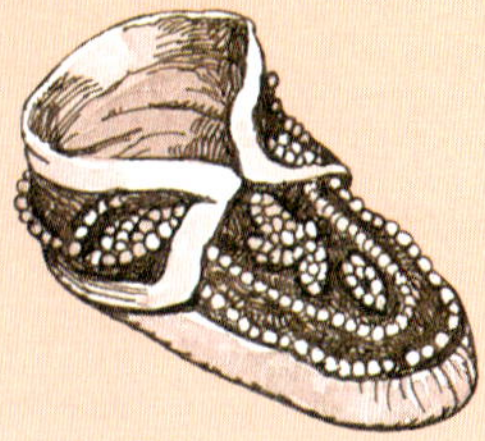

1642 In England bricht zwischen König Karl I. und dem Parlament ein Bürgerkrieg aus.
1649 König Karl I. von England wird hingerichtet.
1654 Russland erringt die Herrschaft über die Ukraine.
1658 Der Frieden von Roskilde zwischen Schweden und Dänemark markiert den Höhepunkt des schwedischen Reichs.
1683 Die osmanischen Türken belagern Wien.

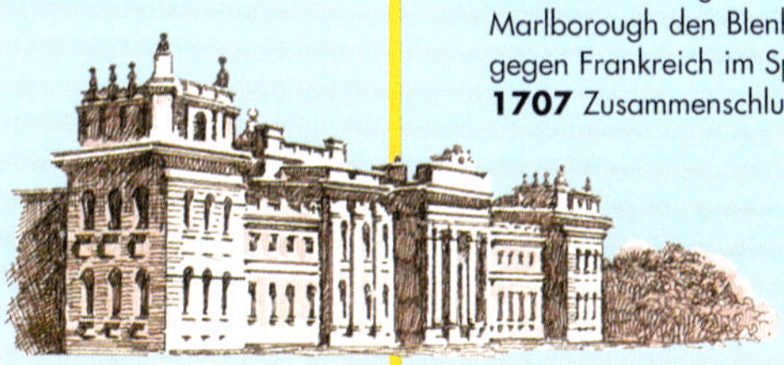

1699 Die Habsburger erobern Ungarn von den osmanischen Türken zurück.
1700 Ausbruch des Großen Nordischen Kriegs zwischen Schweden und seinen Nachbarn, darunter Russland.
1703 St. Petersburg als neue Hauptstadt Russlands gegründet.
1704 Der König schenkt dem britischen Grafen von Marlborough den Blenheim Palast (links) für seinen Sieg gegen Frankreich im Spanischen Erbfolgekrieg.
1707 Zusammenschluss Englands und Schottlands.

1740 Preußen erobert Schlesien im Österreichischen Erbfolgekrieg.
1751 In Frankreich werden die ersten Bände von Diderots *Encyclopédie* veröffentlicht.
1756 Ausbruch des Siebenjährigen Krieges, bei dem Preußen und England gegen Österreich, Frankreich, Russland und andere kämpfen.
um 1769 James Watt erfindet eine effektivere Dampfmaschine.
1774 Durch den Frieden von Küçük Kaynarci vergrößert sich der russische Einfluss auf die europäischen Provinzen des Osmanischen Reichs.

1644 In China wird die Qing- oder Manchu-Dynastie gegründet.
1645 Tasman erreicht Neuseeland.
um 1653 Im indischen Agra wird der Taj Mahal gebaut (links).
1661 In Indien sterben nach zwei Jahren Dürre Millionen von Menschen.

1690 Die Briten gründen Kalkutta im indischen Bengalen.
um 1695 China übernimmt die Herrschaft über die Mongolei.
um 1700 Der Marathen-Staat der Hindus in Indien erblüht unter den Peshwas (vererbtes Ministeramt).
1720 China erlangt die Herrschaft über Tibet.

1736 Qianlong (links) wird Kaiser von China.
um 1750 Das chinesische Reich vergrößert sich um Tibet.
1757 Alaungpaya vereint das Königreich Birma.
1757 Durch die Niederlage Frankreichs bei Plassey erhalten die Briten die Vorherrschaft in Indien.
1771 Der britische Kapitän Cook erforscht die Küste von Neusüdwales.

um 1650 Der Sklavenhandel breitet sich von der Küste Westafrikas ins Inland aus.
1652 Die holländische Ostindische Kompanie gründet eine Kolonie am Kap, um ihren Handel mit Ostindien zu unterstützen.

um 1690 In Westafrika steigt die Macht der Aschanti aufgrund ihres Goldreichtums (s. goldener Adler links).
um 1700 Oyo, ein Stadtstaat der Yoruba, wird zum herrschenden Staat auf dem Gebiet Nigerias.
um 1700 Die Staaten der Lunda bilden ein Reich, das den Süden des Kongo und einen Großteil Angolas und Sambias umfasst.
1705 Algerische Stämme wehren sich gegen die osmanische Herrschaft und erreichen unter den Deis ihre Unabhängigkeit.

1736 Nadir Schah vernichtet die Dynastie der Safawiden in Persien.
1747 Afghanische Häuptlinge wählen Ahmed Schah Durrani zum König von Afghanistan, das unter ihm zu einem mächtigen Staat wird.

Wichtige Namen

Abbas der Große (1571–1629), ab 1586 Schah von Persien. Der berühmteste Herrscher der Safawiden schuf eine mächtige Armee und vergrößerte das persische Gebiet, indem er die Usbeken vertrieb und den osmanischen Türken Gebiete abjagte. Er förderte Kunst und Handel und gab niederländischen und englischen Kaufleuten Handelsrechte.

Akbar der Große (1542–1605), ab 1556 Großmogul von Indien. Nachdem er fast ganz Indien erobert hatte, machte er es zu einem starken und vereinten Reich, in dem Muslime und Hindus gleich waren. Er versuchte sogar, eine neue Religion einzuführen, die Elemente des Hinduismus und des Islam enthielt.

Champlain, Samuel de (1567–1635), französischer Entdecker. Seine Reisen in Kanada führten ihn den Sankt-Lorenz-Strom hinauf bis an den Huronsee und Richtung Süden bis nach Cape Cod. Er wollte sich in Kanada niederlassen und dort nicht nur durch den Pelzhandel reich werden. 1608 gründete er Quebec und ermutigte Siedler nach »Neufrankreich« zu kommen.

Cromwell, Oliver (1599–1658), englischer Heerführer und Staatsmann. Der Landedelmann und Parlamentarier wurde zum erfolgreichsten Parlamentsgeneral im englischen Bürgerkrieg. Als auf Grund von Streitigkeiten zwischen verschiedenen Gruppen die Republik nicht funktionierte, ernannte man Cromwell zum »Lordprotektor« von England.

Erasmus (1466 oder 1469–1536), holländischer Gelehrter. Er hatte großen Anteil an der Renaissance in Nordeuropa und war mit vielen europäischen Gelehrten befreundet. Er wollte wie Luther die Kirche reformieren, war aber gegen die Gründung neuer, protestantischer Kirchen.

Friedrich der Große (1712–86), ab 1740 König von Preußen. Der beste Feldherr seiner Zeit vergrößerte Preußens Gebiete und Macht in Europa, während seine Regierungsreformen das Land stärkten. Er war außerdem ein guter Musiker, Autor von vielen geschichtlichen Büchern und mit französischen Philosophen befreundet.

Galileo Galilei (1564–1642), italienischer Wissenschaftler. Der größte Gelehrte seiner Zeit wurde in Pisa geboren und zeigte mithilfe des Schiefen Turms, dass leichte und schwere Objekte gleich schnell zu Boden fallen. Er entdeckte das Prinzip des Pendels und baute ein Teleskop, um den Mond zu erforschen. Seine Gedanken verärgerten die Kirche, die versuchte, seine Forschungen zu bremsen.

Ivan IV. (1530–84), ab 1533 russischer Zar. Er stärkte die zentrale Regierung, führte viele Kriege, um sein Land zu vergrößern und unterstützte die Eroberung Sibiriens durch die Kosaken. Nach 1560 wurde er gewalttätig; er ermordete die reichen Bojaren und tötete aus Wut seinen Sohn, wofür man ihm den Beinamen »der Schreckliche« gab.

Kangxi (1654–1722), chinesischer Kaiser ab 1661. Er stärkte die Qing-Dynastie der Mandschuren, indem er Aufstände im Süden niederschlug und die letzten Ming-Heere vernichtete, und eroberte Tibet. Er förderte Gelehrte und Künstler und duldete christliche Missionare wegen ihrer wissenschaftlichen Bildung.

Kolumbus, Christoph (1451–1506), Seefahrer aus dem italienischen Genua. Er wurde 1492 von Spanien angeheuert, um einen Seeweg in den Fernen Osten zu finden, und erreichte die Westindischen Inseln. In drei weiteren Reisen erforschte er die Karibik und die südamerikanische Küste. 1500 wurde er verhaftet. Er starb arm und vergessen.

Leonardo da Vinci (1452–1519), italienischer Künstler, Techniker und Wissenschaftler. Er war ein großes Genie der Renaissance und schuf Waffen, Maschinen und Gebäude sowie Gemälde, hauptsächlich für die Herrscher von Florenz, Mailand und Frankreich. Sein Porträt einer Frau, die *Mona Lisa*, ist vielleicht das berühmteste Gemälde der Welt.

Ludwig XIV. (1638–1715), ab 1643 König von Frankreich. Längste Regierungszeit der europäischen Geschichte. Er übernahm 1661 nach dem Tod seines leitenden Ministers Kardinal Mazarin die Regierung. Mit seiner Macht und seinem Ehrgeiz dominierte er Europa. Während sein Hofstaat unglaublich reich war, wurden die Armen immer ärmer. Sein letzter Krieg endete mit einer Niederlage.

Luther, Martin (1483–1546), Priester und Gelehrter. Mit ihm begann die Reformation in Deutschland. Papst und Kaiser verurteilten ihn, aber er wurde vom sächsischen Landesherrn geschützt. Seit 1526 organisierte er die neue protestantische Kirche.

Newton, Sir Isaac (1642–1727), englischer Mathematiker. Er war ein herausragender Geist der »wissenschaftlichen Revolution« und erklärte, wie das Universum nach dem Gesetz der Schwerkraft funktionierte. Unter anderem entdeckte er auch, dass weißes Licht aus Strahlen besteht, die, durch ein Prisma gelenkt, sich in verschiedene Farben auflösen.

Peter der Große (1672–1725), ab 1682 russischer Zar. Entschlossen, energisch und rücksichtslos machte sich Peter an die Modernisierung Russlands, um es nach dem Vorbild moderner Länder wie Frankreich in eine Großmacht zu verwandeln. Seine Reformen umfassten Erziehung, Religion und Regierung, und seine Kriege vergrößerten das russische Gebiet im Osten und Süden.

Philipp II. (1527–98), ab 1556 König Spaniens. Außerdem herrschte er über die Niederlande und das spanische Reich in Amerika. Er war fleißig und ehrlich und verteidigte die römisch-katholische Kirche. Aber er wurde mit dem Aufstand der Niederländer nicht fertig, seine Kriegsflotte scheiterte gegen England und seine Politik schwächte Spanien.

Richelieu, Kardinal (1586–1642), französischer Staatsmann. Als leitender Minister Ludwigs des XIII. lenkte er 20 Jahre lang die Regierung. Er vergrößerte die königliche Macht und schwächte die protestantischen Hugenotten. Im Dreißigjährigen Krieg verbündete er sich jedoch mit den protestantischen Staaten gegen die Habsburger und machte Frankreich zur stärksten Macht Europas.

Shakespeare, William (1564–1616), englischer Dramatiker und Dichter. Er spielte und schrieb für das Globe Theatre in London. Er verfasste rund 36 Stücke, darunter Tragödien (wie *Hamlet*) und Komödien (wie *Was ihr wollt*), die heute noch überall auf der Welt aufgeführt werden.

Süleiman der Prächtige (regierte 1520–66), Sultan der osmanischen Türken. Das osmanische Reich war unter seiner Herrschaft am größten. Er eroberte neue Gebiete im Nahen Osten, Europa und Nordafrika und nahm die ganze arabische Welt ein. Zu Hause ließ er prächtige Bauwerke errichten, reformierte die Gesetze und führte gerechtere Steuern ein.

Die Neuzeit

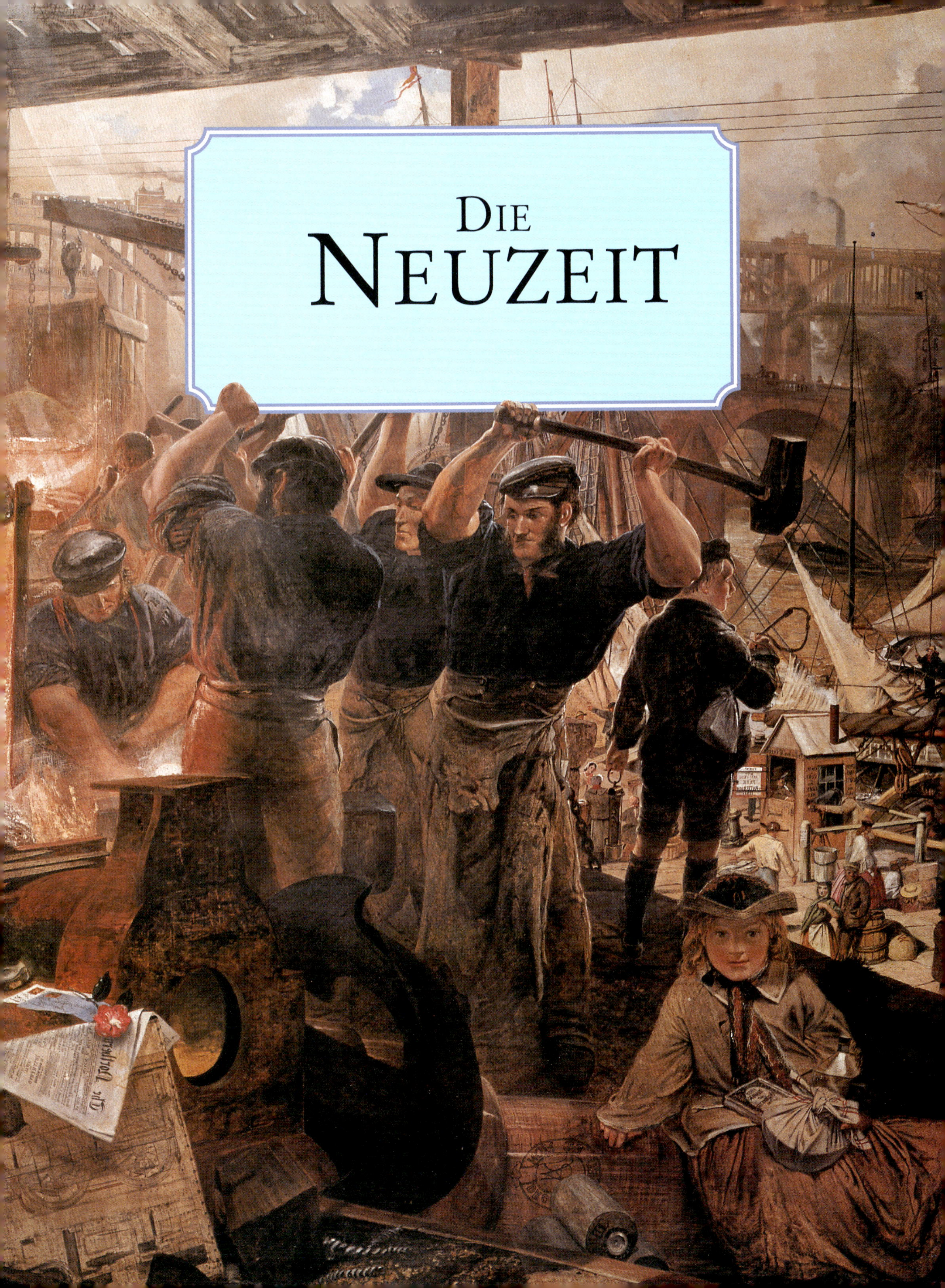

Die amerikanische Unabhängigkeit

Im Jahr 1776 erklärten die britischen Kolonien in Nordamerika ihre Unabhängigkeit von Großbritannien. In dem darauf folgenden Krieg besiegten die Kolonisten die britischen Streitkräfte und schlossen sich zu den Vereinigten Staaten von Amerika zusammen.

Die Rebellen

Nach dem Krieg gegen die Franzosen und die Indianer (1754–63) versuchte die britische Regierung, größeren Einfluss auf die Kolonien auszuüben. Die Briten wollten, dass sich die Kolonien an den Verteidigungskosten beteiligten, und führten neue Handelszölle ein. Die Steuern wurden vom britischen Parlament verabschiedet, in dem jedoch keine Vertreter der Kolonisten saßen. Die Kolonien protestierten so heftig, dass die Regierung einige der neuen Steuern wieder zurücknahm, aber nicht alle. In Massachusetts wehrte man sich besonders gegen die britischen Zölle, da die Handelsbeschränkungen dort am stärksten spürbar waren. Nach der so genannten Boston Tea Party (1773) wurde Massachusetts mit noch härteren Handelsgesetzen bestraft. Eine Rebellion lag in der Luft. Als britische Soldaten 1775 versuchten, in Boston für die Revolutionäre gesammelte Gewehre zu beschlagnahmen, fielen Schüsse. Die amerikanische Revolution hatte begonnen.

◁ Im amerikanischen Unabhängigkeitskrieg gab es in den Kolonien freiwillige Soldaten, die sich auf Abruf in Minutenschnelle der revolutionären Armee anschlossen und deswegen auch »Minutenmänner« genannt wurden.

▽ Die Boston Tea Party. Aus Protest gegen die Kontrolle des Teehandels durch die britische Ostindische Kompanie warfen 1773 einige Bostoner Bürger, als Indianer verkleidet, den Tee der Kompanie ins Hafenwasser.

Der Krieg

Obwohl die 13 Kolonien sehr unterschiedlich waren und viele Menschen Großbritannien loyal gegenüberstanden, bildeten die Kolonien eine eigene Regierung und ernannten George Washington zum Befehlshaber ihrer Armee. Die Rebellen waren keine ausgebildeten Soldaten, kannten das Land aber im Gegensatz zu den europäischen Soldaten sehr gut. Die meisten der Rebellen waren außerdem erfahrene Jäger und hatten bessere Gewehre. Nach langem und schwerem Krieg besiegten die Kolonisten mit französischer Unterstützung schließlich die britische Armee, in der auch Söldner aus Deutschland kämpften. Das letzte britische Heer musste sich 1781 in Yorktown ergeben, weil sein Nachschub durch die französische Flotte blockiert wurde. Zwei Jahre später wurde die Unabhängigkeit der Vereinigten Staaten von Amerika von Großbritannien widerwillig anerkannt.

△ George Washington

Die neue Nation

Die Vertreter der 13 Kolonien, die nun unabhängige Staaten waren, trafen sich, um über die Regierung der neuen Nation zu beraten. Nach langen Verhandlungen einigten sie sich 1787 auf eine Verfassung und schufen eine Föderation mit einer Zentralregierung, einem gewählten Präsidenten und einem Kongress (Parlament), in dem Vertreter aus jedem Staat saßen. Die Bundesregierung regelte nationale Fragen wie das Steuerwesen, die Verteidigung und die Außenpolitik, aber jeder Staat hatte seine eigene, gewählte Landesregierung und eine eigene Gesetzgebung.

Die Vereinigten Staaten von Amerika waren die erste moderne Demokratie, in der die Regierungsmacht von der Zustimmung des Volks abhängig war. Wer aber war das Volk? Die Verfassung besagte zwar, dass alle Menschen gleich seien, aber Sklaven besaßen weiterhin keinerlei Rechte. Indianer galten ebenfalls nicht als Bürger, und auch Frauen durften nicht wählen. Dennoch war es ein großer Fortschritt gegenüber anderen westlichen Regierungen, die immer noch von ein paar reichen Männern beherrscht wurden.

Die Unabhängigkeitserklärung

In der Unabhängigkeitserklärung vom 4. Juli 1776 erklärte der Kontinentalkongress, warum er die Unabhängigkeit von Großbritannien befürwortete. Diese Erklärung wurde im Wesentlichen von Thomas Jefferson verfasst, einem späteren Präsidenten der USA. Darin steht, dass alle Menschen gleich sind und ein Recht auf »Leben, Freiheit und Streben nach Glück« haben. Die Erklärung diente hauptsächlich dazu, die Menschen davon zu überzeugen, dass die Unabhängigkeit die richtige Entscheidung sei.

Die Französische Revolution

1789 begann in Frankreich ein gewalttätiger Aufruhr, der die alte königliche Ordnung und die Aristokratie zerstörte und zu einer Republik führte. Obwohl die Monarchie später wiederhergestellt wurde, zeigte die Französische Revolution, dass die europäischen Regierungen nun auf das Einverständnis ihrer Untertanen angewiesen waren.

Neue Gedanken

Die Zeiten hatten sich geändert. Die Flut an neuen Ideen führte nicht nur zu aufregenden Fortschritten in der Wissenschaft, sondern brachte die Menschen auch dazu, das ganze System von Regierung, Gesellschaft und Religion infrage zu stellen. Philosophen wie Voltaire (links) und Rousseau glaubten, dass alle Fragen durch menschliche Vernunft lösbar seien. Franzosen, die in der amerikanischen Revolution gekämpft hatten, verbreiteten den Gedanken, dass die Regierung vom Willen des Volkes und nicht vom König abhängig sein sollte. In ganz Frankreich und besonders in Paris konnte man den Wunsch nach Veränderung spüren.

Das alte Regime

Um 1770 war Frankreich immer noch das größte Land Europas. Der französische König lebte nach wie vor auf großem Fuß, aber die königliche Regierung war ihren Bürgern entfremdet und, schlimmer noch, völlig bankrott. Das lag an den teuren Kriegen der letzten hundert Jahre und auch an dem Steuersystem, bei dem die Reichen nichts und die wachsende Mittelschicht, die den größten Teil des nationalen Einkommens produzierte, am meisten bezahlte. Schlechte Ernten führten in den Achtzigerjahren zu niedrigen Löhnen und hohen Lebensmittelpreisen. In Paris kam es darum zu einer Hungersnot. Die Menschen wurden immer zorniger.

△ Der Frondienst zwang die Bauern zum Beispiel, ohne Bezahlung im Straßenbau zu arbeiten. Einer von vielen Gründen, wütend auf die königliche Regierung zu sein.

Die Nationalversammlung

In dieser Krise berief der König 1789 die Versammlung der Generalstände ein. Sie bestand aus den Vertretern der drei Stände – Adel, Klerus und Bürgertum (der Dritte Stand) – und war seit 164 Jahren nicht mehr zusammengetreten. Nach 6 Wochen übernahm der Dritte Stand die Führung und erklärte sich zur Nationalversammlung. Ohne die königliche Regierung mit einzubeziehen, reformierte die Nationalversammlung Frankreich. Eine neue Verfassung hob die Sonderrechte des Adels und der Kirche auf und verkündete die Gleichheit aller Menschen vor dem Gesetz. Die Ländereien der Kirche gingen in Staatsbesitz über und die Zensur wurde abgeschafft. Als der König versuchte, die Treffen des Dritten Standes zu verhindern, indem man die Bürger aus ihrem Versammlungsort ausschloss, trafen sie sich stattdessen auf dem königlichen Tennisplatz. In Frankreich herrschte große Begeisterung. Im Namen von »Freiheit, Gleichheit und Brüderlichkeit« wurde eine völlig neue Gesellschaft geschaffen. Frankreich veränderte sich innerhalb von zwei Jahren stärker als in den zwei Jahrhunderten zuvor.

△ Am 14. Juli 1789 wurde in Paris die Bastille, eine königliche Festung, von der Menschenmenge gestürmt. Mit dieser Tat begann die Französische Revolution. Der 14. Juli wurde zum französischen Nationalfeiertag.

▽ Ein Arzt namens Guillotine erfand eine Maschine für die Hinrichtung von Menschen. Es sah grausig aus, ging aber sehr schnell. Während der Schreckensherrschaft starben tausende durch die Guillotine.

Die Schreckensherrschaft

Die Begeisterung geriet jedoch bald außer Kontrolle. Plündernde Horden auf dem Land setzten die Schlösser des Adels in Brand, der sich ins Ausland flüchtete. 1793 kam unter Führung von Robespierre eine noch extremere Regierung an die Macht. Es begann eine Schreckensherrschaft gegen die »Feinde der Revolution«. Über 2000 Menschen, darunter auch der König und die Königin, wurden mithilfe einer Maschine, der Guillotine, geköpft. Niemand war davor sicher, nicht einmal Robespierre, wie sich zeigte, denn 1794 wurde er gestürzt und hingerichtet.

Das übrige Europa sah voller Schrecken zu. Andere Regierungen hatten große Angst, dass sich die Revolution ausbreiten könnte. Es gab Krieg zwischen Frankreich und Österreich, an dem sich erst Preußen und später auch England beteiligten. Die französische Regierung rief ihre Bürger zu den Waffen und schuf die erste »Volksarmee«. Angespornt von einem revolutionären Patriotismus besiegten sie die Berufssoldaten der feindlichen Armeen.

In Paris kamen und gingen verschiedene Regierungen. Sie waren weniger grausam als die von Robespierre, aber unfähig. Es fehlte eine starke Führungspersönlichkeit. Zehn Jahre nach Ausbruch der Revolution ergriff der junge General Napoleon Bonaparte die Macht. Die Revolution war nun vorüber, doch Europa hatte sich bereits für immer verändert.

Das Europa Napoleons

Nach dem Sturz der letzten französischen Revolutionsregierung kam Napoleon an die Macht. 15 Jahre lang herrschte er in Europa wie die Kaiser des alten Roms. Durch seine Eroberungen verbreiteten sich auch in anderen Ländern die Grundsätze der Französischen Revolution von Freiheit und gleichem Recht für alle.

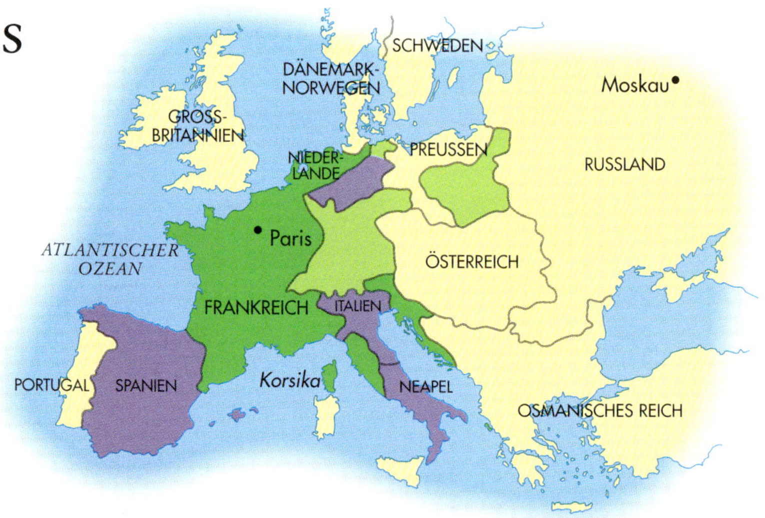

△ Durch Napoleons Eroberungen veränderte sich Europa grundlegend. Das Heilige Römische Reich wurde nach 1000 Jahren auch formell aufgelöst, und viele der kleinen, unabhängigen deutschen Staaten verschwanden. Indem sich Frankreich ausdehnte, entstanden neue »Marionetten«-Staaten, die zum Teil von Napoleons Verwandten regiert wurden.

General und Kaiser

Napoleon Bonaparte war ein fähiger junger General des revolutionären Frankreichs, als er 1799 an die Macht kam. Damals war Frankreich der Feind aller anderen Staaten, weil ihre Herrscher die republikanischen Ideen der Revolution fürchteten. In einer Reihe von Heerzügen besiegte er die großen kontinentalen Mächte Österreich und Preußen und wurde so zum bedeutendsten Herrscher Europas.

Napoleon war ein geschickter Politiker und Diplomat. Neben seiner Tatkraft und seinem Talent lag seine eigentliche Stärke im neuen Bürgerheer Frankreichs. Er kämpfte auf offenem Gelände gegen seine Feinde und vermied die langen und anstrengenden Belagerungen der früheren Kriege. Die französischen Heere erwiesen sich auf dem Schlachtfeld als unbesiegbar. Alle großen Mächte waren irgendwann gezwungen, Frieden mit Frankreich zu schließen. Diese Friedensschlüsse hielten jedoch nie lange, weil Napoleons Ehrgeiz immer größer wurde.

▽ Napoleon in der »Dreikaiserschlacht« von Austerlitz. 14 Jahre lang wurde er zu Land nie besiegt.

▽ Eine der Reformen nach der Revolution war die Einführung des metrischen Systems 1795. Der ursprüngliche Meter (das Urnormal) war eine Stange aus Platin und Iridium, die in Paris aufbewahrt wurde.

△ Napoleon war ein kleiner Mann mit unglaublich viel Energie und Tatkraft. Seine Soldaten liebten ihn, und die Franzosen ertrugen die ständigen Kriege um der Ehre willen.

Das Europa Napoleons

Nachdem Napoleon sich 1804 zum Kaiser hatte krönen lassen, hatte er die Macht eines Diktators. Und manchmal benahm er sich auch so. Er schaffte die Redefreiheit ab und sperrte gelegentlich Gegner ohne Gerichtsverfahren ein. Trotzdem glaubte er an die Ideen der Revolution, zum Beispiel, dass ein Mensch auf Grund seiner Leistungen und nicht aufgrund seiner adeligen Geburt belohnt werden solle. Außerdem führte er ein gerechteres Zivilgesetzbuch ein, den Code Napoléon. Daran orientierte man sich später nicht nur in Europa, sondern auch in Südamerika und Japan.

Napoleon wollte nicht nur ein erfolgreicher General sein, sondern auch ein großer Herrscher über ein friedliches Reich. Unter ihm wurde das ganze Regierungs- und Erziehungssystem Frankreichs reformiert und einer besseren, zentralen Kontrolle unterstellt. Auf lange Sicht waren diese Reformen wichtiger als seine militärischen Siege. Selbst heute noch kann man Napoleons Einfluss in Frankreich spüren.

Frankreich und England

England war Napoleons gefährlichster Gegner. Napoleon war zwar unbesiegbar zu Land, aber England war durch das Meer geschützt. Er versuchte darum, alle europäischen Häfen für den englischen Handel zu schließen, woraufhin die britische Marine die französischen Häfen blockierte. Napoleon plante eine Invasion und versammelte sogar schon Barkassen in den Häfen am Ärmelkanal, aber der Sieg der englischen Marine bei Trafalgar (1805) vereitelte diesen Plan. England unterstützte Napoleons Feinde in Europa mit Geld und schickte gleichzeitig unter dem Herzog von Wellington ein Heer, das in Spanien und Portugal den Rebellen gegen die französische Herrschaft zu Hilfe eilte. Es kam zu einem langen, harten Kampf, in dem Napoleons Armeen einige Niederlagen erlitten. 1813 war Wellington schon bis nach Südfrankreich vorgerückt.

Die Niederlage

Napoleons eigener Ehrgeiz brachte ihn schließlich zu Fall. 1812 fiel er in Russland ein, ein gewaltiges und gefährliches Vorhaben. Als er Moskau erreichte, steckten die Russen ihre eigene Stadt in Brand, und die Franzosen mussten sich zurückziehen. Der folgende Winter war sehr hart. Eine halbe Million Franzosen starb während des langen Rückzugs.

Durch diese Katastrophe ermutigt, verbündeten sich Napoleons Feinde gegen ihn. Schließlich wurde er bei Leipzig besiegt, seine Feinde marschierten in Frankreich ein und schickten ihn auf eine Mittelmeerinsel ins Exil (1814). Ein Jahr später kehrte Napoleon wieder nach Paris zurück und ergriff noch einmal die Macht. Er regierte 100 Tage, bis ihn Wellington und Blücher bei Waterloo endgültig besiegten.

Die Länder des Pazifiks

Australasien war der letzte Kontinent, der von Menschen besiedelt wurde – vor rund 50 000 Jahren – und er wurde als letzter von den Europäern der Neuzeit entdeckt. Wie in Amerika übernahmen sie auch hier bald die Herrschaft.

▽ Wir wissen nicht genau, wie die Boote der Polynesier auf ihren ersten Reisen im Pazifik ausgesehen haben, aber vermutlich ähnelten sie diesem modernen Boot.

Die ersten Einwanderer

Die Inseln des Pazifiks wurde von Menschen aus Südostasien besiedelt. Die Vorfahren der Aborigines landeten vor mehr als 50 000 Jahren auf Flößen in Australien. Die Vorfahren der Polynesier, darunter auch der Maoris in Neuseeland, kamen erst später, vor 2000 bis 4000 Jahren. Sie legten tausende von Kilometern in Segelkanus zurück. Wie sie die pazifischen Inseln entdeckten, ist ein Rätsel.

Die europäischen Forscher

Portugiesische und holländische Seefahrer landeten im 17. Jahrhundert an den Küsten Australiens und Neuseelands oft eher zufällig und unbeabsichtigt. Erst im 18. Jahrhundert schickten die Briten und Franzosen Expeditionen aus, um die Region zu erkunden. Der berühmteste dieser Forscher war der britische Kapitän James Cook. Während seiner Reise von 1768–71 umsegelte er Neuseeland und nahm Australien für Großbritannien in Besitz. Geografen hatten geglaubt, dass es einen riesigen Kontinent im Süden geben müsse, als Gleichgewicht zu den großen Landmassen von Europa und Asien im Norden. Cook bewies, dass so ein Kontinent nicht existierte.

▽ Kapitän Cook (unten) verbrachte sechs Monate damit, eine genaue Karte von der neuseeländischen Küste zu zeichnen. Dann segelte er mitten durch das Große Barriereriff die Ostküste Australiens entlang – eine gefährliche Reise für ein Segelschiff.

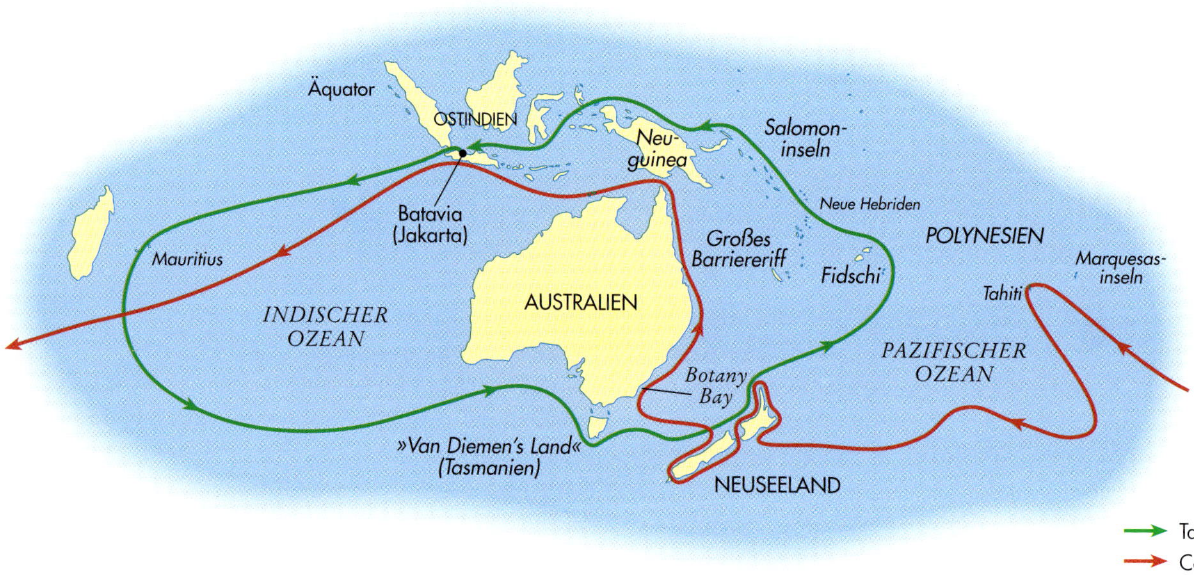

Australien

Die australischen Ureinwohner, die Aborigines, waren ein Steinzeitvolk, das in großen Familienverbänden lebte. Sie hatten kein Metall und lebten von der Jagd und dem Sammeln von Pflanzen. Sie jagten mit Speeren und Bumerangs aus Holz und glaubten, dass die Menschen ebenso wie Bäume, Steine und Tiere Teil der Natur seien. Weil sie oft umherzogen, hatten sie keine richtigen Häuser und kaum Kleider oder Besitz.

△ Dieser Fisch wurde von Künstlern der Aborigines bei Obirr Rock auf Fels gemalt. Die Zeichnung ähnelt dem Röntgenbild eines Fisches.

Neuseeland

Die Maoris waren technisch etwas fortgeschrittener. Sie lebten in befestigten Dörfern, bauten Getreide an, stellten Kleidung her und bekriegten sich untereinander. Als Waffen verwendeten sie schwere Holzknüppel, bis die Europäer Gewehre einführten. Dadurch wurden die Kriege der Maoris viel tödlicher.

Die Maoris liebten Tanz, Feste und Zeremonien. Sie schmückten sich mit Federn und waren tätowiert wie viele Polynesier. Dazu stachen sie die Haut auf und rieben dann Pflanzenfarbe hinein, wodurch schöne Muster entstanden.

△ Hölzerne Forts schützten die Dörfer der Maori. Wie alle Polynesier waren sie ausgezeichnete Holzschnitzer und verzierten ihre Häuser mit komplizierten Mustern. Die Kleider wurden von den Frauen im Dorf gewebt. Das Schaukeln auf einer riesigen Schaukel war ein beliebtes Vergnügen.

Sträflinge und Siedler

Die ersten britischen Siedler in Australien waren Sträflinge, die anstatt ins Gefängnis nach Botany Bay ins Exil geschickt wurden, und ihre Wärter. Ihnen folgten andere Kolonisten, die sich dort ein neues Leben erhofften. Das Leben war sehr hart, aber die Siedler konnten zunächst durch den Walfang überleben. Die Schaf- und Viehzucht brachte später mehr Gewinn, nahm aber den Aborigines das Land, wodurch ihr Lebensstil fast völlig zerstört wurde. Der niederländische Entdecker Abel Janszoon Tasman kam 1642 nach Neuseeland, wurde aber von den Maoris vertrieben. Später wurden europäische Seeleute besser empfangen, doch die ersten Siedler kamen erst nach 1800 aus England.

Die industrielle Revolution

Zwischen 1800 und 1900 veränderte sich das Leben in den westlichen Ländern stärker und schneller als jemals zuvor. Nicht mehr Dörfer und Bauernhöfe bestimmten das Bild, sondern zunehmend Städte und Fabriken. Güter konnten nun mit Maschinen viel schneller hergestellt werden als früher. Die industrielle Revolution war für Europa ebenso wichtig wie die Französische Revolution.

Waren für die Welt

Von etwa 1780 bis 1860 war Großbritannien die führende Industriemacht und die größte Handelsnation der Welt. 1850 stammten mehr als ein Viertel aller Waren aus britischen Fabriken, und fast die Hälfte der weltweiten Kohle kam aus britischen Bergwerken. Deutschland und die USA holten erst um 1900 auf.

Das Leben vor der industriellen Revolution

Um 1750 lebten die meisten Menschen noch auf dem Land. Sie bauten ihre eigenen Lebensmittel an und nähten ihre Kleidung selbst. Handwerker arbeiteten in ihren Werkstätten nach einer jahrhundertealten Tradition. Es gab keine Fabriken, und die wenigen Maschinen, die es gab, wie zum Beispiel der Webstuhl, hatten sich jahrhundertelang nicht verändert. Sie wurden immer noch von menschlicher Muskelkraft angetrieben. Güter wurden entweder mit Packpferden und Kutschen auf Landstraßen transportiert oder mit Schiffen auf Flüssen oder auf den immer zahlreicher werdenden Kanälen.

Arbeitskraft und Geld

Die industrielle Revolution wurde möglich, weil es Mitte des 18. Jahrhunderts genug Geld gab, um Fabriken zu bauen, und genug Menschen, um darin zu arbeiten. Das Kapital, also das Geld für Investitionen, wurde von den Banken bereitgestellt und stammte aus den Profiten, die beim Handel erzielt worden waren. Trotz der Kriege hatte der Handel seit dem 16. Jahrhundert stetig zugenommen, besonders in Großbritannien und Frankreich. Gleichzeitig gab es genug Männer, Frauen und Kinder für die Arbeit in den Fabriken, weil die Bevölkerung sehr schnell wuchs. Aufgrund von Verbesserungen in der Landwirtschaft konnten die vielen Menschen auch ausreichend ernährt werden. Die Menschen wurden außerdem immer älter, dank der Fortschritte im Gesundheitswesen und der Medizin, durch die Krankheiten wie die Pest ausgerottet wurden.

Maschinen und Fabriken

Die industrielle Revolution begann mit der Baumwollverarbeitung in Großbritannien. Früher wurden die Stoffe von Spinnern und Webern hergestellt, die oftmals in ihren eigenen Häusern arbeiteten. Mit der neu entwickelten Spinnmaschine ging es jedoch hundertmal so schnell. Das brachte andere Leute darauf, Maschinen zu entwerfen, die das Weben und die Baumwollernte ebenfalls beschleunigten. So entstanden aus einer einzigen neuen Erfindung viele andere Neuheiten, und der Fortschritt in einem Industriezweig ermöglichte Verbesserungen in anderen Bereichen.

Die neuen Maschinen waren riesig und benötigten eine Menge Kraft. Sie standen in einem großen Gebäude – einer Fabrik. Die Arbeiter mussten zur Fabrik kommen, wo man sie beaufsichtigte. Die Arbeitszeiten waren für alle gleich. Die Arbeit in den Fabriken wurden immer spezialisierter, jeder Arbeiter verrichtete nur eine kleine Aufgabe im Produktionsprozess.

▷ Die Landwirtschaft wurde im 18. Jahrhundert »wissenschaftlicher«. Neue Getreidesorten, neue Düngemittel und neue Erfindungen wie die Sämaschine steigerten die Erträge. Dieses Riesenschaf war das Ergebnis eines Experiments in der Tierzucht.

Energie für die Fabriken

Vor der industriellen Revolution wurden einfache Maschinen von Wasser- oder Windmühlen angetrieben. Die ersten Fabriken wurden zum Teil deswegen neben Flüsse gebaut, weil sie die Wasserkraft zum Antrieb ihrer Maschinen brauchten. Aber der Hauptantrieb der industriellen Revolution war die Dampfmaschine. Dampfmaschinen gab es schon seit vielen Jahren. Zuerst waren sie groß, unhandlich und brachten wenig Leistung. 1770 baute der schottische Ingenieur James Watt eine viel bessere Dampfmaschine. Mit Nachbauten dieser Dampfmaschine wurden die Maschinen in den neuen Fabriken angetrieben.

△ Eine der ersten Dampfmaschinen war besonders für Bergmänner nützlich, weil man mit ihr Wasser aus den Bergwerken pumpen konnte. Für die meisten anderen Arbeiten waren Dampfmaschinen zu schwach und zu unhandlich, bis James Watt sie verbesserte.

Kohle für die Dampfmaschinen

Dampfmaschinen wurden mit Kohle betrieben. Beim Kohleabbau spielten die neuen Maschinen noch keine Rolle. Die Hauptarbeit wurde immer noch von Männern erledigt, die die Kohle mit ihren Spitzhacken abklopften. Die Zahl der Bergmänner vergrößerte sich von einigen tausend auf mehrere Millionen, während viele neue, tiefere Bergwerke entstanden. Man brauchte die Kohle auch für eine neue Art von Hochöfen in der Eisenindustrie, der wichtigsten Schwerindustrie des Jahrhunderts.

◁ Bis zum 18. Jahrhundert konnte Eisen nur in kleinen Mengen hergestellt werden. Mit der industriellen Revolution wurde es dank der verbesserten Technologien zum wichtigsten Rohstoff der Schwerindustrie. Viele Erfindungen stammten von James Nasmyth, einem schottischen Ingenieur, darunter ein Dampfhammer (1839) zum Schmieden von riesigen Eisenobjekten (links).

Fortschritte im Transportwesen

Die industrielle Revolution war eng verbunden mit besseren und schnelleren Wegen zum Transport von Rohstoffen und fertigen Gütern. Durch den Bau von Bahngleisen wurde das Transportwesen entscheidend verbessert.

▽ Das Pont Cysylthe-Aquädukt (1805) in Wales. Aufgrund neuer Konstruktionskenntnisse war es nun möglich, Kanäle auch über Täler (mit Aquädukten) oder durch Berge (mit Tunnels) zu bauen.

Straßen und Kanäle

Über tausende von Jahren war das Pferd das schnellste Fortbewegungsmittel gewesen. Waren wurden mit Kutschen oder Packpferden transportiert, aber die Wege waren oftmals sehr schlecht. Größere Ladungen wurden daher, wenn möglich, per Schiff verschickt. Die neuen Industrien benötigten jedoch bessere Transportwege. Also baute man neue Straßen und Brücken und verbesserte die Wasserwege, indem man Kanäle anlegte und Flüsse für Lastkähne, die von Pferden gezogen wurden, begradigte.

Die Eisenbahn

Auf Kanälen konnte man große Mengen zu geringen Kosten transportieren, aber sie waren langsam. Die Lösung der Transportprobleme in den industriellen Ländern war die Eisenbahn. Holzgleise mit Wagen, die von Pferden gezogen wurden, gab es bereits in den Bergwerken. Doch erst die Erfindung von stabilen Gleisen aus Eisen und der Lokomotive, einer fahrenden Dampfmaschine, machte den Bau von öffentlichen Schienenwegen zwischen Städten möglich.

Man begriff überall sehr schnell, wie wichtig die Eisenbahn für den industriellen Fortschritt war. Bald durchzogen die Schienen ganz Europa, Nordamerika und kurze Zeit später auch den Rest der Welt. Anfangs bauten vor allem britische Firmen die Schienenwege. Andere Länder holten jedoch bald auf. Die Gleise waren besonders für große Staaten wie die USA sehr wichtig, weil man dadurch auch an Orten, die nicht in der Nähe einer Wasserstraße lagen, Bergwerke anlegen und Fabriken bauen konnte.

▽ Zwischen 1865 und 1915 wurden in den USA mehr Schienen verlegt als sonst irgendwo – über 300 000 Kilometer. Als die Union-Pacific-Linie 1869 vollendet wurde, konnte man mit dem Zug vom Atlantik bis zur Pazifikküste fahren.

Die Schiffe

Der Transport auf dem Meer funktionierte bereits viel besser als der Transport auf dem Landweg. Für eine lange Reise mit großer Fracht waren Segelschiffe am besten geeignet. Darum vergingen viele Jahre, bis die Segelschiffe durch Dampfschiffe ersetzt wurden. Nur auf Flüssen fuhren bereits um 1820 einige Raddampfer. Auf dem Meer gab es bis zur Erfindung des Schraubenantriebs um 1840 kaum Dampfschiffe, und selbst dann hatten die Schiffe außer dem Motor immer noch ein Segel. Dampfschiffe benötigten riesige Mengen an Kohle, um die Maschinen zu heizen, darum mussten sie auf langen Reisen zwischendurch ihre Vorräte auffüllen.

Im Jahr 1869 wurde der Sueskanal zwischen dem Mittelmeer und dem Roten Meer eröffnet. Er verringerte die Entfernung zwischen Europa und dem Fernen Osten um 8000 Kilometer, was den Dampfschiffen einen großen Vorteil verschaffte.

△ Die *USS Savannah* setzte bei ihrer Atlantiküberquerung 1819 die Dampfmaschine nur für wenige Stunden ein. Der wirkliche Durchbruch kam mit der *Great Britain*, dem ersten großen Eisenschiff und dem größten Schiff der Welt. Sie besaß einen Schraubenantrieb und überquerte den Atlantik 1845.

Kommunikation

Neue Erfindungen aufgrund wissenschaftlicher Entdeckungen beschleunigten auch die Kommunikation. Der Amerikaner Samuel Morse entwickelte den ersten Telegrafen, bei dem die Botschaften elektrisch über einen Draht verschickt wurden. Dabei verwendete man den von ihm erfundenen Punkt-Strich-Code. Das Telefon (oben) wurde um 1875 erfunden. Es bot noch mehr Möglichkeiten als der Telegraf, da nun Menschen aus verschiedenen Städten direkt miteinander sprechen konnten.

Die Industriegesellschaft

Durch die industrielle Revolution wurden einige Menschen sehr reich. Es entstand eine neue Art von Gesellschaft mit erheblichen neuen Problemen. Weil sich alles so rasend schnell veränderte, gab es weder Gesetze noch Organisationen, die sich um diese Probleme kümmerten.

Fabriken und Slums

Einem Reisenden in Europa um 1850 wären in den ländlichen Gebieten kaum Veränderungen aufgefallen. Aber in den Industriestädten war alles neu und fremd. Tausende von Menschen arbeiteten in lauten, schmutzigen und gefährlichen Fabriken. Die Arbeit war langweilig, der Lohn niedrig und der Arbeitstag dauerte oft über 12 Stunden. In den Kohlebergwerken war es noch schlimmer. Die Bergleute mussten bei Kerzenlicht arbeiten, was manchmal zu Explosionen führte. Sie hatten keine Helme und wurden an Seilen in Schächte hinuntergelassen, die bis zu 300 Meter tief waren.

△ Rauch aus Fabrikschornsteinen über einer »Stahlstadt« in Pennsylvanien, USA, um 1900. Aus kleinen Orten oder Dörfern entwickelten sich innerhalb weniger Jahre Industriestädte. Der Lärm, Rauch und Schmutz sowie die Elendsviertel in den Städten erschreckten fremde Besucher.

Die Industriearbeiter lebten in überfüllten Häusern. Manchmal wohnte eine Familie in einem einzigen Zimmer. Die Häuser waren so schnell und so billig wie möglich gebaut worden, ohne richtige Kanalisation, fließendes Wasser oder frische Luft. Für die Armen gab keine Parks, keine Schule, keine Vergnügungen, keinen bezahlten Urlaub, kein Kranken- oder Arbeitslosengeld. Das traf zwar auch auf Handwerker und Landarbeiter zu, aber in den Elendsvierteln der Fabrikarbeiter waren die Zustände besonders schockierend.

◁ Für die Kinder gab es keine Schulpflicht. Arme Kinder gingen schon sehr früh zur Arbeit, manchmal mit fünf oder sechs Jahren. Weil gefährliche Maschinen wie dieser mechanische Webstuhl nicht beaufsichtigt wurden, kam es oft zu Unfällen.

Reich und Arm

Irgendwann verbesserte sich durch die Industrialisierung das Leben der meisten Menschen. Doch zuerst wurden nur wenige Leute reich, während die anderen so arm waren, dass sie nicht einmal genug zu essen hatten. Der Zweck der Industriegesellschaft lag darin, Gewinn zu machen. Also bezahlten die Arbeitgeber möglichst wenig Lohn, damit sie möglichst hohe Gewinne erzielten. Einige kluge Leute wie der Reformer Robert Owen sahen, dass diese Rechnung falsch war. Owen eröffnete im schottischen Lanark eine Fabrik mit ordentlichen Arbeitsbedingungen und guten Wohnungen. Leider taten es ihm nur wenige Industrielle nach. Ein Kapitalist mit Geld suchte sich lieber ein profitables Geschäft, anstatt in bessere Wohnungen zu investieren, obwohl diese dringend gebraucht wurden. Die Arbeiter hatten keinerlei Einfluss. In den meisten europäischen Ländern durften sie nicht einmal Gewerkschaften gründen, um für bessere Löhne und Arbeitsbedingungen zu kämpfen. Aber einige Leute erinnerten sich an die Macht des Volks während der Französischen Revolution. In Lyons rebellierten in den Jahren 1831, 1834 und 1849 die Weber und andere Arbeiter.

▷ Die Zerstörung von Maschinen. Die neuen Maschinen nahmen vielen gelernten Arbeitern die Arbeit weg. Darum attackierten wütende Arbeiter manchmal die Maschinen und sogar die Fabrikbesitzer.

Emigration

Im 19. Jahrhundert wuchs die Bevölkerung schneller denn je. Um 1800 lebten in Europa etwa 180 Millionen Menschen, und um 1900 gab es schon 400 Millionen, von denen die meisten in den Städten lebten. Eigentlich war das Wachstum noch größer, aber viele Europäer wanderten aus, wie diese italienischen Familien auf ihrer Reise nach Kanada. Außer nach Nordamerika emigrierten die Europäer auch nach Australien und in andere Länder, deren Bevölkerung dadurch ebenfalls rasch anwuchs. Millionen von Familien flohen 1845/46 aus Irland, um nach einer Missernte dem Hungertod zu entgehen.

Die Regierung handelt

Die Probleme der industriellen Gesellschaft waren so groß, dass sie nur durch neue Gesetze gelöst werden konnten. Die Regierungen aber handelten langsam, nur England verabschiedete Gesetze, um die Wohn- und Arbeitsbedingungen zu verbessern. Die Arbeitszeit wurde verkürzt, Kinderarbeit verboten und Gewerkschaften erlaubt. Fabrikinspektoren prüften, ob die neuen Bestimmungen auch eingehalten wurden. Die städtischen Verwaltungen sammelten den Müll ein, bauten Abwasserleitungen und stellten sauberes Wasser zur Verfügung. Diese Maßnahmen verbesserten die Gesundheit und beendeten die Choleraepidemien, durch die tausende ums Leben gekommen waren. In Preußen erließ man Anfang 1800 einige Gesetze, um den Alten und Kranken zu helfen. Um 1900 war der Lebensstandard bereits gestiegen.

Reformen und Aufstände

In den Industrienationen entstand eine neue Mittelschicht. Die Bürger griffen die Ideen der Französischen Revolution wieder auf und forderten von den Regierungen mehr Demokratie. Dieser Machtkampf wurde in vielen Ländern mit Gewalt ausgetragen.

Europa nach Napoleon

Im Jahr 1815 trafen sich die europäischen Staatsmänner auf dem Wiener Kongress, um Europa nach der Niederlage Napoleons neu zu ordnen. Sie versuchten, so weit wie möglich die alte Ordnung wiederherzustellen, in der die Regierungsgewalt ausschließlich bei König und Adel lag. Das ging jedoch nicht lange gut. Zwei gewaltige Kräfte kämpften gegen das alte System. Da war zum einen der Nationalismus, die Vorstellung, dass Staaten unabhängige Nationen sein sollten und nicht Teil eines fremden Reichs. Die meisten Anhänger des Nationalismus glaubten auch an den Liberalismus, die zweite, große Gegenkraft im Europa des 19. Jahrhunderts.

1848 – das Jahr der Revolutionen

Zwischen 1815 und 1848 kam es zu vielen Aufständen gegen die königlichen Regierungen. 1848 rebellierten die Untertanen in fast allen europäischen Ländern. Frankreich wurde wieder zur Republik, und auch andere Regierungen mussten ihren Untertanen mehr Einfluss gewähren. Die zweite französische Republik dauerte allerdings nur vier Jahre, dann ernannte sich ihr Präsident Louis Napoleon zum Kaiser, genau wie sein Onkel Napoleon I. Keine dieser Revolutionen brachte soziale Gleichheit oder eine demokratische Regierung, aber sie schmälerten die Macht der alten Regierungen. Obwohl Europa nach 1848 keine weiteren Revolutionsjahre mehr erlebte, führte man allmählich liberale Reformen durch. Um 1900 gab es in Europa erst zwei Republiken – die Schweiz und die dritte französische Republik (die nach Napoleons Niederlage 1879 gegründet wurde).

▽ Einige Aufstände im Jahr 1848 verliefen friedlich. In Großbritannien beispielsweise protestierte man gewaltlos. Hier überreichen deutsche Arbeiter eine Petition mit Forderungen nach liberalen Reformen. In den deutschen Staaten forderte man häufig auch eine vereinte Nation.

Liberalismus

Liberalismus bedeutet Freiheit. In der Politik heißt das, mehr Freiheit für die normalen Menschen, sich an der Regierung zu beteiligen. Dazu gehörte zum Beispiel auch die Redefreiheit – ohne Angst vor Verhaftung sagen zu dürfen, was man denkt – oder die Religionsfreiheit. Der Liberalismus war unter der neuen Mittelschicht und den gebildeten Geschäftsleuten weit verbreitet. Die Liberalen wollten außerdem weniger Kontrolle durch die Regierung und vertraten die Ansicht, dass der Staat nicht in das Leben der Bürger eingreifen sollte. Das erschwerte es den Regierungen, sich um die Probleme der industriellen Revolution zu kümmern, beispielsweise um die schlechten Wohnverhältnisse der Industriearbeiter.

△ Das britische Unterhaus im Jahr 1888. Seit dem 17. Jahrhundert hatte das Parlament großen Einfluss auf die Regierung, allerdings wurde es bis zur Parlamentsreform 1832 von reichen Landbesitzern dominiert.

Friedliche Reformen

Großbritannien war das Vorbild der liberalen Reformer. Es war die reichste Nation und hatte eine lange Tradition parlamentarischer Regierungen. Die Macht lag nicht beim König, sondern beim Parlament. Großbritannien galt daher als die liberalste Großmacht Europas. Allerdings hatten vor 1832 nur sehr wenige Briten das Recht, bei den Parlamentswahlen zu wählen. Von einer großen Stadt wie Manchester saß kein Vertreter im Parlament, während manche Dörfer gleich zwei schickten. Die Parlamentsreform von 1832 machte die Wahlen gerechter und spätere Reformen (1867 und 1884) verschafften immer mehr Männern das Wahlrecht.

Sozialismus

Der Sozialismus war eine immer stärker werdende Kraft im 19. Jahrhundert. Die Sozialisten wollten den Arbeitern mehr Macht geben, indem sie der kleinen, reichen Oberschicht den Reichtum und Besitz wegnähmen. Ihr Ziel war ein sozialistischer Staat, in dem alle Menschen gleich wären. Der Staat sollte alle Besitztümer im Namen des Volkes verwalten. Auch die Gewinne würden an den Staat gehen, um dem Wohl des Volkes zu dienen. Einige Sozialisten, darunter auch Karl Marx, glaubten, dass so ein Staat nur durch eine gewaltsame Revolution der Arbeiterklasse gegen die Mittel- und Oberschicht erreicht werden könne. 1848 veröffentlichte Marx sein *Kommunistisches Manifest*, aber erst später interessierte man sich dafür. Andere Sozialisten glaubten an friedliche Reformen durch legale, demokratische Mittel. Die Sozialisten waren nicht nur Gegner der königlichen Regierungen, sondern auch des Liberalismus.

Erziehung

Die neue, industrielle Arbeiterklasse war nicht nur deswegen machtlos, weil sie nicht wählen konnte, sondern weil die Arbeiter keine Bildung besaßen (die meisten sozialistischen Führer wie Marx stammten aus der Mittelschicht). Das änderte sich um 1900. Viele europäische Regierungen hatten erkannt, dass jeder Bürger eine gewisse Bildung benötigte. Die Erziehung wurde nicht länger der Kirche überlassen, und jedes Land entwickelte sein eigenes Erziehungssystem. Die Grundschulausbildung (bis 12 oder 14 Jahre) war gewöhnlich umsonst und für alle Kinder Pflicht. Es gab nun mehr Möglichkeiten für eine weiterführende Ausbildung, weil die Industrieländer besser geschulte Arbeiter brauchten. Viele neue Universitäten und technische Schulen wurden gegründet. In Osteuropa gingen diese Fortschritte jedoch nur langsam voran. Mehr als die Hälfte der Russen konnte um 1917 weder lesen noch schreiben.

△ Da nun alle ein Recht auf Bildung hatten, konnte jeder Zeitungen lesen und sich selbst eine Meinung bilden.

Australien und Neuseeland

Im 19. Jahrhundert standen fast alle Inseln des Pazifiks unter der Herrschaft Europas. Die größten Landmassen, Australien und Neuseeland, zogen viele europäische Siedler an. Wie in Nordamerika gründeten sie dort neue Nationen.

Australien

Neusüdwales entwickelte sich gut. Viele Siedler kamen, als westlich von Sydney Schafweiden gefunden wurden. Weitere Kolonien wurden von Privatleuten entlang der australischen Küste gegründet. Um dort Recht und Ordnung aufrechtzuerhalten, wurden sie bald von der britischen Regierung übernommen. Aber sie blieben trotzdem getrennt, mit eigenen Regierungen, und hatten sogar unterschiedlich breite Eisenbahnschienen. Erst 1901 entstanden aus diesen Kolonien Staaten, die sich später zu einer Nation zusammenschlossen.

Australien ist größer als Europa ohne Russland. Viele Jahre lang blieben die Siedler in der Nähe der Küsten. Bei der Erforschung des Landesinneren fanden sie fast nur heiße, raue Wüsten. Die Entdecker Burke und Wills waren die Ersten, die aufbrachen, um den Kontinent von Süden nach Norden zu durchqueren. Nur ein Mitglied ihrer Expedition kehrte lebend nach Hause zurück. Danach versuchte niemand mehr, neue Siedlungen im Inneren Australiens zu gründen. Das änderte sich jedoch, als Mitte des 19. Jahrhunderts Gold entdeckt wurde. Minenstädte wurden aus dem Boden gestampft, und aus Nordamerika, China und England kamen tausende von Goldsuchern in der Hoffnung, reich zu werden. Die Bevölkerung wuchs sehr schnell.

▷ Diese Bildergeschichte von 1816 versprach den Aborigines, dass man Weiße für das Töten eines »Schwarzen« ebenso aufhängen würde wie Schwarze, die einen Weißen umbrachten. Aber die weißen Siedler verübten oft Verbrechen, ohne dafür bestraft zu werden. Einige jagten die Aborigines wie Tiere und zerstörten rücksichtslos ihre alten Lebensweisen.

Neuseeland

Die ersten europäischen Siedlungen in Neuseeland bestanden aus Lagern, die von Mannschaften der Walfangschiffe und australischen Händlern errichtet wurden. Britische Missionare und Siedler folgten. Berichte über Gräueltaten an den Eingeborenen, den Maori, sorgten dafür, dass die britische Regierung die Kontrolle übernahm. Das ermutigte weitere britische Siedler, sich dort niederzulassen, konnte aber Kämpfe um das Land nicht verhindern. Im Vertrag von Waitingi (1840) stimmten die Anführer der Maori zu, die britische Herrschaft anzuerkennen, und erhielten dafür das Versprechen, dass ihre Rechte geschützt würden. Dieses Versprechen wurde nicht eingehalten. Die Entdeckung von Gold einige Jahre später und der gute Ackerboden zogen viele Siedler an, hauptsächlich aus England.

Exporte

Australien und Neuseeland handelten mit Agrarprodukten wie Wolle und Fleisch. Ihr wichtigster Markt war Großbritannien, das ihnen auch die Güter für den Import lieferte. England war weit weg und nur nichtverderbliche Waren konnten exportiert werden. 1880 wurde eine neue Technologie entwickelt, die das änderte: die Tiefkühlung. Nun konnten die Bauern nicht nur Wolle, sondern auch Hammelfleisch exportieren sowie Rindfleisch, Butter und Käse. Um 1890 lebte ein Sechstel des weltweiten Schafbestands in Australien.

◁ Trotz der Versprechen der britischen Regierung nahmen Siedler auf der Nordinsel Neuseelands Ländereien in Besitz, die eigentlich den Maori gehörten. Darum kam es von 1860–72 zu einer Reihe von Kriegen, in denen die Maori schließlich unterlagen. Sie verloren ihre Unabhängigkeit und einen Großteil ihres Landes.

▽ Europäische Kolonien in Südostasien und im Pazifik am Ende des 19. Jahrhunderts.

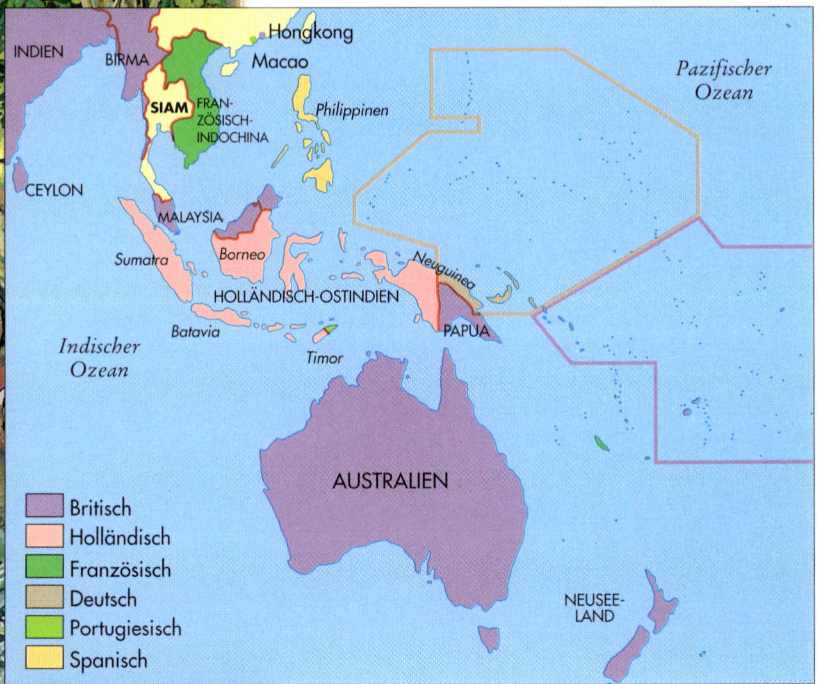

Neue Nationen

Sowohl Australien als auch Neuseeland blieben mit Großbritannien eng verbunden. Ihr nationales Einkommen stammte größtenteils aus dem Handel mit ihrem Mutterland und sie hatten wenige Verbindungen zu ihren Nachbarn wie China und Japan. Obwohl sie eigene, unabhängige Regierungen hatten, blieben sie loyale Mitglieder des Britischen Reichs. Auch später kamen die meisten Einwanderer aus England, und die australische Regierung nahm bis 1945 nur Siedler aus Europa auf.

Andere Europäer im Pazifik

Außer den Engländern waren auch die Franzosen im Pazifik aktiv. Sie nahmen viele kleine Inselgruppen in Besitz und eroberten Vietnam und Kambodscha auf dem asiatischen Festland. Der größte Teil des heutigen Indonesiens gehörte offiziell zu Holland, obwohl die Holländer kein Interesse zeigten, es zu erforschen. Die 7000 philippinischen Inseln, die seit dem 16. Jahrhundert zu Spanien gehörten, wurden 1898 von den USA erobert.

Der amerikanische Bürgerkrieg

Als sieben Südstaaten versuchten, gegen den Willen der Bundesregierung die Union zu verlassen, brach der amerikanische Bürgerkrieg aus. Nach vier Jahren Krieg und einer Million Toten hatte der Süden verloren. Die Sklaverei wurde abgeschafft und die Nordstaaten dominierten die neu erstarkte Union.

Nord gegen Süd

Die eher lose Union der amerikanischen Staaten war ursprünglich nur gegründet worden, um die Briten zu bekämpfen. Der landwirtschaftlich orientierte Süden brauchte für seinen Baumwollanbau die Arbeitskraft der Sklaven und hatte kaum etwas mit dem industriellen Norden gemein, in dem die Sklaverei illegal war. Einige Nordstaatler meinten, dass die Sklaverei auch im Süden abgeschafft werden sollte. Die unterschiedlichen Ansichten über die Sklaverei führten zu ernsten Konflikten, als sich das Land in Richtung Westen ausbreitete. In der neuen Kolonie Kansas brachen Kämpfe zwischen Befürwortern und Gegnern der Sklaverei aus. Die politische Stimmung war gespannt. Die demokratische Partei spaltete sich in zwei Lager, eines für und eines gegen die Sklaverei, beide mit einem eigenen Kandidaten für die Präsidentschaft. Die Wahl 1860 gewann jedoch Abraham Lincoln, ein Kandidat der neuen republikanischen Partei aus dem Norden, die gegen die Sklaverei war.

Viele Südstaatler glaubten, dass die Republikaner die Sklaverei abschaffen und ihnen dadurch die Arbeiter wegnehmen würden. Außerdem hatten sie Angst vor Racheakten der Schwarzen. Bevor Lincoln das Weiße Haus beziehen konnte, traten sieben Südstaaten aus der Union aus und gründeten die Konföderierten Staaten von Amerika. Als die Konföderierten im April 1861 das Bundesfort Sumter in South Carolina beschossen, brach der Bürgerkrieg aus.

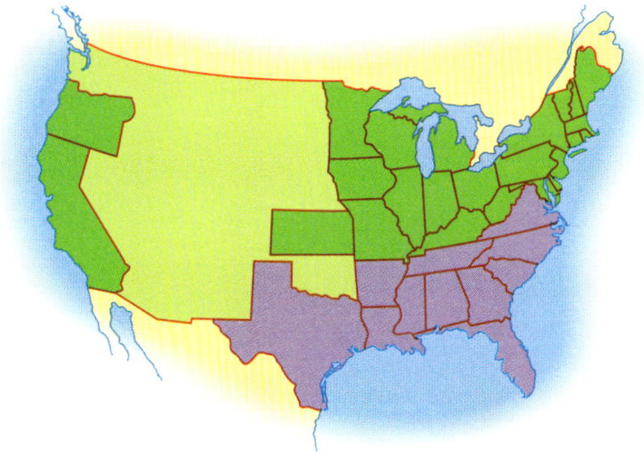

Die Konföderierten Staaten
Die Staaten der Union
Gebiete, die noch keine Staaten waren

△ Die Nordstaaten (Union) und die Südstaaten (Konföderation). Der Krieg wirkte sich auch auf andere Länder aus. Der größte Teil der Baumwolle, die in den europäischen Fabriken verarbeitet wurde, kam aus dem Süden. Als die Baumwollimporte durch den Krieg unterbrochen wurde, verloren tausende von Menschen ihre Arbeit.

Der Bürgerkrieg

Die Union war den Konföderierten gegenüber stark im Vorteil. Sie hatte mehr Männer, mehr Geld, mehr Industrie und mehr Eisenbahnverbindungen. Außerdem verfügte sie über die Marine, die verhinderte, dass die Konföderierten Hilfe aus dem Ausland erhielten. Aber die Südstaaten besaßen großen Kampfgeist und hatten zuerst die besseren Generäle. Außerdem brauchten sie nur den Süden zu verteidigen, während der Norden zum Angriff gezwungen war. Vier Jahre dauerte der Krieg, bis sich die Konföderierten endlich ergeben mussten.

◁ Die Konföderation hatte zwar keine Marine, besaß aber zwei oder drei Kriegsschiffe. Am bekanntesten war die *Alabama*, ein Segelschiff mit Dampfantrieb. In zwei Jahren kaperte oder zerstörte sie auf allen Meeren 70 Handelsschiffe der Union. Ihr letzter Kampf fand im Juni 1864 im Ärmelkanal statt – sie wurde versenkt.

◁ Die Schlacht von Gettysburg endete mit General Lees Einmarsch in den Norden. 20 000 Männer der Konföderierten starben oder wurden verwundet. Die Unionisten verloren fast ebenso viele, hatten aber noch mehr Soldaten in Reserve.

Ereignisse des Bürgerkriegs

1861 Februar: Jefferson Davis wird zum Präsidenten der Konföderation gewählt.
April: Die Konföderierten greifen Fort Sumter an.
Juli: Sieg der Konföderierten bei Bull Run.

1862 August: Unter General Lee greifen Konföderierte den Norden an.
Oktober: Lees Vormarsch wird aufgehalten.

1863 Januar: Lincoln verkündet die Freiheit der Sklaven.
Juli: Sieg der Unionisten bei Gettysburg.
November: Lincoln spricht in Gettysburg von den Vorzügen staatlicher Einheit und Demokratie.

1864 Die Unionsarmee unter Sherman marschiert in Georgia ein und brennt Atlanta nieder.

1865 Der Oberbefehlshaber der Konföderation, Robert E. Lee, ergibt sich bei Appomatox dem General Ulysses Grant.

Das Ende der Sklaverei

Schwarze aus dem Süden zeigen Blätter mit Präsident Lincolns Proklamation der Abschaffung der Sklaverei (1863) und feiern ihre Freiheit. Etwa 4 Millionen Sklaven waren nun vor dem Gesetz frei, aber sie besaßen weder Geld noch Land und waren immer noch von ihren früheren Besitzern abhängig. Auch in vielen nördlichen Staaten durften die Schwarzen bis 1870 nicht wählen. Es dauerte noch 100 Jahre, bis sie auch vor dem Gesetz den weißen Amerikanern gleichgestellt waren.

Indien und die Briten

Im 19. Jahrhundert wurde der indische Subkontinent von den Briten beherrscht. Nach einem Aufstand gegen die britische Herrschaft entwickelte sich eine Unabhängigkeitsbewegung. Gleichzeitig wuchs die Kluft zwischen Hindus und Muslimen.

Indien und die Ostindische Kompanie

Im 18. Jahrhundert übernahm die britische Ostindische Kompanie allmählich auch Regierungsaufgaben, zuerst in Bengalen. 1850 herrschte sie bereits über halb Indien und dehnte ihren Einfluss auch über den Rest aus. Die Kompanie verwandelte sich von einer Handelsgesellschaft in eine Regierung.

◁ Zwei britische Offiziere werden im Haus eines indischen Fürsten bewirtet (um 1800). In späteren Jahren respektierten die Briten die indischen Bräuche immer weniger. In Indien gab es über 500 kleine Fürstentümer. Obwohl die Fürsten an der Macht blieben, konnten sie ohne britische Zustimmung nichts entscheiden.

Die Briten bauten Straßen und Eisenbahnschienen, gründeten Schulen und Krankenhäuser. Sie etablierten ein neues Rechtssystem. Aber Inder konnten keine höheren Ränge in der Verwaltung oder beim Militär einnehmen. Die Engländer blieben die herrschende Klasse und lebten von den Indern getrennt. Englisch wurde zur Nationalsprache und Missionare predigten das Christentum. Die Regierung nahm den britischen Handel für wichtiger als die indische Industrie. Mit ihren Bemühungen, das Land zu modernisieren, das heißt »westlicher« zu machen, verprellte sie zu viele Inder, weil die Reformen oft keine Rücksicht auf die indische Kultur nahmen.

▽ Während der britischen Herrschaft entstanden in Indien einige großartige Gebäude, bei denen sich europäische und indische Einflüsse vermischten. Dieses Haus sieht aus wie der Palast eines Fürsten, dabei handelt es sich um den Bahnhof von Bombay.

Der große Aufstand

1857 meuterten indische Soldaten, weil neue militärische Praktiken ihre religiösen Überzeugungen verletzten. Der Aufstand breitete sich in ganz Nordindien aus, und beide Seiten verübten schreckliche Gräueltaten. Trotzdem entwickelte sich daraus kein richtiger Volksaufstand. Schließlich wurde die Revolte von den Briten gegenüber loyalen indischen Truppen niedergeschlagen. Die Briten waren eine winzige Minderheit und hätten den Aufstand sonst nicht beenden können.

Das »Weltreich«

Der Aufstand von 1857 beendete die Herrschaft der Ostindischen Kompanie. Die britische Regierung übernahm Indien, und Königin Viktoria wurde zur »Kaiserin von Indien« ernannt. Der Aufstand spaltete Briten und Inder, weil die Briten ihr Vertrauen in die Inder verloren hatten. Viele Inder dagegen träumten von der Unabhängigkeit und ärgerten sich über den Anblick der reichen, britischen Siedlungen inmitten der schrecklichen Armut Indiens. Die Briten erfüllten zwar manche Forderungen und ließen mehr Inder an der Regierung teilhaben, kümmerten sich jedoch nicht um die industrielle Entwicklung. Die Inder sollten lieber britische Waren kaufen, statt eigene zu produzieren. Billige Fabrikware aus England hatte bereits die ländlichen Werkstätten der indischen Baumwollindustrie ruiniert.

Im Jahr 1885 gründeten indische Nationalisten die Kongresspartei. Zuerst verlangte sie nur kleine Verbesserungen wie mehr indische Lehrer und Politiker. Doch einige Mitglieder forderten auch die völlige Unabhängigkeit. Die Nationalisten unterstützten Großbritannien im Ersten Weltkrieg (1914–18), weil die Briten ihnen dafür eine eigene Regierung versprachen. Als es nach 1918 nur langsame Fortschritte gab, verstärkte sich die Opposition gegen Großbritannien.

▽ Die Mitglieder der Kongresspartei trafen sich 1885 in Bombay. Sie wollten zunächst nur, dass Indien genau wie Australien zu einem selbstständigen Land innerhalb des Britischen Reichs würde. Später verlangten sie jedoch die völlige Unabhängigkeit.

Asiaten und Europäer

Im 19. Jahrhundert verbreitete sich der Einfluss Europas und der USA in der ganzen Welt. China und einige andere Länder versuchten, sich dagegen zu wehren. Andere Staaten dagegen, zum Beispiel Japan, nahmen die westlichen Bräuche und Methoden an.

▽ Jahrhundertelang bewunderten Europäer die chinesische Zivilisation. Aber im 19. Jahrhundert wirkte China rückständig, auch wenn in Handwerk und Künsten immer noch prachtvolle Dinge entstanden. Hilflos stand es der Macht und der Energie des industrialisierten Westens gegenüber.

Aufstand in China

Das chinesische Reich war größer als Europa, aber die schwache Regierung der Ching verlor langsam die Kontrolle. Während des Taiping-Aufstands (1851–64) kontrollierten die Rebellen einen Großteil Zentralchinas. Im Land herrschte Chaos. Im Norden starben Millionen durch eine Hungersnot. Aber der kaiserliche Hof blockierte alle Bemühungen von chinesischen Beamten, die Regierung zu reformieren.

China und der Westen

Die Rebellen wurden zusätzlich gestärkt, weil die Regierung sich gegen den Westen nicht durchsetzen konnte. Früher war China Europa in vieler Hinsicht deutlich überlegen gewesen, aber diese Zeit lag nun weit zurück. Die Chinesen hielten die Kulturen anderer Länder dennoch für minderwertig. Schließlich hatten sich seit tausenden von Jahren fremde Völker, wie zum Beispiel auch die Mongolen, den Traditionen der chinesischen Zivilisation angepasst.

Der Boxeraufstand

Die Boxer waren eine Geheimgesellschaft, die gegen den westlichen Einfluss in China war. Ihr Aufstand im Jahr 1900 richtete sich nicht gegen die chinesische Regierung, sondern gegen die Fremden, die China einzunehmen drohten. Die Boxer töteten christliche Chinesen und westliche Missionare und griffen die Botschaften der westlichen Regierungen in Peking an. Nicht chinesische, sondern europäische Truppen schlugen den Aufstand nieder.

Aber die Europäer dachten anders. Sie lehnten die chinesischen Bräuche ab. Diesmal musste China sich verändern. Die Chinesen mochten und verstanden den Westen nicht und weigerten sich, ihre Handelsbeschränkungen aufzuheben. Das Einzige, was Teile der Bevölkerung von den Briten kaufen wollten, war die Droge Opium, die in China verboten war. Die britischen Händler verkauften sie trotzdem, was zwei »Opiumkriege« zur Folge hatte (1839–42 und 1856–60). China war schnell besiegt. Peking wurde von französischen und britischen Truppen geplündert, und China wurde gezwungen, seine Häfen für den westlichen Handel zu öffnen. Viele Städte standen bald unter westlicher Kontrolle. Hongkong wurde zu einer britischen Kolonie, Russland eroberte Gebiete im Norden und Frankreich besetzte Indochina (Vietnam, Laos und Kambodscha).

Die Republik

Es sah so aus, als würde China unter den westlichen Mächten aufgeteilt werden. Aber 1911 konnten sich die chinesischen Reformer schließlich durchsetzen. Der letzte Kaiser wurde entthront, es entstand eine Republik unter Sun Yatsen, dem Anführer einer neuen Nationalpartei (Kuomintang).

Japans Kaiser kehrt zurück

Als 1858 Japan von den USA gezwungen wurde, sich dem westlichen Handel zu öffnen, trat der letzte Shogun der Tokugawa zurück. Die Meiji-Kaiser kamen an die Macht.

Die neuen japanischen Führer wollten Japan reich und mächtig machen. Das gelang ihnen, indem sie vom Westen lernten. Regierung, Gesetze und Schulen wurden dabei nach westlichem Vorbild völlig reformiert.

▽ Einige Japaner begrüßten den westlichen Einfluss. Diese Frau hat einen westlichen Ehemann und trägt westliche Kleidung.

Japan und der Westen

Die japanische Regierung förderte die Industrie und den Handel mit allen Kräften. Sie baute ein landesweites Schienennetz mit den notwendigen Brücken, um das Reisen zwischen den bergigen Inseln Japans zu verbessern. Die Sonderrechte der alten Kriegerkaste, der Samurai, wurden abgeschafft und stattdessen eine moderne Volksarmee gegründet.

Um 1900 war Japan eine dem Westen ebenbürtige Industrienation geworden. Aber die Japaner wollten auch Weltmacht werden. 1894/95 führte Japan einen erfolgreichen Krieg gegen China und eroberte Taiwan. In einem weiteren Krieg 1904/5 kämpfte Japan in Korea und in der nordchinesischen Provinz Mandschurei gegen die Russen. Es war kaum zu glauben, dass ein kleines asiatisches Land eine so riesige europäische Macht besiegen würde, aber Japan gewann jede wichtige Schlacht.

▽ Der Russisch-Japanische Krieg zeigte, dass auch ein asiatisches Land eine starke Kriegsmacht sein konnte. Bei der Schlacht von Tsushima (1905) zerstörten moderne japanische Kriegsschiffe eine riesige russische Flotte.

Der Nationalismus

Der Gedanke, dass Nationen – Gruppen von Menschen, die die gleiche Sprache sprechen – ihr eigenes Land regieren sollten, erhielt im 19. Jahrhundert großen Auftrieb. Einige der alten Reiche, die aus verschiedenen Nationen bestanden, brachen auseinander. Aus den Trümmern bildeten sich neue Nationalstaaten.

▷ Garibaldi eroberte das Königreich Neapel-Sizilien mit etwa 1000 seiner berühmten »Rotröcke«. (Sie hatten mit ihm in Uruguay gekämpft und ihre roten Hemden mit nach Europa gebracht.) Sie wurden durch viele kleine Aufstände der Bevölkerung unterstützt.

Neue europäische Staaten

Einer der ersten neuen Staaten in Europa war Belgien. Das unabhängige Königreich wurde gegründet, als die Belgier 1830 gegen ihren Herrscher, den König von Holland, rebellierten. Weniger die Sprache als die Religion trennte die katholischen Wallonen und Flamen in Belgien von den protestantischen Holländern.

Die Religion war auch das wichtigste Motiv beim Kampf der Griechen gegen die osmanischen Türken. Griechenland wurde 1830 unabhängig und war damit der erste Balkanstaat, der sich von der türkischen Herrschaft befreit hatte. Das Osmanische Reich war geschwächt. Es konnte nur deshalb weiter existieren, weil es von rivalisierenden europäischen Mächten unterstützt wurde, die sich für die europäischen Provinzen der Türken interessierten. Die Rivalitäten führten zum Krimkrieg (1852–54), in dem Großbritannien und Frankreich gegen Russland kämpften. Doch obwohl einige neue Staaten entstanden, waren die Aufstände der Nationalisten nicht immer erfolgreich.

△ Die Griechen behielten auch unter türkischer Herrschaft ihre nationale Kultur und Tradition.

Italien

Nach 1848 kam es unter Führung des Königreichs Sardinien im Nordwesten Italiens zum so genannten »Risorgimento«, der »Wiedergeburt« Italiens. In Sardinien regierte der geschickte Ministerpräsident Graf Cavour, der von Frankreich unterstützt wurde. In der Zwischenzeit begann im Süden ein Aufstand gegen die konservativen Herrscher des Königreichs Neapel-Sizilien. Der Aufstand wurde von Giuseppe Garibaldi angeführt, einem sehr beliebten patriotischen Abenteurer, der schon in Südamerika für Freiheit gekämpft hatte. Schließlich vereinten sich der Süden und der Norden 1862 zu einem vereinigten Italien. Der sardische Herrscher wurde König von Italien. Nur Rom wurde immer noch vom Papst regiert. Er weigerte sich, die Stadt aufzugeben, obwohl er keine Armee hatte, um sie zu verteidigen. 1870 übernahm die neue Regierung Rom und machte es zur Hauptstadt.

Daten der Unabhängigkeit in Lateinamerika

1811 Groß-Kolumbien (Kolumbien, Ecuador, Venezuela), Paraguay	1818 Chile
1814 Uruguay	1821 Mexiko, Peru
1816 Argentinien	1822 Brasilien
	1823 Zentralamerika
	1825 Bolivien

Lateinamerika

Nach Haitis Unabhängigkeit 1804 befreiten sich die meisten lateinamerikanischen Staaten noch vor 1830 von den Europäern. In Südamerika rebellierten vor allem die Kreolen (Mittelschichtler europäischer Herkunft) gegen die spanische Herrschaft. Ihr größter Anführer war Simón Bolívar, der »Groß-Kolumbien« schuf. Später wurde es in einzelne Staaten aufgeteilt, und der Traum, aus der alten spanischen Provinz Neu-Granada eine große Nation zu machen, war zerstört. Brasilien blieb jedoch auch nach seiner Unabhängigkeit von Portugal eine vereinte Nation. Es war noch größer als die USA. In Mexiko kämpften neben den Kreolen auch Bauern und arme Leute für die Unabhängigkeit.

Ein vereintes Deutschland

Die wichtigsten deutschsprachigen Staaten waren das protestantische Preußen im Norden und das katholische Österreich (das alte Habsburgerreich) im Süden. Wer von beiden würde die Einheit der deutschen Nation herstellen? Angeführt von dem großen Staatsmann Bismarck erwies sich Preußen als die stärkere Macht. Bismarck zettelte einen Krieg mit Österreich an, den Preußen in vier Wochen gewann. Daraufhin verstärkte sich der preußische Einfluss im katholischen Süden ebenso wie im protestantischen Norden. Das österreichische Reich mit seinen vielen nichtdeutschen Völkern wurde durch nationalistische Aufstände geschwächt, besonders in Italien und Ungarn. Die Ungarn erhielten 1867 ihre eigene Regierung.

Preußens Macht beunruhigte die Franzosen, und so kam es 1870, wieder auf Bismarcks Betreiben, zum Krieg mit Frankreich. Nach sechs Wochen war Frankreich besiegt und hatte seine nördlichen Provinzen Elsass und Lothringen verloren. Die deutschnationale Begeisterung schlug hohe Wellen; das Deutsche Reich wurde ausgerufen. Der preußische König wurde zum deutschen Kaiser ernannt, mit dem getreuen Bismarck als Kanzler. Ein riesiger, neuer Nationalstaat war entstanden, größer und stärker als Frankreich und sogar Großbritannien.

▽ Stahlwerke in Essen, um 1910. Die deutsche Kleinstaaterei hatte Handel und industrielle Entwicklung gehemmt. Nach 1871 holte Deutschland schnell auf. Um 1900 hatte es England als führende Industrienation in Europa bereits überholt.

Das Gerangel um Afrika

Während in Europa die kleinen Nationen um ihre Unabhängigkeit kämpften, eroberten die Europäer andere Kontinente. 1914 wurden 80 Prozent der Welt von Europäern beherrscht.

Europäer in Afrika

Um 1880 hatten die Europäer außer Südafrika erst einen kleinen Teil Afrikas unter ihrer Kontrolle. Doch innerhalb von 20 Jahren fiel der ganze Kontinent unter europäische Herrschaft. Das »Gerangel« um die Kolonien begann, als König Leopold von Belgien den Kongo als seinen riesigen persönlichen Besitz gewann. Dann schnappte sich Deutschland, bisher ohne Kolonien, Gebiete in vier verschiedenen Gegenden. Im Norden gestattete die Schwäche des Osmanischen Reichs Frankreich nach Nordafrika und den Briten nach Ägypten vorzudringen. Eine europäische Konferenz in Berlin 1895 bestätigte König Leopolds Anspruch auf den Kongo und ermutigte die Rivalen, besonders aber Briten und Franzosen, den Kontinent aufzuteilen.

▽ Nordafrika gehörte jahrhundertelang zur arabisch-islamischen Zivilisation. Nach der französischen Eroberung ließen sich viele Franzosen in Algerien nieder, was später zu Problemen führte.

△ Die Grenzen der Kolonien wurden von Staatsmännern in Europa gezogen, die fast nichts über die Völker wussten, die in den Gebieten lebten, die sie untereinander aufteilten.

Die afrikanischen Kolonien

Die meisten europäischen Regierungen hatten eigentlich kein großes Interesse an Kolonien in unerforschten Gebieten. Viele Unternehmer jedoch erhofften sich davon gute Geschäfte, während Missionare das Christentum verbreiten wollten. Die Regierungen befürchteten, dass ein gegnerischer Staat durch neue Kolonien in der Lage sein würde, ihren eigenen Handel zu gefährden. Alle großen Staaten Europas beanspruchten daher Teile Afrikas für sich. Wenige Kolonisten berücksichtigten die Wünsche der Menschen, über die sie nun herrschten. Viele glaubten, den Afrikanern etwas Gutes zu tun, indem sie ihnen die westliche Zivilisation und das Christentum brachten.

Südafrika

Die Briten eroberten 1814 die holländische Kolonie am Kap der Guten Hoffnung, um sich den Seeweg nach Indien zu sichern. Bald ließen sich dort britische Siedler nieder. Die Buren, die Nachfahren der ersten holländischen Siedler, hassten die Briten. Ab 1836 verließen viele auf der Flucht vor den Briten das Kap und ließen sich in Natal nieder. Dort kam es häufig zu Kämpfen mit den Zulu, einem kriegerischen Volk, das später in ein paar Gefechten sogar britische Berufssoldaten besiegen konnte. Als die Briten auch Natal eroberten, zogen die Buren wieder weiter. Aber auch in Transvaal konnten sie den Briten und anderen Fremden nicht entkommen, die herbeiströmten, als dort Gold und Diamanten gefunden wurden.

Der südafrikanische Krieg

Unstimmigkeiten zwischen den Briten und den Buren führten schließlich 1899 zum Burenkrieg. Dass ein paar tausend Farmer es mit dem mächtigen britischen Reich aufnehmen wollten, schien absurd, aber die Buren hielten drei Jahre durch, bevor sie den ungleichen Kampf schließlich aufgeben mussten. Der Friedensvertrag (1902) bestätigte die britische Herrschaft und führte 1910 zur Vereinigung aller südafrikanischen Gebiete. Dann trat die Südafrikanische Union als selbstverwalteter Staat dem Britischen Reich bei, dem bereits Kanada, Australien und Neuseeland angehörten.

Die Aschanti

Die Aschanti waren eine kleine, aber mächtige Nation in Westafrika. Ihr Symbol war der »Goldene Schemel«. Handelsstreitigkeiten mit den Briten führten zum Krieg. Die Aschanti gewannen zwar 1824 den ersten Krieg, aber als sie später wieder britische Handelsstützpunkte angriffen, wurden sie besiegt. 1901 eroberten die Briten das Aschanti-Reich, um ihre Position in Westafrika gegenüber den Franzosen zu stärken.

▽ Anfang 1836 schlossen sich tausende von Buren in Ochsenwagen dem Großen Treck an, der sie vom Kap in Richtung Nordwesten führte. Sie überquerten die Drakensberge auf der Suche nach frischem Weideland und Freiheit.

Die Entwicklung der USA

In der zweiten Hälfte des 19. Jahrhunderts gewannen alle westlichen Länder erstaunlich schnell an Reichtum und Macht. Das Land, das am schnellsten wuchs, waren die Vereinigten Staaten. Um 1900 waren sie das reichste Land der Welt.

▷ Die 46 Meter hohe Freiheitsstatue wurde 1885 im New Yorker Hafen aufgestellt. Es war ein Geschenk der Franzosen an das amerikanische Volk; ein französischer Bildhauer hatte sie entworfen. Dieses riesige Wahrzeichen war das Erste, was arme Einwanderer aus Europa von New York sahen.

Der amerikanische Westen

Der amerikanische Westen füllte sich mit Siedlern und die Bevölkerung nahm rapide zu. Durch den »Homestead Act« (1862) bekamen die Pioniere kostenlos 65 Hektar Land, wenn sie es fünf Jahre bebauten.

Die Städte vergrößerten sich noch schneller. Cincinnati zum Beispiel wuchs aufgrund der Gewinne aus der Fleischverarbeitung. Auf den Grasebenen, wo früher die Bisons umherzogen, weideten nun Viehherden. Man entwickelte eine neue Weizensorte für den dortigen Boden und die Bauern produzierten so viel Getreide, dass die Preise auf dem Weltmarkt stark fielen.

Die Indianerkriege

Als Millionen von Farmern und Goldsuchern durch den amerikanischen Westen schwärmten, wurden die Indianer entweder getötet oder in Reservate gesperrt. Kriege gegen die Sioux, Cheyenne und andere Völker (1864 bis 1886) vernichteten schließlich die indianische Lebensweise. Einer der größten Anführer der Indianer war Sitting Bull (links), ein Häuptling der Sioux. Er war an der Schlacht am Little Bighorn (1876) beteiligt, in der die US-Kavallerie unter General Custer besiegt wurde.

Kalifornien

In den 40er-Jahren des 19. Jahrhunderts gehörte Kalifornien noch zu Mexiko, obwohl einige hundert US-Bürger dort lebten. Nach dem amerikanisch-mexikanischen Krieg ging Kalifornien 1848 an die USA über. Im gleichen Jahr wurde dort Gold entdeckt. Die Bevölkerung verdoppelte sich innerhalb weniger Monate, da nun tausende von Goldsuchern herbeiströmten. Das Gold reichte nicht lange, aber bereits in den 60er-Jahren erzielte Kalifornien Gewinne in der Landwirtschaft, besonders als nach 1869 das Obst mit der Bahn über den Kontinent befördert werden konnte.

Die Eisenbahn

Das »eiserne Pferd«, wie manche Leute die Lokomotive nannten, war eine faszinierende Maschine. Einige Menschen hofften, sie würde dazu beitragen, Amerika nach dem Bürgerkrieg wieder zu vereinen, weil nun Norden und Süden, Osten und Westen besser miteinander verbunden waren. Um 1860 befanden sich fast die Hälfte aller Eisenbahnschienen der Welt in den USA, und selbst die Städte des Mittleren Westens waren bereits an das Schienennetz angeschlossen. Die Verbindung bis zum Pazifik wurde 1869 fertig gestellt. Etwa 20000 Männer arbeiteten daran. In drei Jahren verlegten sie 2900 Kilometer Schienen.

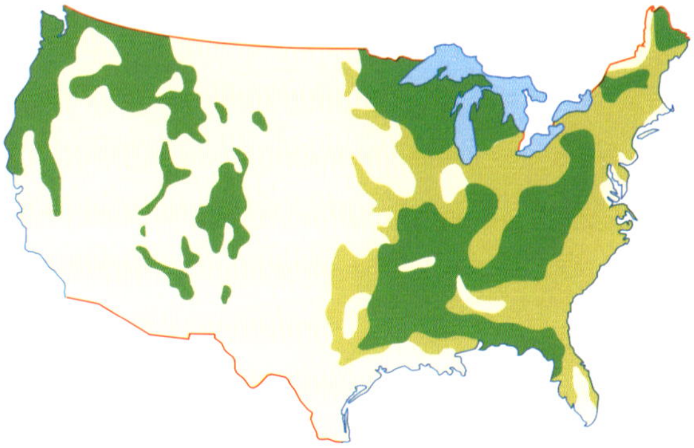

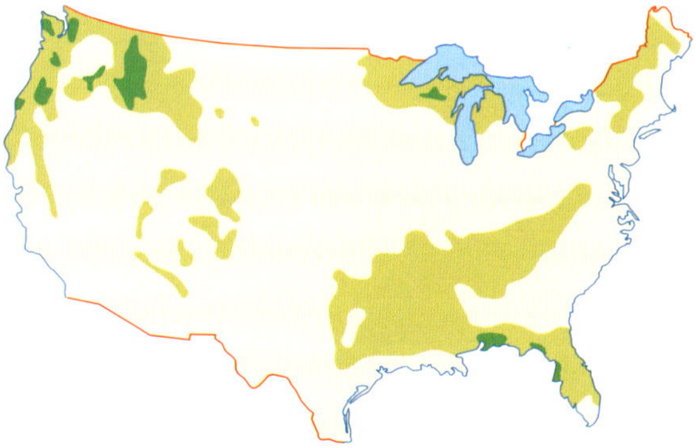

△ Als die ersten Siedler kamen, war das halbe Land noch von Wäldern bedeckt. Heute sind davon nur noch kleine Teile übrig.

Die Industrie

Nach dem Bürgerkrieg förderte die Regierung Wirtschaft und Industrie. Auf der Suche nach profitablen Geschäften bereisten ehrgeizige Männer den Kontinent. Trotz aller Probleme herrschte Optimismus im Land. Fabriken und Bergwerke schossen aus dem Boden, unterstützt von der Eisenbahn, die neue Gegenden erschloss. Riesige neue Industriezweige (Stahl und Öl) entstanden in Städten und auf dem Land. Diese Industrien boten viele Arbeitsplätze, auch wenn die meisten Arbeiter nur wenig verdienten. Erst als sich um 1880 die großen Gewerkschaften bildeten, um für die Rechte der Industriearbeiter zu kämpfen, stiegen die Löhne.

△ Andrew Carnegie (1835–1919) stammte aus einer armen schottischen Familie, die in die USA emigrierte, als er 13 Jahre alt war. Er baute ein riesiges Stahlunternehmen auf und wurde so reich, dass er 350 Millionen Dollar für wohltätige Zwecke spenden konnte.

Die Besitzer der neuen Fabriken wurden Millionäre. Ihr Reichtum verhalf ihnen zu großem politischem Einfluss. Einige dieser Industriebarone missbrauchten ihre Macht und bestachen Richter und Politiker. Die großen Unternehmen beherrschten den Markt und bestimmten die Preise. Kleinere Firmen konnten mit ihnen nicht konkurrieren und wurden bald geschluckt oder geschlossen. Erst um 1900 herum griff die Regierung ein und verabschiedete Gesetze, um Wirtschaft und Preise zu kontrollieren.

Die Armen

Schlaue und skrupellose Männer konnten zwar schnell ein Vermögen machen, doch vielen Menschen ging es schlecht. Die Schwarzen waren ab 1863 offiziell frei, aber nicht gleichberechtigt. Die Indianer wurden in den ärmsten Gegenden in Reservate gepfercht. Sie unterstanden der Regierung, die sie mit Lebensmittel versorgen musste, weil sie nicht länger auf die Jagd gehen konnten. Viele arme europäische Einwanderer, darunter Millionen von Iren und Italienern, die ins Land kamen, kämpften in den Slums der Städte ums Überleben.

Die Wissenschaften

Im 19. Jahrhundert lernten die Menschen sehr viel über die Erde, die Natur und sich selbst. Aufgrund wissenschaftlicher Entdeckungen entstanden neue Industrien, und viele Menschen lebten länger und waren gesünder.

Das Leben auf der Erde

Um 1800 glaubten die meisten Christen noch, Gott habe die Erde vor wenigen tausend Jahren erschaffen und seither sei kaum etwas anders geworden. Aber bereits damals waren einige Leute anderer Meinung. Neu entstandene Wissenschaften wie Biologie und Geologie zeigten, dass die Erde sehr alt war und sich oft verändert hatte. Meere und Kontinente hatten ihre Form geändert, und Fossilien bestätigten, dass in der Vergangenheit andere Pflanzen- und Tierarten existiert hatten. Diese Entdeckungen führten zur Evolutionstheorie, laut der sich alle Lebewesen im Laufe von Millionen von Jahren verändern.

▷ Fortschritte in der Technik und neue Materialien machten den Bau neuartiger Gebäude möglich. Die 1883 eröffnete Brooklyn Bridge in New York war eine der ersten Hängebrücken. Das Tragwerk hängt zwischen Pfeilern an einem Hängegurt. Die Wolkenkratzer wurden erst später gebaut.

Wissenschaftler und Erfinder

Es war eine aufregende Zeit voller Hoffnung. Es schien, als könnten alle menschlichen Probleme durch Erziehung und Wissenschaft eines Tages gelöst werden. Vielleicht würden sogar Verbrechen und Armut verschwinden. Um 1800 existierten viele moderne Wissenschaften noch nicht, und in Schulen und Universitäten gab es kaum wissenschaftliche Fächer. Viele Entdeckungen stammten von Männern und Frauen, die keine richtigen Wissenschaftler waren. Erfindungen wurden von Handwerkern gemacht und nicht von den Experten im weißen Kittel. Beispielsweise baute ein schottischer Schmied das erste Fahrrad. Daguerre, der Pionier der Fotografie, war Landschaftsmaler.

Technik

Um 1900 hatten sich die Industriegesellschaften enorm verändert. Der Transport hatte sich von Pferd und Kutsche auf Eisenbahn und Automobil verlagert. Ein paar Jahre später baute man bereits die ersten Flugzeuge. Neue Bauwerke aus neuen Materialien entstanden. Der französische Ingenieur Gustave Eiffel baute Stahlbrücken über riesige Schluchten, bevor er die Welt mit seinem berühmten Turm in Paris begeisterte (1889). Statt Kerzen benutzte man nun elektrische Lampen.

1791 Beim Sezieren eines Froschschenkels bemerkt Luigi Galvani einen elektrischen Impuls, der das Bein zucken ließ. Dies führt zur Entdeckung des elektrischen Stroms.

1800 Alessandro Volta baut die erste elektrische Batterie.

1823 Des Rechnens überdrüssig, entwickelt der Mathematiker Charles Babbage eine »analytische Maschine«, den Vorläufer des Computers.

1826 Joseph Niepce und Louis Daguerre entwickeln die früheste Form der Fotografie.

1831–36 Charles Darwin (rechts) erforscht Tiere in Südamerika und entwickelt die Theorie, dass natürliche Selektion zur Evolution führt.

1831 Michael Faraday erklärt, wie ein Magnet Elektrizität produziert; der elektrische Generator entsteht.

1842 Der amerikanische Chirurg Crawford Long verwendet Äther als Narkosemittel.

1844 Samuel Morse sendet das erste Telegramm über Drahtleitung von Washington nach Baltimore.

1856 Mit Henry Bessemers Konverter lässt sich Stahl billig und in großen Mengen produzieren.

1859 Darwin veröffentlicht sein evolutionstheoretisches Buch *Über die Entstehung der Arten.* Es ist sehr umstritten, weil es der Bibel widerspricht.

Medizin

Um 1900 lebten die Menschen länger als früher, und weniger Leute starben jung. Den größten Fortschritt in der Medizin erzielte der französische Chemiker Louis Pasteur, als er darüber nachdachte, warum Wein manchmal sauer wird. Er entdeckte, dass winzige Organismen daran schuld sind. Später bewies er, dass solche Organismen – Bakterien – Krankheiten verursachen. Nun konnte man die Menschen gegen viele Infektionskrankheiten impfen.

Um 1865 las der britische Chirurg Joseph Lister von Pasteurs Forschungen. Er vermutete, dass Bakterien auch für die Infektionen in der Chirurgie verantwortlich sein könnten, und entwickelte die ersten Antiseptika. Operationen wurden dadurch weniger gefährlich und, mit den neuen Narkosemitteln, auch weniger schmerzhaft.

▷ Eine der ersten Operationen, bei denen man Äther als Narkosemittel verwendete, um den Patient in Schlaf zu versetzen. (Dieses Bild wurde von Schauspielern gestellt.)

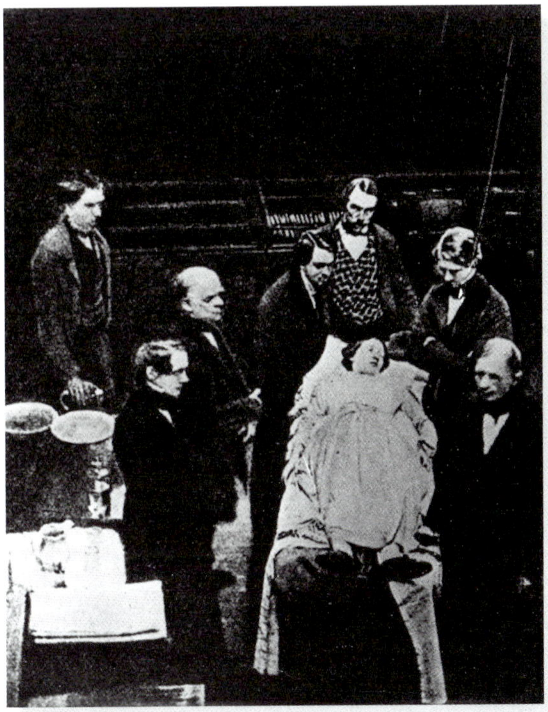

Gesundheit und Hygiene

Auch die Pflege in den Krankenhäusern wurde besser. Florence Nightingale gründete 1860 die erste moderne Schule für Krankenschwestern und beharrte darauf, dass Kranke außer guten Pflegern auch saubere Betten und gutes Essen benötigten. Die Arbeit von Pasteur und anderen zeigte, dass Schmutz die größte Ursache von Krankheit und schlechter Gesundheit ist, weil sich darin Bakterien vermehren. In den Industriestädten gab es lange kein sauberes Wasser, keine Abwasserkanäle und keine Straßenreinigung. Infektionskrankheiten breiteten sich rasch aus. 1848 hatte eine Choleraepidemie in England 130000 Menschen getötet. Langsam besserte sich nun die Wasserversorgung und neue Abflüsse und Abwasserkanäle wurden gebaut. Daraufhin verschwand die Cholera.

1860 Der französische Chemiker Louis Pasteur beweist, dass Krankheiten von Bakterien verursacht werden.

1876 Alexander Graham Bell erfindet das Telefon und ruft als Erstes seinen Assistenten im Nebenzimmer an: »Mr. Watson, kommen Sie bitte.«

1876 Der amerikanische Erfinder Thomas Edison baut einen Phonographen, den Vorläufer des Plattenspielers.

1885 Der deutsche Ingenieur Carl Benz baut eines der ersten Benzin betriebenen Autos (rechts).

1895 Der Beginn des Radios: Guglielmo Marconi sendet eine erste drahtlose Botschaft durch einen Garten. 1901 sendet er ein Signal über den Atlantik.

1895 Die französischen Gebrüder Lumière zeigen einen der ersten Spielfilme.

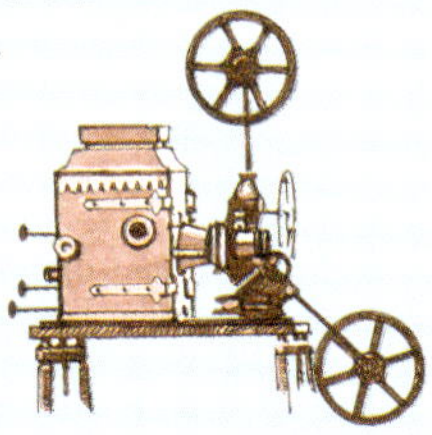

1895 Wilhelm von Röntgen entdeckt die Röntgenstrahlung.

Die Neuzeit

Die so genannte Neuzeit begann mit zwei Arten von Revolutionen. Die politischen Revolutionen in Nordamerika und Frankreich gründeten sich auf den Gedanken, dass Regierungen mit der Zustimmung des Volks herrschen sollten. In Amerika entstand infolgedessen eine Demokratie. Frankreich kehrte zwar zur Monarchie zurück, aber

	1775–1799	**1800–1819**	**1820–1839**
AMERIKA	**1776** Die amerikanische Unabhängigkeitserklärung wird unterzeichnet. **1782** Die Spanier schlagen einen Indianeraufstand in Peru nieder. **1783** Im Vertrag von Paris werden die Vereinigten Staaten von Amerika offiziell anerkannt.	 **1801** Thomas Jefferson (links) wird Präsident der USA. **1803** Die USA kaufen Louisiana von Frankreich. **1808** In Lateinamerika beginnen Unabhängigkeitskriege. **1819** Die USA kaufen Florida von Spanien.	**1823** Mexiko wird Republik. **1825** Simón Bolivar gründet den neuen Staat Bolivien. **1831** Zum ersten Mal verwendet man bei Operationen ein Narkosemittel. **1831** Nat Turner führt einen Sklavenaufstand in Virginia, USA, an.
EUROPA	**1781** Österreich schafft die Leibeigenschaft ab. **1789** Die französische Revolution bricht aus. **1792** Beginn der europäischen Kriege gegen das revolutionäre Frankreich. **1793** Frankreich führt das Dezimalsystem ein. Königin Marie-Antoinette (rechts) wird in Paris hingerichtet. **1795** Nach seiner dritten Teilung gibt es den polnischen Staat nicht mehr. 	**1804** Napoleon wird zum französischen Kaiser gekrönt. **1805** Die Briten besiegen die französische und die spanische Flotte in der Seeschlacht bei Trafalgar. **1812** Napoleon greift Russland an. **1815** Napoleon wird bei Waterloo besiegt. Der Wiener Kongress stellt die französische Monarchie wieder her. 	**1821** Die Griechen kämpfen für ihre Unabhängigkeit vom Osmanischen Reich. **1830** In vielen Ländern gibt es revolutionäre Aufstände. Belgien wird unabhängig. Die Eisenbahnlinie zwischen Liverpool und Manchester wird eröffnet (links). **1833** Die meisten deutschen Staaten schließen sich zum Deutschen Zollverein zusammen, wodurch die Handelszölle abgeschafft werden.
ASIEN und OZEANIEN	**1782** Rama I. gründet die Chakri-Dynastie in Thailand. **1788** Die erste britische Kolonie in Australien entsteht. **1796** Die Briten erobern Ceylon (Sri Lanka) von den Holländern. **1799** In Tonga bricht Bürgerkrieg aus. **1799** Ranjit Singh gründet im indischen Pandschab das Sikh-Reich.	**1803** Die Marathen kämpfen gegen die Ausweitung der britischen Herrschaft in Indien. **1810** Kamehameha I. vereint die hawaiianischen Inseln zu einem Königreich. **1818** Die Briten besiegen die Marathen und werden zur größten Macht in Indien. **1819** Der Brite Sir Stamford Raffles gründet Singapur.	**1824–26** Der erste birmanische Krieg mit Großbritannien. **1825** Die Indonesier rebellieren gegen die Holländer. **1829** Großbritannien beansprucht Westaustralien für sein Weltreich. **1837** Tokugawa Ieyoshi wird japanischer Shogun. Er herrscht bis 1853. 
AFRIKA und der NAHE OSTEN	**1776** Die Fulbe gründen muslimische Staaten in Westafrika. **1779** In Südafrika gibt es Krieg zwischen dem Volk der Xhosa und den Buren. **um 1790** Das Luanda-Reich in Zentralsüdafrika befindet sich auf seinem Höhepunkt. **1798** Napoleon greift Ägypten an. **1799** Französische Soldaten entdecken den Stein von Rosette, mit dessen Hilfe die antiken ägyptischen Hieroglyphen entschlüsselt werden können.	**um 1804** Die Fulbe dehnen ihre Herrschaft in Westafrika aus. **1805** Mehmed Ali herrscht bis 1849 in Ägypten. **1814** Großbritannien erhält die Herrschaft über die Kapkolonie. **1818** Chaka gründet das mächtige Zulu-Reich im südlichen Afrika. Dieser Schild aus Ochsenhaut (rechts) wurde von den Zulu angefertigt. 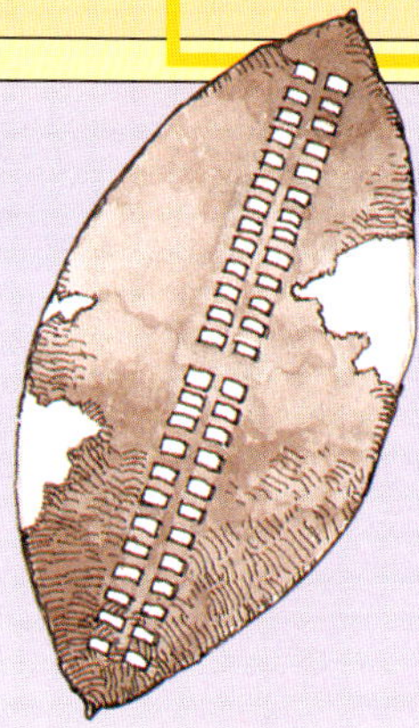	**1822** In Westafrika gründen die USA Liberia, eine Kolonie für befreite Sklaven. **1824** Der erste Krieg der Aschanti gegen die Briten bricht aus. **1835** Mit dem »großen Treck« verlassen die südafrikanischen Buren die Kapkolonie. **1836** Die Buren besiegen die Zulu in der Schlacht am Ncome (»Blutfluss«).

der Gedanke der Gleichberechtigung aller blieb erhalten. Ebenso wichtig war die industrielle Revolution, die das Leben von Millionen von Menschen veränderte und einigen wenigen großen Reichtum brachte. Beide Revolutionen fanden hauptsächlich im Westen statt. Um 1899 befanden sich große Teile Asiens und Afrikas unter europäischer Herrschaft.

1840–1859	1860–1879	1880–1899
1840 Ober- und Unterkanada werden vereint und stehen ab 1841 unter Selbstverwaltung. **1848** Die USA erhalten Texas, Neu-Mexiko und Kalifornien von Mexiko. **1848** In Kalifornien wird Gold gefunden. **1859** In Pennsylvanien wird die erste Ölquelle der USA erschlossen.	**1861** Ausbruch des amerikanischen Bürgerkriegs. **1867** Die USA kaufen Alaska von Russland. Kanada wird zum selbstverwalteten britischen Dominion. **1869** Die erste Eisenbahn durch Nordamerika wird gebaut. **1876** Alexander Bell erfindet das Telefon.	**1876** Die Sioux besiegen am Little Bighorn in Montana die US-Armee unter dem Kommando von General Custer. Pfeil und Bogen der Sioux (links). **1886** Ende der »Indianerkriege« in den USA.
1840 Großbritannien führt die Briefmarke ein. **1845** Irland leidet unter einer schlimmen Hungersnot. **1848** Jahr der Revolutionen; es kommt überall in Europa zu Aufständen. **1852** In Frankreich scheitert die Zweite Republik. **1854** Ausbruch des Krimkriegs. **1857** In Irland wird die Irisch-Republikanische Brüderschaft gegründet, die für die Unabhängigkeit von Großbritannien kämpft. **1859** Darwins *Über die Entstehung der Arten* wird in England veröffentlicht.	**1861** Italien wird vereint und erhält die Unabhängigkeit. In Russland wird die Leibeigenschaft abgeschafft. **1864** Preußen erhält Schleswig-Holstein von Dänemark. **1866** Österreich unterliegt im Krieg mit Preußen. **1867** Ungarn erhält unter dem österreichischen Kaiser die Selbstverwaltung. **1870** Frankreich unterliegt im Krieg gegen Preußen. **1871** Der preußische König wird Kaiser von Deutschland. In Frankreich beginnt die Dritte Republik. Die Armee zerschlägt in Paris die revolutionäre Kommune. **1878** Der Berliner Kongress etabliert die Unabhängigkeit der Balkanstaaten vom Osmanischen Reich.	**1885** Der Deutsche Carl Benz verkauft als Erster Autos. **1889** In Paris wird der Eiffelturm (rechts) gebaut. **1890** Luxemburg erhält die Unabhängigkeit von den Niederlanden.
1840 Großbritannien erhält Neuseeland durch den Vertrag von Waitingi. **1842** Großbritannien erobert im ersten Opiumkrieg Hongkong von China. **um 1845** Die Briten erobern die wichtigsten Staaten in Nordindien. **1851** In China bricht der Taiping-Aufstand gegen die Qing aus. **1854** Die USA zwingen Japan, seine Häfen für den internationalen Handel zu öffnen. **1857** Indien rebelliert gegen die britische Herrschaft. **1858** Der zweite Opiumkrieg zwingt China zu Zugeständnissen ans Ausland.	**1861** In Australien erhalten Frauen das Wahlrecht. **1863** Frankreich erobert Indochina in Südostasien. **1865** König Kojong führt Reformen in Korea durch. **1865** In Neuseeland wird der Regierungssitz von Auckland nach Wellington verlegt. **1868** In Thailand besteigt Rama V. den Thron. Er regiert bis 1910 und führt viele Reformen durch.	**1885** Die indische Kongresspartei wird gegründet. **1893** In Neuseeland erhalten Frauen das Wahlrecht. **1894** Korea wird nach dem Krieg zwischen Japan und China unabhängig. **1898** Im Krieg gegen Spanien erhalten die USA Puerto Rico und die Philippinen.
1843 Die Briten nehmen Natal als Kolonie in ihr Reich auf. **1848** Algerien wird zum französischen Gebiet erklärt. **1853–56** Livingstone durchquert Afrika und erreicht die Victoriafälle (rechts).	**1869** Eröffnung des Sueskanals, der das Rote Meer mit dem Mittelmeer verbindet. **um 1870** Samori Turé (rechts) errichtet ein riesiges Handelsreich in der oberen Nigerregion. **1879** Die Zulu kämpfen gegen die Briten. **1879** Die Briten übernehmen die Herrschaft über Afghanistan.	**1881–98** Der Großteil Afrikas gerät unter europäische Kolonialherrschaft. **1881** Die Franzosen erobern Tunesien. **1882** Die Briten erobern Ägypten. **1885** Der Kongo wird zum persönlichen Eigentum des belgischen Königs. **1886** Goldfunde im Transvaal führen zur Gründung von Johannesburg. **1899** Ausbruch des Burenkriegs (bis 1902) in Südafrika zwischen Buren und Briten.

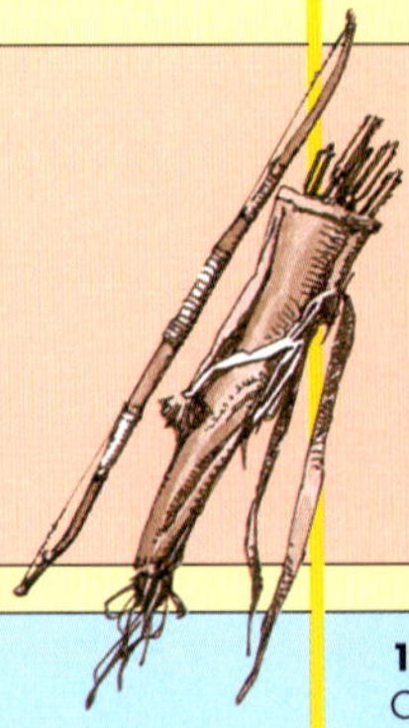

Wichtige Namen

Bolívar, Simón (1783–1830), südamerikanischer General und Staatsmann, »der Befreier« genannt. Er übernahm das Kommando über die Armeen von Venezuela nach der Unabhängigkeit von Spanien und vertrieb die Spanier schließlich. Er wurde auch Präsident von Kolumbien, Venezuela und Ecuador und befreite Peru und Bolivien (das nach ihm benannt wurde).

Bismarck, Otto von (1815–98), deutscher Staatsmann. Von 1862 an leitete er die preußische Regierung. Er wollte die Macht Preußens vergrößern und den österreichischen Einfluss auf Deutschland schmälern. Einige schnelle und siegreiche Kriege führten zur Niederlage Frankreichs (1870–71) und der Gründung eines Deutschen Reichs mit dem preußischen König als Kaiser und Bismarck als Kanzler.

Cavour, Graf Camillo (1810–61), italienischer Staatsmann. Mithilfe des geschickten Diplomaten erhielt Sardinien, der einzige unabhängige italienische Staat, Mitte des 18. Jahrhunderts Einfluss auf die europäische Politik. Um 1860 wurde er zum Führer Norditaliens im Kampf um Italiens Einheit und Unabhängigkeit, der mit der Hilfe Garibaldis im Süden 1861 siegreich endete.

Darwin, Charles (1809–82), britischer Biologe. Mit 22 arbeitete er als einziger Wissenschaftler auf der »Beagle«, einem kleinen Schiff auf fünfjähriger Entdeckungsfahrt, hauptsächlich in südamerikanischen Gewässern. Seine Forschungen brachten ihn zu dem bedeutsamen Schluss, dass die Evolution auf dem Prinzip der »natürlichen Selektion« beruht.

Garibaldi, Giuseppe (1807–82), italienischer Nationalist und Freiheitskämpfer. Nach seinem Kampf gegen die Österreicher in Italien flüchtete er nach Südamerika, um der Exekution zu entgehen. Nach seiner Rückkehr kämpfte er in der Revolution von 1848, die jedoch erfolglos war. 1860 führte er 1000 Freiwillige in den Kampf gegen die Bourbonenherrschaft in Sizilien und befreite Süditalien.

Lee, Robert E. (1807–70), Oberbefehlshaber der Streitkräfte der Konföderation (Südstaaten) im amerikanischen Bürgerkrieg. Ihm gefiel weder die Sklaverei, noch wollte er die Union spalten, aber er war ein treuer Südstaatler. Er war der beste General in diesem Krieg, aber die Union hatte mehr Geld und mehr Soldaten, und so wurde Lee schließlich besiegt.

Lincoln, Abraham (1809–65), Präsident der USA. Der Anwalt aus einer Kleinstadt war ein mitreißender Redner und ein großartiger Führer. 1860 wurde er für die neue republikanische Partei zum Präsidenten der USA. Er führte die Union im Bürgerkrieg und beendete die Sklaverei. Nach seiner Wiederwahl 1864 wurde er von einem Südstaatenanhänger ermordet.

Marx, Karl (1818–83), deutscher Philosoph, Begründer des revolutionären Sozialismus. Er schrieb 1848 mit seinem Partner Friedrich Engels *Das kommunistische Manifest*, in dem er die Arbeiterklasse zur Revolution aufrief. Um seiner Verhaftung zu entgehen, zog er nach London. Der »Marxismus« wurde international sehr einflussreich, nicht nur unter Kommunisten.

Morse, Samuel (1791–1872), amerikanischer Erfinder. 1833 entwickelte er einen elektromagnetischen Telegrafen, der Botschaften sofort per Draht übermittelte. 1843 errichtete er die erste amerikanische Telegrafenlinie von Washington nach Baltimore. Heute kennt man ihn besonders wegen des Morsealphabets, einem Signalsystem aus Punkten und Strichen.

Napoleon (1769–1821), französischer Kaiser, geboren als Napoleon Bonaparte. Er war Ende des 18. Jahrhunderts ein gefeierter General. Dann wurde er Herrscher von Frankreich und 1805 sogar zum Kaiser gekrönt. Als letzter großer Eroberer überrannte er den europäischen Kontinent, bevor er bei der Eroberung Russlands scheiterte. Er brachte den Europäern aber nicht nur Krieg, sondern auch den Freiheitsgedanken. Er starb im Exil.

Napoleon III. (1808–73), Neffe von Napoleon I., wurde nach der Revolution 1848 zum Präsidenten gewählt. 1851 schaffte er die republikanische Verfassung Frankreichs ab und wurde Kaiser. Er war ein toleranter Herrscher und unterstützte Freiheitsbewegungen in anderen Ländern. Nach der vernichtenden Niederlage gegen Preußen 1870–71 endete seine Herrschaft.

Nightingale, Florence (1820–1910), Begründerin der professionellen Krankenpflege. Sie wurde bekannt, als sie im Krimkrieg ein Krankenhaus für verwundete Soldaten neu organisierte. Aufgrund der besseren Versorgung starben weniger Männer an ihren Wunden. Zurück in England gründete sie eine Schwesternschule in London.

Pasteur, Louis (1822–95), französischer Chemiker und Begründer der Mikrobiologie. Er entdeckte, dass Krankheiten von Keimen oder Bakterien verursacht werden. So entstand das »Pasteurisieren«: das Abtöten von Keimen in der Milch durch Hitze. Auf Grund von Pasteurs Theorie erkannten die Menschen, wie wichtig Hygiene ist. Das rettete Millionen von Leben.

Sun Yatsen (1866–1925), chinesischer Nationalistenführer. Der Arzt war der Anführer der Kuomintang (Nationalisten). Nach dem Sturz des Kaisers (1911) wurde er zwar Präsident der chinesischen Republik, aber nicht von ganz China, weil es erst nach seinem Tod vereinigt wurde.

Washington, George (1732–99), amerikanischer Staatsmann. Der Landbesitzer aus Virginia kämpfte im Kolonialkrieg gegen die Franzosen und wurde zum Befehlshaber der kolonialen Armee ernannt, die 1775 gegen die britische Herrschaft kämpfte. Nach dem Sieg wurde er der erste gewählte amerikanische Präsident (1789–97).

Watt, James (1736–1819), britischer Erfinder. Während der Reparatur einer frühen Dampfmaschine entdeckte Watt, wie sich ihre Leistung durch den Einbau eines getrennten Kondensators für den Dampf enorm steigern ließ. Mit seiner noch weiter verbesserten Dampfmaschine von 1769 wurden die Maschinen der industriellen Revolution angetrieben.

Viktoria (1819–1901), englische Königin. Sie war unter anderem auch Kaiserin von Indien und regierte das britische Reich während seiner Blütezeit (1837–1901). Obwohl sie wenig realen Einfluss hatte, galt sie dennoch als Symbol nationaler Einheit. Ihre Herrschaft war die längste in der englischen Geschichte.

Voltaire (1694–1778), französischer Schriftsteller. Er war ein führender Philosoph und hatte radikale Ansichten über Religion und Politik. Seine Meinung brachte ihn oft mit der Regierung und der Kirche in Konflikt. Neben dem Schreiben satirischer Bücher wie *Candide* war Voltaire auch an der Entstehung der ersten französischen Enzyklopädie beteiligt.

Das 20. Jahrhundert

Die Welt um 1900

Um 1900 wurde die Welt von den reichen Länder des Westens dominiert. Es war eine Zeit des Friedens, aber die Welt war weitaus weniger sicher, als es den Anschein hatte. Die Weltwirtschaft durchlief Hochs und Tiefs, und in Europa spalteten sich die gegnerischen Mächte in zwei feindliche Lager.

Der Zustand der Welt

Die größte Veränderung seit 1800 war der Aufstieg der Industrie gewesen, durch den die westlichen Nationen so reich und mächtig geworden waren. Die Menschen konnten in viel kürzerer Zeit an fast alle Orte der Welt reisen, und durch das Radio verbreiteten sich Nachrichten innerhalb weniger Minuten um die ganze Welt. Für die Armen jedoch änderte sich das Leben kaum, auch nicht in den europäischen Ländern. In Europa gab es nach wie vor große Unterschiede zwischen den einzelnen Staaten, und ihre Streitigkeiten stürzten die Welt schon bald in einen Krieg.

△ Der Sport wurde international, nachdem man sich auf einheitliche Spielregeln, zum Beispiel beim Fußball, geeinigt hatte. Anders als bei den Mannschaftssportarten verliefen die Wettkämpfe bei den ersten modernen Olympischen Spielen 1896 noch fast so wie im antiken Griechenland.

Die mexikanische Revolution

Im Jahr 1910 wurde der mexikanische Diktator Porfirio Diaz nach 30-jähriger Herrschaft vertrieben. Die Revolution dauerte 10 Jahre. Man stritt sich um Land, das fast nur einigen wenigen Großgrundbesitzern gehörte und von dem auch andere einen Teil verlangten. Führer kamen und gingen, nicht nur Landbesitzer und Generäle, sondern auch Männer wie Pancho Villa, der die Viehhirten anführte. Emiliano Zapata befehligte die Bauern, die das Land bebauten, aber nichts davon besaßen. 1920 wurde Mexiko unter einer neuen Regierung wieder vereinigt.

▽ Für die reichen Leute, die 1900 die Weltausstellung in Paris besuchten, war die Welt friedlich und voller Wohlstand. Sie erwarteten ein ruhiges und komfortables Leben. Aber das 20. Jahrhundert wurde durch viele schreckliche Ereignisse erschüttert.

Die Macht des Geldes

Europas Vorherrschaft in der Weltwirtschaft beruhte hauptsächlich auf der Macht und dem Reichtum Großbritanniens. Die britische Marine herrschte über die Meere und sicherte die Schiffsrouten. London war das Weltzentrum von Banken und Wirtschaft. Die Eisenbahnschienen Südamerikas wurden mit britischem Geld (und oft von britischen Ingenieuren) gebaut. Die industrielle Entwicklung in anderen Ländern, darunter auch die der USA, wurde größtenteils von Großbritannien und anderen reichen, europäischen Staaten, nicht zuletzt Frankreich, finanziert. Das Geld für Russlands industrielle Entwicklung stammte zum größeren Teil von französischen Unternehmen.

Nur wenige Menschen, hauptsächlich die westliche Mittelschicht, profitierten von Europas wirtschaftlichem Erfolg. Die ökonomischen Schwankungen konnten einen Unternehmer reich machen und gleichzeitig einen anderen in den Ruin treiben. Ein Fabrikarbeiter musste immer Angst haben, seine Arbeit zu verlieren. Im 19. Jahrhundert wollten die meisten Regierungen sich nicht in die Wirtschaft einmischen, weil sie davon ausgingen, dass der freie Wettbewerb die Preise möglichst niedrig hielt. Das funktionierte jedoch nicht immer, da sich manche Unternehmen zu Wirtschaftsimperien zusammenschlossen.

Westliche Selbstsicherheit

Weil Europa so reich und mächtig war, glaubten viele Europäer, dass ihre Lebensweise viel fortschrittlicher sei als die der Nichteuropäer. Darum wollten sie ihre erfolgreiche Kultur auch an die anderen Völker der Welt weitergeben. Manche Leute warnten jedoch davor, dass die europäische Zivilisation auf einen Zusammenbruch zusteuere.

▽ Um 1914 gab es in fast allen europäischen Ländern kostenlosen Grundschulunterricht für die Kinder.

Spannungen in Europa

Deutschland hatte um 1900 Großbritannien als größte Industriemacht Europas abgelöst. Seine Nachbarn, Frankreich und Russland, fürchteten das neue Deutsche Reich und verbündeten sich miteinander. Deutschland fühlte sich davon bedroht und schloss daraufhin mit Österreich und Italien ein Bündnis. Es hatte eine gut ausgerüstete Armee, dazu verstärkte es seine Marine, um die Briten herauszufordern. Außerdem wollten sich die Deutschen noch mehr afrikanische Kolonien sichern. Es kam zu mehreren ernsthaften internationalen Zwischenfällen, die an den Rand des Kriegs zwischen den gegnerischen Parteien führten.

Die gefährlichste Region war der Balkan, die kleinen Länder Südosteuropas, die sich vom Osmanischen Reich befreit hatten. Besonders Serbien und Bulgarien konkurrierten miteinander um Land und Macht. Österreich und Russland strebten ebenfalls beide nach Einfluss in der Region. Die beiden Balkankriege 1912–13 machten Serbien zum mächtigsten Staat auf dem Balkan. Das beunruhigte Österreich, weil die Serben nach Herkunft und Religion eng mit Russland verbunden waren.

Der Erste Weltkrieg

Zum ersten Mal seit 100 Jahren war wieder ganz Europa in einen Krieg verwickelt. Alle wehrtauglichen Männer mussten in diesem Weltkrieg kämpfen, der mit den Waffen und Sprengstoffen der modernen Industrie geführt wurde. In keinem Krieg zuvor starben so viele Soldaten wie in diesem.

△ Europa im Ersten Weltkrieg. Die Staaten hatten aus Sicherheitsgründen Bündnisse untereinander geschlossen. Ein kleiner Vorfall löste den Krieg aus.

Das Attentat in Sarajevo

Im Juni 1914 wurde der österreichische Kronprinz in der bosnischen Stadt Sarajevo von einem serbischen Attentäter ermordet. Österreich gab der serbischen Regierung die Schuld daran und erklärte Serbien den Krieg. Daraufhin kam Russland den Serben zu Hilfe, während Deutschland Österreich unterstützte. Weil Frankreich mit Russland verbündet war, wurde es von den Deutschen angegriffen. Daraufhin kam England den Franzosen zu Hilfe.

Ein Weltkrieg

Nun wurden auch andere Länder in den Krieg hineingezogen. Italien schloss sich den Alliierten (England und Frankreich) an und bekämpfte Österreich in Südeuropa. Russland zog sich nach der Revolution 1917 vom Kampf zurück, aber dafür griffen die USA und Japan aufseiten der Alliierten in den Krieg ein. Die Türkei dagegen verbündete sich mit den Mittelmächten (Österreich und Deutschland). Obwohl die schlimmsten Gefechte in Europa stattfanden, gab es auch einige Kämpfe in der Türkei. Die Araber rebellierten mit britischer Unterstützung erfolgreich gegen ihre türkischen Herrscher.

Die Schützengräben

Die Menschen glaubten, dass der Krieg schnell beendet sein würde, aber die Kämpfe zogen sich in die Länge. Die Soldaten saßen sich in Schützengräben gegenüber. Direkte Angriffe auf den Gegner waren wegen der Feuerkraft der Maschinengewehre und Granaten fast unmöglich. Die Generäle konnten deshalb zunächst keine andere Strategie anwenden. Sie versuchten es schließlich mit Giftgas, aber dazu musste der Wind in die richtige Richtung wehen. Später wurden auch Panzer eingesetzt.

Als deutsche U-Boote auch Schiffe anderer Nationen und harmlose Passagierschiffe angriffen, mischten sich auch die USA in den Krieg ein. 1916 kam es im Skagerrak zur einzigen großen Seeschlacht zwischen der mächtigen britischen Flotte und den Deutschen. 1918 waren die europäischen Staaten völlig erschöpft. Die deutsche Bevölkerung hungerte, und in Frankreich meuterten die Soldaten. Als im November in Deutschland eine Revolte ausbrach, während gleichzeitig die Flotte meuterte, musste Deutschland sich ergeben.

Die Heimatfront

In früheren Kriegen kämpften meistens Berufsarmeen gegeneinander, während das Leben in der Heimat manchmal fast wie gewohnt weiterging. Im Ersten Weltkrieg kämpfte jedoch die ganzen Nation. Da fast alle jungen Männer in den Krieg mussten, übernahmen die Frauen die Männerarbeit, vor allem in den Waffenfabriken, aber auch auf Bauernhöfen und in anderen Bereichen. Sie arbeiteten genauso hart wie Männer, manchmal noch härter. Dadurch wurde die Gleichberechtigung der Frauen enorm gefördert.

◁ Frauen arbeiten in einer Flugzeugfabrik im Jahr 1917. Es war der erste Krieg, in dem Flugzeuge eine wichtige Rolle spielten.

△ Die frühen Panzer gingen oft kaputt und es gab nur wenige davon. Aber die Militärs erkannten, dass man mit ihnen vielleicht das schreckliche Patt des Stellungskriegs beenden könnte.

Gewinner und Verlierer

Über 15 Millionen Menschen starben im Krieg. Danach war Deutschland praktisch zerschlagen, Frankreich ging es nicht viel besser, und die Alliierten hatten hohe Schulden, hauptsächlich bei den USA. Neue Staaten wie die Tschechoslowakei und Jugoslawien wurden gegründet, während das Osmanische Reich aufgelöst und französischer beziehungsweise britischer Verwaltung unterstellt wurde. Einigen Ländern, zum Beispiel Syrien, wurde die Unabhängigkeit versprochen. Der eigentliche »Gewinner« waren die USA. Dort hatte der Krieg das industrielle Wachstum so beschleunigt, dass sie 1918 die stärkste Weltmacht waren. Die Siegermächte gaben Deutschland die Kriegsschuld und verlangten von der neuen deutschen Republik riesige Summen als Schadensersatz. Dadurch konnte Deutschland sich nur schwer erholen.

◁ Abgesehen von Ratten, Dreck, Granaten und Giftgas waren die Soldaten in ihren Schützengräben sicher. Aber bei einem Angriff wurden sie leicht getötet. 1915 starben etwa 2 Millionen britischer und französischer Soldaten in der Schlacht an der Somme. Die Soldaten schafften es höchstens knapp 5 Kilometer auf feindliches Gebiet vorzudringen.

Der Aufstand der Iren

Ostern 1916 rebellierten die irischen Republikaner gegen die britische Herrschaft. Der Osteraufstand wurde schnell niedergeschlagen, aber viele Iren schlossen sich nun den Nationalisten an. Die republikanische Partei Sinn Fein gewann viele Sitze bei den Wahlen und bildete eine Regierung im Untergrund. Nach drei Jahren voller Gewalt stimmte England 1921 zu, dass Irland eine eigene Regierung bekam. Allerdings weigerten sich sechs überwiegend protestantische Grafschaften im Norden, dem katholischen Freistaat beizutreten.

Die Russische Revolution

Im Jahr 1917 stürzten die Russen ihren Herrscher, den Zaren, durch eine Revolution. Es entstand ein völlig neues Regierungssystem, das auf der Ideologie des Kommunismus aufzubauen versuchte. Eigentlich sollte die Macht nun bei den Arbeitern liegen, aber stattdessen beherrschte der Terror einiger weniger Männer das Land.

Die Bolschewiki

Die Bolschewiki, unter Führung von Wladimir Iljitsch Lenin (links), waren Anhänger von Karl Marx, dem Begründer des Kommunismus. Sie glaubten an eine Revolution der Arbeiterschicht, durch die aller Besitz dem Staat zufallen würde (»Verstaatlichung«). Dann gäbe es kein Reich und Arm, keine Herren und Diener mehr, und alle Menschen wären gleich. Die Bolschewiki waren eine kleine, aber gut organisierte Gruppe. Sie dominierten die Arbeiterräte in den großen Städten, Sowjets genannt. Dadurch gelang es ihnen, die Regierung zu stürzen.

Vor der Revolution

Um 1900 war Russland im Vergleich zu Westeuropa ein rückständiges Land. Es ähnelte Frankreich vor der Französischen Revolution. Die Bauern waren zwar keine Leibeigenen mehr, aber sie lebten immer noch in armen und primitiven Verhältnissen. Sie hatten kein Mitspracherecht an der Regierung, die darüberhinaus unfähig und korrupt war. Selbst der Zar, der eigentlich allmächtig sein sollte, hatte kaum noch Macht. In den Städten häuften sich Streiks und Krawalle. Gebildete Leute forderten tief greifende Reformen.

1905 führte Russlands schmachvolle Niederlage im Krieg gegen Japan zu einem Aufstand. Der Zar versprach mehr Demokratie, aber es änderte sich nichts. Als es den Russen 1917 im Ersten Weltkrieg sehr schlecht ging, brach wieder eine Revolte aus. Diesmal wurde der Zar abgesetzt und eine Republik ausgerufen. Sechs Monate später eroberten die Bolschewiki durch eine zweite Revolution die Regierung. Russland wurde zur Union der Sozialistischen Sowjetrepubliken (UdSSR), auch Sowjetunion genannt.

▷ November 1917: Die Roten Garden der Bolschewiki stürmten den Winterpalast in St. Petersburg. Die Regierung ergab sich zunächst, später kam es jedoch zu Kämpfen.

Bürgerkrieg

Nach der Revolution schlossen die Bolschewiki mit Deutschland Frieden. Trotzdem gab es im Innern keine Ruhe. Die Gegner der Bolschewiki kämpften mit Hilfe aus dem Ausland drei Jahre gegen die »Rote Armee«, die Lenins Weggefährte Trotzki aufgebaut hatte.

Die Bolschewiki erwarteten, dass nun überall in Europa die kommunistische Revolution ausbrechen werde, aber nichts geschah, außer einer kleinen Revolte in Deutschland. Allerdings gab es in anderen Länder ebenfalls kommunistische Parteien, die als Verbündete der Sowjetunion auf eine internationale Revolution hinarbeiteten.

▷ Ein Angeklagter mit seinen Anklägern vor Gericht im Jahr 1931. Um ihre Familien vor Bestrafung zu retten, gestanden auch Unschuldige »Verbrechen gegen den Staat«.

△ Die einzige erlaubte Kunst in der UdSSR bestand aus Propaganda für den Arbeiterstaat. Auf diesem 1. Mai-Plakat marschieren Arbeiter über Symbole, die das alte zaristische Russland repräsentieren.

Russland unter Stalin

Nach dem Tod Lenins verstärkte der Parteisekretär Josef Stalin die Macht der Kommunisten, indem er alle anderen Parteien verbot. 1930 war Stalin bereits mächtiger als früher die Zaren. Er baute eine mächtige, sehr tüchtige Geheimpolizei auf, die seine Schreckensherrschaft stützte. Er behandelte seine Gegner wie Verräter und ließ Millionen von Menschen hinrichten oder schickte sie in Gefangenenlager nach Sibirien.

Stalin organisierte die UdSSR unter dem Kommunismus völlig neu. In der Landwirtschaft wurden unabhängige Bauernhöfe zu riesigen »Kolchosen« zusammengefasst, die von Parteibeamten schlecht verwaltet wurden. Millionen von Menschen starben an Hunger. Stalin war fest entschlossen, die UdSSR in eine Industriemacht zu verwandeln, die den USA ebenbürtig sein sollte. Die Industrie wuchs zwar tatsächlich, aber wie in der Landwirtschaft wurde nur der Staat mächtiger, während es den Arbeitern nicht besser ging. Nur Parteibeamte führten unter Stalin ein gutes Leben.

Zwischen den Weltkriegen

Der Krieg verschlimmerte Europas Probleme noch. Nach 1918 barg Europa mehr Gefahren denn je. Die demokratischen Regierungen vermochten nicht, den Bürgern in ihrer Not zu helfen. Einige Menschen befürworteten daher einen Kommunismus nach sowjetischem Vorbild, andere dagegen die extremen Formen des Nationalismus.

△ In den Zwanzigerjahren wollten die Menschen den Krieg vergessen und sich amüsieren. Besonders Frauen spürten ein neues Gefühl der Freiheit. Durch den Krieg waren sie unabhängiger geworden.

▽ Mit der Weltwirtschaftskrise endete der Spaß. Ehrbare Amerikaner verloren ihre Arbeit, ihre Ersparnisse und ihr Eigentum. Sie mussten in Elendsquartieren wie diesem in Seattle, Washington, leben.

Die Zwanzigerjahre

Der Lebensstandard im Westen verbesserte sich in den Zwanzigerjahren, dem Zeitalter des Jazz, der Nachtklubs und Kinos. Das amerikanische Auto Ford »Modell T« war das erste massenproduzierte Auto, das sich auch normale Familien leisten konnten. Mehr Frauen gingen arbeiten, auch wenn es kaum Anwältinnen oder Ärztinnen gab. Immerhin hatten sie auch als untere Angestellte mehr Geld und Unabhängigkeit als vor 1914 – damals konnten Frauen fast nur als Dienstmädchen arbeiten. Es gab nun zwar weniger Dienstpersonal, doch machten Geräte wie der Staubsauger und Gas- oder Elektroherde die Hausarbeit einfacher.

Die Weltwirtschaftskrise

Die kapitalistische Wirtschaft erlebte Aufschwünge und Einbrüche. Die bislang schwerste Krise begann 1929, als die Aktienwerte an der New Yorker Börse rapide fielen. Die Folgen waren überall bald zu spüren. Banken und Unternehmen brachen zusammen. Reiche Leute besaßen ganz plötzlich keinen Pfennig mehr. Die Weltwirtschaftskrise betraf auch die nicht industriellen Länder, weil es nun fast keinen Markt mehr für ihre Rohstoffexporte gab. Die Kommunisten glaubten, dass nun das ganze kapitalistische System zusammenbrechen werde, so wie Marx es vorhergesagt hatte. Aber Mitte der Dreißigerjahre erholte sich die Wirtschaft wieder.

△ Der Faschistenführer Mussolini hielt sich für eine Art modernen römischen Kaiser. Faschisten glaubten an den Ruhm und die Ehre der Nation. Sie scherten sich nicht um Menschenrechte.

Der Faschismus

In Ländern wie Italien und Deutschland verursachten der Krieg und die Bedingungen des Friedensvertrags (1919) ernsthafte Probleme. Die demokratischen Regierungen waren offenbar nicht in der Lage, sie zu lösen. Darum fühlten sich viele Menschen von extrem nationalistischen Parteien angezogen. In Italien kamen 1922 durch den »Marsch auf Rom« die Faschisten unter Mussolini an die Macht. Mussolini beendete die Demokratie und ernannte sich selbst zum Diktator. Er versprach, Italien stark und mächtig zu machen. Die Eroberung Äthiopiens sollte der Beginn eines italienischen Reiches in Afrika sein.

Der spanische Bürgerkrieg

Spanien wurde 1931 zur Republik, aber das Land war in unterschiedliche Gruppierungen gespalten. Die Regierung verabschiedete Reformen und widerrief sie gleich wieder. Es gab Proteste, Unruhen und Aufstände. Die Regierung verlor die Kontrolle und eine aufständische Armee zettelte einen dreijährigen Bürgerkrieg an (1936–39). Sozialisten, Kommunisten und andere linksgerichtete Gruppen unterstützten die Regierung. Die Kirche, die Landbesitzer und die Armee halfen dagegen den Rebellen, die auch Beistand von Hitler und Mussolini erhielten. General Francos Sieg führte zu einer faschistischen Diktatur, die bis zu seinem Tod 1975 andauerte.

Die Nazionalsozialisten

Adolf Hitler war der Anführer der deutschen Nationalsozialisten (NSDAP). Wie Mussolini gewann auch er Stimmen, weil er versprach, die schweren Probleme des Landes zu lösen. Doch dann schaffte er das Parlament ab und machte sich zum Diktator, unterstützt von einer brutalen Geheimpolizei. Die Gegner der »Nazis« wurden ausgeschaltet, wenn nötig auch ermordet. Die Nazis waren extreme Rassisten. Sie hassten Juden, Zigeuner, Slawen und andere, die ihrer Meinung nach zu »minderwertigen« Rassen gehörten. Hitler verkündete ein neues Deutsches Reich und machte das Land wieder stark. Er baute Heer, Marine und Luftwaffe auf, obwohl dies im Friedensvertrag von 1919 verboten worden war.

Der Faschismus im Fernen Osten

Auch in anderen Ländern wie Spanien und Argentinien begann in den Dreißigerjahren eine faschistische Herrschaft. Auch in Japan vertraten viele Offiziere der Armee faschistische Gedanken. Viele Japaner glaubten, dass Japans wirtschaftliche Probleme nur mit Gewalt zu lösen seien. Die Regierung war schwach, und die Gewalt nahm zu. Zwischen 1918 und 1932 wurden drei Premierminister ermordet. Militärbeamte gewannen immer mehr Einfluss auf die Regierung. 1931 eroberte die Armee die chinesische Mandschurei, was nach weiteren Angriffen zum Krieg mit China führte. Japan hatte Abkommen mit Deutschland und Italien getroffen, und als 1939 in Europa der Zweite Weltkrieg ausbrach, nutzte es die Gelegenheit und überfiel französische und britische Kolonien in Südostasien.

Kunst und Unterhaltung

Ende des 19. Jahrhunderts veränderten sich Kunst, Musik und Literatur, besonders im Westen. Gleichzeitig entstanden neue Formen der Unterhaltung für die Bürger, die mittlerweile gebildeter waren, mehr verdienten und mehr Zeit für Hobbies und Freizeit hatten als früher.

△ Pablo Picasso (1881–1973) galt als der berühmteste Maler des 20. Jahrhunderts. Einige Leute sagten, seine Kunst sei hässlich und wirklichkeitsfremd. Aber Künstler wollten keine realistischen Bilder mehr malen.

Malerei und Bildhauerei

Um 1900 wandten sich viele Künstler von der traditionellen europäischen Kunst ab, die sich seit der Renaissance kaum verändert hatte. Da man mittlerweile für ein wirklichkeitsgetreues Bild der Welt nur ein Photo zu machen brauchte, experimentierten die Künstler mit neuen Arten der Wahrnehmung. Daraus entstand unter anderem die abstrakte Kunst mit Formen und Farben, die es in der Natur nicht gab.

Architektur

Auch die Architekten interessierten sich seit den Zwanzigerjahren nicht mehr für die alten Baustile. Ein Gebäude sollte nicht allein dekorativ sein; sein Zweck sollte sich auch in der Form widerspiegeln, selbst wenn es sich beispielsweise um ein Schlachthaus handelte. Dafür standen nicht nur neue Materialien wie Beton, Glas und Stahl zur Verfügung, sondern auch neue Bautechniken. Es entstanden beeindruckende Gebäude, die ganz anders aussahen als die Häuser früher. Billiger gebaute Bauwerke, die nach dem Zweiten Weltkrieg in diesem modernen Stil hochgezogen wurden, fanden keinen großen Anklang. Darum waren in den Neunzigerjahren des 20. Jahrhunderts die schönsten Neubauten wieder etwas weniger streng in ihrer Form.

◁ In den Städten der Welt entstanden zwischen den alten, dekorativen Häusern riesige Neubauten, die aus neuen Materialien bestanden. Dieses Hochhaus steht in Kuala Lumpur in Malaysia.

Literatur

Der Wunsch nach Experimenten beeinflusste alle Künste. Experimentelle Schriftsteller erzählten keine Geschichten mehr, sondern versuchten, sich in die Gedanken und die Gefühle ihrer Figuren hineinzuversetzen. Andere Autoren experimentierten mit der Sprache an sich. Ein berühmtes Beispiel dafür ist der Roman *Finnegans Wake* (1939) von James Joyce.

Gleichzeitig waren die Menschen gebildeter und hatten mehr Freizeit, sodass es nun Millionen neuer Leser gab, die nach einfacheren Geschichten verlangten. Diese Nachfrage führte zu neuen Formen der Unterhaltungsliteratur wie Kriminalromanen oder Sciencefictionbüchern. Trotz der Vielfalt an anderen Unterhaltungsmöglichkeiten wurden im 20. Jahrhundert immer mehr Bücher veröffentlicht.

△ Die Beatles waren vier Jungs aus dem englischen Liverpool, die zur erfolgreichsten Popgruppe der Sechzigerjahre wurden. Ihre Platten wurden millionenfach von jungen Leuten gekauft.

Musik

In den Zwanzigerjahren wurden der amerikanische Jazz und die Tanzmusik sehr beliebt. Im Westen verfügten auch die jungen Leute über mehr Geld als früher. Besonders in der Unterhaltungsindustrie eröffneten sich dadurch neue wirtschaftliche Möglichkeiten, die durch Fortschritte in der Aufnahmetechnik – Schallplatten (1948), Stereoklang, Magnetbandcassetten und CDs (1983) – noch gefördert wurden. Es entwickelte sich die Popmusik, die sich gezielt an junge Leute richtete und von den Älteren oftmals abgelehnt wurde. Um die Popmusik herum wuchs seit den Fünfzigerjahren eine Industrie, die von der verbesserten Aufnahmetechnik, der späteren Erfindung der Videos und den steigenden Taschengeldern der Teenager profitierte. Nach den Beatles wurden führende Popstars ebenso wie Spitzenathleten und Modedesigner so reich und berühmt wie die großen Filmstars aus Hollywood.

Rundfunk und Fernsehen

In den Zwanzigerjahren entstanden überall auf der Welt Radiostationen, die ein Unterhaltungsprogramm für zu Hause boten. Das Fernsehen wurde in den Dreißigerjahren erfunden, breitete sich aber aufgrund des Zweiten Weltkriegs in den meisten Ländern erst in den Fünfzigerjahren aus. Um 1980 stand fast in jedem Haushalt ein Fernsehgerät. Mit dem technischen Fortschritt kam der Videorekorder sowie eine größere Auswahl an Rundfunk- und Fernsehsendern, die über Kabel, Satellit und Antenne zu empfangen waren. Eine neue Methode, das Digitalfernsehen, eröffnete um 2000 neue Möglichkeiten und vergrößerte das Programmangebot. In den Haushalten gab es viele neue Geräte und Apparate, nicht nur zur Unterhaltung, sondern auch für Küche und Haushalt.

Kino

Die bewegten Bilder wurden etwa um 1890 erfunden. Obwohl es bis 1928 nur Stummfilme gab, war das Kino zwischen den Weltkriegen das wichtigste Freizeitvergnügen für die arbeitende Bevölkerung (neben dem Besuch von Sportveranstaltungen). Die Hollywood-Filme zeigten die glanzvolle Welt der Reichen, und auch die Kinos selbst ähnelten eher Palästen. Später produzierte die indische Filmindustrie in Bombay (»Bollywood«) mehr Filme als jedes andere Land.

Deutschland und der Zweite Weltkrieg

Unter Hitler erstarkte Deutschland in den Dreißigerjahren. 20 Jahre nach dem Friedensvertrag von Versailles (1919) führte seine Politik, die Grenzen des neuen Deutschen Reichs zu erweitern, zu einem neuen Weltkrieg.

◁ Deutsche Schulkinder begrüßen Hitler im Sudetenland mit dem Hitlergruß. Im September 1938 stimmten Großbritannien und Frankreich zu, dass dieser Teil der Tschechoslowakei an Deutschland fiel.

Hitler und Europa

Der Versailler Vertrag, der nach dem Ersten Weltkrieg unterzeichnet wurde, sollte Deutschland daran hindern, wieder stark zu werden. Aber Hitler hielt sich nicht daran. 1936 marschierten deutsche Truppen durch das Rheinland, was laut Vertrag eigentlich verboten war. 1938 wurde Österreich kampflos dem Deutschen Reich einverleibt – auch das war verboten. Hitler beschuldigte die Tschechoslowakei und Polen, sie würden ihre deutschsprachigen Bürger ungerecht behandeln, und drohte ihnen mit Krieg.

Keine andere Großmacht war bereit, Deutschland zu stoppen. Die USA wollten mit den europäischen Angelegenheiten nichts zu tun haben, während die Sowjetunion mit beiden Seiten verfeindet war und auf einen Krieg zwischen ihnen hoffte. Italien war unter Mussolini mit Deutschland verbündet. Also blieben nur die europäischen Demokratien, Großbritannien und Frankreich. Diese hatten jedoch ihre eigenen Probleme und waren nur daran interessiert, einen neuen Krieg zu vermeiden. Darum protestierten sie zwar gegen das illegale Vorgehen Hitlers, unternahmen jedoch nichts gegen ihn.

Tschechoslowakei und Polen

Um einen Angriff auf die Tschechoslowakei zu verhindern, kam es im September 1938 in München zu einem Gipfeltreffen. Ohne die Tschechen überhaupt zu fragen, erklärten sich die britischen und französischen Premiers damit einverstanden, dass Deutschland das Sudetenland erhielt, weil dort die meisten deutschsprachigen Tschechen lebten. Allerdings befanden sich dort auch die Grenzverteidigungsanlagen der Tschechoslowakei. Sechs Monate später marschierten Hitlers Truppen in der tschechischen Hauptstadt Prag ein und besetzten das Land. Großbritannien und Frankreich erkannten nun, dass man Hitler nicht trauen konnte, und versprachen, das ebenfalls gefährdete Polen zu unterstützen. Die Welt war schockiert, als Nazideutschland im August 1939 ein Bündnis mit seinem Erzfeind, der Sowjetunion, schloss. Nun konnten die Deutschen in Polen einmarschieren, ohne einen russischen Gegenangriff fürchten zu müssen. Nach dem Überfall auf Polen im September 1939 erklärten Großbritannien und Frankreich Deutschland den Krieg.

Die Eroberung Europas

Polen war schnell besiegt, ohne dass Briten und Franzosen es verhindern konnten. Die weiteren Ereignisse zeigten, dass die deutschen Armeen auch anderswo nicht aufzuhalten waren. Innerhalb eines Jahres hatten sie Dänemark, Norwegen, Belgien und die Niederlande erobert. Im Juni 1940 ergab sich Frankreich und wurde zum großen Teil von deutschen Truppen besetzt. Zwar regierte eine französische Regierung in Vichy den Südosten des Landes sowie die französischen Kolonien, aber die Befehle kamen von den Deutschen. Ganz Europa stand nun unter der Herrschaft der »Achsenmächte« (der deutsch-italienischen Allianz), außer Großbritannien und einigen wenigen neutralen Ländern, darunter auch die Sowjetunion. Die Briten hatten mit Winston Churchill einen sehr energischen Premierminister und erhielten Hilfe von ihren Kolonialstaaten in Übersee. Zudem waren sie durch den Ärmelkanal geschützt. Die Deutschen mussten daher erst die Kontrolle über den englischen Luftraum gewinnen, um England zu erobern. In der »Luftschlacht um England« (1940), dem ersten großen Luftkampf, konnte sich die deutsche Luftwaffe jedoch nicht gegen die Briten durchsetzen.

Blitzkrieg

Die Deutschen erfanden eine neue Art des Kampfs, »Blitzkrieg« genannt, der weitaus wirkungsvoller war als der Stellungskrieg. Schnelle Panzerverbände drangen mit Unterstützung der Luftwaffe tief in das Feindesland vor. Im Ersten Weltkrieg hatten Panzer und Luftwaffe nur eine geringe Rolle gespielt.

◁ Die Eroberung Europas durch die Deutschen. Außer den neutralen Staaten und Großbritannien eroberte Deutschland ganz Europa und sogar einen Großteil Nordafrikas.

- Deutsche Grenze um 1939
- Gebiete unter deutscher Herrschaft um 1942
- Gebiete unter alliierter Herrschaft um 1942
- Neutrale Länder

◁ Deutsche Truppen marschieren 1940 über die Champs-Élysées in Paris. Die von den Deutschen geduldete französische Regierung in Vichy stand unter deutschem Befehl.

Angriff auf Russland

Hitler war ehrgeizig und wollte noch mehr Gebiete in Osteuropa für Deutschland erobern. Trotz des deutsch-sowjetischen Abkommens von 1939 betrachtete Hitler die Sowjetunion, und nicht Großbritannien, als seinen Hauptfeind. Die Russen waren nicht nur Kommunisten, sondern auch Slawen – für die Nazis ein minderwertiges Volk. 1941 griff die deutsche Wehrmacht die Sowjetunion an. Trotz der Größe des Landes kamen die deutschen Truppen rasch voran. Sie standen schon vor Leningrad und Moskau, bevor heftiger Widerstand und ein eiskalter russischer Winter sie zum Anhalten zwangen. Stalins Regierung wurde zwar von dem Angriff überrascht und konnte zunächst nur schwache Gegenwehr leisten, aber die Russen verlegten rechtzeitig ihre Waffenfabrikation über den Ural nach Sibirien, wo sie vor den Deutschen sicher waren.

Der Zweite Weltkrieg

Der Zweite Weltkrieg dauerte sieben Jahre. Von 1941 an kämpften sowohl die USA als auch die Sowjetunion aufseiten Großbritanniens. Die vielen Soldaten und die riesigen Industrien dieser zwei Giganten führten unweigerlich zu einem Sieg der Alliierten.

▽ Um den deutschen Bomben zu entgehen, wurden 1,5 Millionen englischer Kinder aus den am meisten gefährdeten Stadtteilen Londons und anderen Städten in Dörfer auf dem Land gebracht.

Der Seekrieg

Die USA erhoben Einspruch gegen die japanischen Eroberungen 1937–1941 in Asien. Da die Japaner erwarteten, dass es früher oder später zum Krieg mit den USA kommen würde, starteten sie einen Überraschungsangriff auf den US-Marinestützpunkt in Pearl Harbour auf Hawaii (Dezember 1941). Weil Japan mit Deutschland verbündet war, traten nun auch die USA in den Krieg ein.

Wie die Deutschen mit ihrem Blitzkrieg, wendeten auch die USA und Japan im Pazifik eine neue Kriegstaktik an. Die ersten Schlachten fanden zwischen Verbänden von Flugzeugträgern mit ihren Kampfflugzeugen statt. Nach ihrer Niederlage in der Seeschlacht bei den Midway-Inseln (1942) begannen die Japaner mit dem Rückzug. Im Atlantik griffen deutsche U-Boote und Kreuzer die Handelsschiffe der Alliierten an, die Vorräte von Nordamerika nach Großbritannien brachten. Aber die Werften der USA produzierten schneller neue Schiffe, als deutsche U-Boote sie versenken konnten.

△ US-Truppen landen im Pazifik. Die Japaner kämpften heftig, um jede ihrer Inseln gegen den Vormarsch der Amerikaner 1942–45 zu verteidigen.

Krieg in Europa und Nordafrika

Bis 1942 sah es so aus, als würden die Achsenmächte den Krieg gewinnen. Dann wendete sich das Blatt. Die Russen nahmen die deutsche Wehrmacht bei Stalingrad in die Zange und zwangen sie dort Anfang 1943 zur Aufgabe. Die Briten waren zwar aus Europa vertrieben worden, kämpften aber dafür in Nordafrika und besiegten deutsche Streitkräfte bei El Alamein (1942). Im Jahr darauf vertrieben die Alliierten die Deutschen endgültig aus Nordafrika, griffen von dort aus Italien an und stürzten Mussolini. Die Italiener ergaben sich, doch deutsche Truppen besetzten Italien und hielten den Vormarsch der Alliierten auf.

Die eigentliche Invasion der Alliierten in Europa begann im Juni 1944. Es war die größte Invasion der Geschichte. Unter dem Kommando von US-General Eisenhower landeten die alliierten Streitkräfte in der Normandie und schlugen die Deutschen zurück. Im August befreiten die Alliierten Frankreich und drangen weiter nach Deutschland vor. Während von Westen die Truppen der Alliierten vorrückten, drängte die russische Rote Armee die Deutschen aus Russland und Polen und griff anschließend Deutschland von Osten an. Im April 1945 traf die Rote Armee in Berlin ein. Hitler erschoss sich, und die deutsche Wehrmacht kapitulierte.

Die Atombombe

Zwischen 1944 und 45 kämpften die Streitkräfte der USA weiter gegen die Japaner im Pazifik, während die Briten Birma zurückeroberten. Japan konnte den Krieg nicht mehr gewinnen, aber für viele japanische Soldaten war eine Niederlage schlimmer als der Tod, und sie weigerten sich aufzugeben. Um zu verhindern, dass tausende von Amerikanern ihr Leben verloren, zwang die US-Regierung Japan zur Kapitulation. Dazu setzte sie eine schreckliche Waffe ein, die erst kurz zuvor entwickelt worden war: die Atombombe. Zwei dieser Bomben trafen die Städte Hiroshima und Nagasaki. Sie zerstörten jedes Gebäude und töteten zehntausende von Menschen im weiten Umfeld. (Alliierte Bomber hatten früher schon verheerende Zerstörungen in deutschen und japanischen Städten angerichtet, aber nicht mit nur einer einzigen Bombe.)

Die Konzentrationslager

Junge jüdische Gefangene begrüßen alliierte Soldaten, die zu ihrer Befreiung kommen. 1942 hatten die Nationalsozialisten entschieden, mit der »Endlösung« die Juden zu beseitigen. Dafür wurden besondere Lager errichtet, hauptsächlich in Polen, die als Todesfabriken dienten. Das Lager in Auschwitz konnte 12000 Opfer an einem Tag beseitigen. Die Menschen außerhalb Deutschlands konnten sich diese Gräuel der Naziherrschaft gar nicht vorstellen, bis die Alliierten und die Sowjetarmee 1945 die Lager befreiten. Insgesamt starben 6 Millionen Juden unter den Nationalsozialisten.

Das europäische Versagen

Der Weltkrieg beendete die Herrschaft der Nationalsozialisten, stärkte aber gleichzeitig das ebenfalls mörderische Regime Stalins. Von 1945 an herrschte Stalin über die Länder Osteuropas, die Russland von den Deutschen zurückerobert hatte.

Aufgrund der Gräuel dieser ersten Hälfte des 20. Jahrhunderts glaubten manche Leute, dass die europäische Zivilisation im Sterben liege. Die Herrschaft Europas über die Welt war zu Ende. Nach dem Unheil der beiden Weltkriege hatten die Europäer jedes Recht verloren, über andere Staaten zu bestimmen. Schließlich hatten sie ja nicht einmal ihre eigenen Probleme friedlich regeln können. Um 1945 zeigte sich, dass von nun an die beiden siegreichen »Supermächte« Sowjetunion und USA über die Zukunft Europas entscheiden würde.

◁ Im Juni 1944 brachten hunderte von Schiffen unter dem Schutz von tausenden von Flugzeugen die Armeen der Alliierten von den britischen Häfen an die Strände der Normandie. Damit begann die letzte Offensive, die fast ein Jahr später mit der Kapitulation Deutschlands endete.

Das Ende der europäischen Weltreiche

Noch um 1939 herrschten europäische Staaten über fast ganz Afrika und einen Großteil Asiens. Um 1970 waren die meisten dieser Kolonien zu unabhängigen Staaten geworden. Das ging an manchen Orten friedlich vor sich, während es anderswo zu schlimmen Kriegen kam.

△ Ghandi führt 1930 den Protestmarsch gegen eine britische Steuer an. Er war nicht nur Politiker, sondern auch ein heiliger Mann, der die Herzen der Menschen bewegen wollte, egal ob Hindus, Muslime oder Briten. Sein Protest war immer gewaltlos, und er träumte von einem Land, in dem alle Rassen, Religionen und Kasten friedlich zusammenlebten.

Selbstverwaltung

Die meisten europäischen Staaten versprachen bei der Gründung ihrer Kolonien, dass diese eines Tages in ferner Zukunft die Unabhängigkeit erhalten würden. 1919 wurden ehemalige türkische Provinzen wie Syrien und Palästina französischer und britischer Herrschaft unterstellt, allerdings nur, um sie auf die Selbstverwaltung vorzubereiten. Großbritannien hatte auch Indien die Unabhängigkeit versprochen, aber das Vorhaben kam nur sehr langsam voran. Nach 1945 verstärkte sich der Druck auf die alten imperialistischen Mächte, ihre Weltreiche aufzugeben. Dieser Druck kam nicht nur von den Völkern, über die sie herrschten, sondern auch von den zwei Weltmächten Sowjetunion und USA.

Indien

Die 1885 gegründete indische Kongresspartei führte den Kampf um Indiens Unabhängigkeit an. Zuerst war sie nur eine winzige Partei, die Reformen forderte, aber in den Zwanzigerjahren erhielt sie unter Ghandis Führung mehr Unterstützung. Viele Muslime verließen die Partei jedoch wieder, um ihre eigene nationalistische Partei, die Muslimliga, zu gründen. Kleine Reformen der Briten räumten den Indern größere Mitwirkung bei der Regierung ein, aber 1942 forderte die Kongresspartei die völlige Unabhängigkeit. Nach 1945 waren die Briten bereit, Indien zu verlassen, aber die Teilung der Bevölkerung in Hindus und Muslime konnte nicht überwunden werden. Darum wurde das Land in zwei unabhängige Staaten, ein hinduistisches Indien und ein muslimisches Pakistan, geteilt. In einigen Gebieten kam es zu schlimmen Gewalttätigkeiten zwischen Hindus und Muslimen, bei denen viele Tausende ermordet oder aus ihrer Heimat vertrieben wurden. Die beiden Länder blieben einander feindlich gesonnen und bekämpften sich zwischen 1947 und 1971 in drei Kriegen. Pakistan wurde noch einmal in zwei Teile geteilt. 1971 wurde aus dem Ostteil mit Indiens Hilfe der autonome Staat Bangladesh.

Asien

Die Japaner hatten im Zweiten Weltkrieg viele europäische Kolonien in Asien erobert. Obwohl die Europäer 1945 zurückkamen, erhielten die meisten Kolonien innerhalb weniger Jahre ihre Unabhängigkeit. 1948 gewährte Großbritannien Birma und Sri Lanka (das die Japaner nicht erobert hatten) die Unabhängigkeit. Indonesien hatte die Holländer um 1949 vertrieben, und die Philippinen wurden 1946 von den USA unabhängig. In Südostasien lagen die Dinge komplizierter, zum Teil auch wegen der kommunistischen Bewegungen dort. Malaysia wurde 1963 unabhängig. Frankreich zog sich aus Kambodscha (1949), Laos (1953) und Vietnam (1954) zurück, doch die Bürgerkriege dort gingen weiter.

Schwarzafrika

Fast ganz Afrika stand bis 1960 unter kolonialer Herrschaft. Auch danach blieben viele Kolonien mit ihren früheren Herrschern eng verbunden. Sie hatten große Probleme. Manche Staaten waren sehr arm, hatten kaum Bodenschätze, ein niedriges Bildungsniveau und nicht genug qualifizierte Leute für die Regierung. Weil die Kolonialmächte die Kolonien aufgeteilt hatten, ohne die territorialen Grenzen zwischen den verschiedenen Völkern zu beachten, lebten in den neuen Staaten befeindete Volksgruppen, die nicht zusammenarbeiten wollten. Die Regierungen waren daher oftmals sehr instabil, und häufig ergriffen kleine Gruppen oder Militärdiktatoren die Macht. Diese bereicherten sich bloß und machten ihr Land noch ärmer. In Nigeria, dem größten Land Afrikas, lebten unterschiedliche Völker und Religionsgruppen. Obwohl es als Bundesrepublik organisiert war, führten die Streitigkeiten zwischen den verschiedenen Religionen zu Bürgerkrieg und Diktaturen.

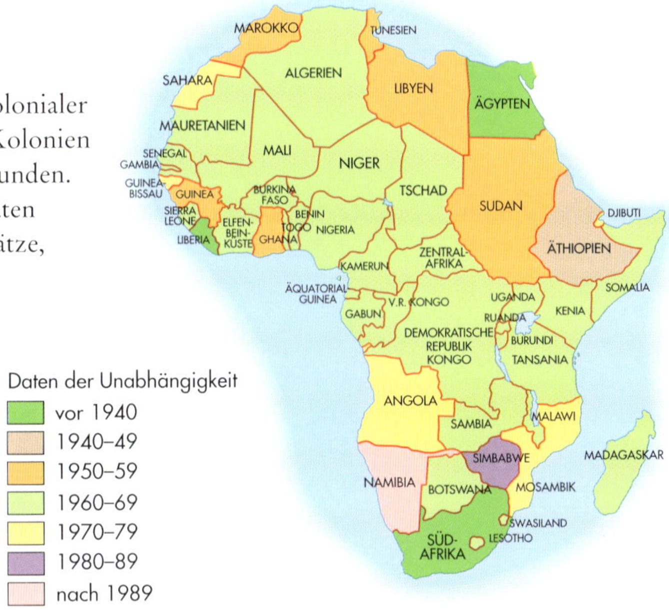

△ 1940 waren von allen afrikanischen Ländern nur Ägypten und Liberia offiziell unabhängig. Äthiopien war allerdings nur von 1936–42 eine Kolonie.

▽ In den neuen Staaten wurden manche Leute reich, aber die meisten blieben arm. In Orten wie Lagos in Nigeria entstanden neben den modernen Stadtzentren große Slums.

Die weißen Afrikaner

Die meiste Gewalt verursachte die Forderung nach Unabhängigkeit in den Ländern, in denen viele Weiße lebten. In Algerien kämpften Nationalisten in einem langen und blutigen Bürgerkrieg gegen die französischen Machthaber und die vielen Bürger französischer Abstammung. Der berühmte französische General und Staatsmann Charles de Gaulle, der 1958 wieder an die Macht kam, erkannte, dass Frankreich nichts anderes übrig blieb als der Rückzug. Die seit 1960 unabhängige Republik Südafrika war seit dem 16. Jahrhundert ein »weißes« Land gewesen. Die dort praktizierte Politik der Apartheid (Rassentrennung) sorgte dafür, daß Macht und Wohlstand in den Händen der weißen Minderheit lagen. Der britischen Kolonie Rhodesien wurde die Unabhängigkeit verweigert, weil die Weißen die Staatsmacht nicht mit den Schwarzen teilen wollten. Nach einem langen Bürgerkrieg (1965–79) gestand die Kolonialregierung ihre Niederlage ein, und aus Rhodesien wurde die Republik Simbabwe.

Die Vereinten Nationen und der Kalte Krieg

Die Vereinten Nationen (UNO) wurden 1945 gegründet, als Forum für die Nationen, wo man Streitigkeiten diskutieren und Kriege verhindern konnte. Ihre Arbeit wurde durch die Feindschaft zwischen den beiden »Supermächten« USA und Sowjetunion sehr erschwert, die beide von ihren jeweiligen Verbündeten unterstützt wurden.

▽ Einen wichtigen Teil der Arbeit der UNO übernahmen besondere Abteilungen und Unterorganisationen. Dazu zählten die Weltbank, die armen Ländern Geld lieh, und die UNESCO, die für bessere Bildung, freie Kommunikation und den Schutz traditioneller Lebensformen eintritt. Die UNICEF ist das Kinderhilfswerk der UNO.

Die Vereinten Nationen

Die Vereinten Nationen ersetzten den alten Völkerbund. Fast alle Länder wurden Mitglied der Generalversammlung. Die Entscheidungen fällte der Sicherheitsrat, der von den rivalisierenden Supermächten dominiert wurde. Da die UNO von der Unterstützung ihrer Mitglieder abhängig war, hatte sie im Grunde nur wenig Einfluss. Sie konnte zwar eine kleine Truppe zusammenstellen, um bei örtlichen Streitigkeiten den Frieden zu sichern, aber sie hatte keine eigene Armee. Wenn sie tatsächlich einmal Krieg führte, wie im Golfkrieg (1991), kämpften hauptsächlich die Streitkräfte der USA.

▷ 1956 wurde der Aufstand der Ungarn, die sich gegen die kommunistische Herrschaft auflehnten, von sowjetischen Truppen niedergeschlagen. Als Alexander Dubček 1968 in der Tschechoslowakei eine weniger strenge Form des Sozialismus einführte, fuhren wieder sowjetische Panzer auf (rechts), und Dubček wurde abgesetzt.

Die Mitgliedsstaaten der NATO und des Warschauer Pakts 1960

- NATO-Staaten (dazu zählen auch USA, Kanada und Island)
- Staaten des Warschauer Pakts
- Neutrale Länder

Die Berliner Luftbrücke

Die Teilung Deutschlands führte zu Streit. Obwohl Berlin sich innerhalb des sozialistischen Ostdeutschlands befand, wurde die westliche Hälfte der Stadt genauso wie Westdeutschland von den westlichen Alliierten kontrolliert. 1948 ärgerten sich die Russen über den Plan, Westdeutschland in die Unabhängigkeit zu entlassen. Sie rächten sich, indem sie sämtlichen Verkehr zwischen Westdeutschland und Westberlin unterbrachen. Die Alliierten versorgten daraufhin Westberlin aus der Luft mit Lebensmitteln, Kleidung und sogar Kohle. 6000 Tonnen flogen sie täglich in die Stadt. Die Russen versuchten nicht, die Flüge aufzuhalten, und öffneten nach 15 Monaten wieder die Straßen.

Der Kalte Krieg

Die Mitglieder der UNO bestanden aus zwei Lagern: dem kommunistischen Ostblock, angeführt von der Sowjetunion, und dem kapitalistischen Westblock, unter Führung der USA. Als noch mehr Länder in die UNO eintraten, viele davon ehemalige Kolonien, entstand ein dritter Block, der manchmal auch »Dritte Welt« genannt wurde.

Die USA und die Sowjetunion waren um 1945 die stärksten Mächte. Truppen der USA blieben in Westeuropa stationiert, und amerikanische Hilfsmittel halfen den europäischen Ländern, die der Krieg ruiniert hatte, wieder auf die Beine zu kommen. Die Sowjetunion hatte sich ein »Reich« aus abhängigen Staaten in Osteuropa geschaffen, zu denen auch Ostdeutschland zählte. Diese Länder hatten ihre eigenen, sozialistischen Regierungen, erhielten ihre Befehle aber von den Russen. Von 1947 bis in die Siebzigerjahre wurde die Welt infolge des Kalten Kriegs zwischen den USA und der Sowjetunion (sowie dem kommunistischen China) von einer Reihe von Krisen erschüttert. Manchmal erschien ein neuer Weltkrieg nur allzu wahrscheinlich.

Kuba

Durch Fidel Castros Revolution in Kuba (1956) etablierte sich mit Hilfe der Sowjetunion eine kommunistische Regierung in »Amerikas Hinterhof«. 1962 kam es zu einer globalen Krise, als Spionageflugzeuge der USA in Kuba sowjetische Atomraketen sichteten. Der amerikanische Präsident John F. Kennedy verlangte ihre sofortige Beseitigung. Erst als nach einigen Tagen ein Atomkrieg drohte, erklärten sich die Russen damit einverstanden.

Die Europäische Union

Einige Länder schlossen sich zu internationalen Bündnissen zusammen. Das hatte oftmals wirtschaftliche Gründe – man wollte den Handel und die Wirtschaft fördern, indem man Zollbeschränkungen abbaute und sich auf gemeinsame Regeln einigte. Die Europäische Gemeinschaft wurde 1957 von sechs westeuropäischen Ländern gegründet, später traten viele andere Länder Europas bei. 1991 wurde sie zur Europäischen Union.

Der Nahe Osten seit 1945

Seit 1945 ist der Nahe Osten die meist umkämpfte Region der Welt. Hauptursache dafür war die Gründung des jüdischen Staates Israel auf dem Gebiet der arabischen Palästinenser. Es gab aber auch andere Kriege. Besonders westliche Länder machten sich deswegen große Sorgen, weil im Nahen Osten die größten Ölvorkommen der Erde liegen.

Araber und Israelis

Seit dem Anfang des 20. Jahrhunderts, verstärkt nach dem Zweiten Weltkrieg, hatten sich Juden im arabischen Palästina niedergelassen, ihrer ursprünglichen Heimat. Trotz heftiger Proteste seitens der Araber entschieden die Vereinten Nationen 1947, Palästina in getrennte jüdische und arabische Gebiete aufzuteilen. Im Jahr darauf riefen die Juden eine israelische Republik aus. Ihre arabischen Nachbarn erklärten ihnen daraufhin sofort den Krieg, aber mit Unterstützung der USA konnte Israel gewinnen.

Israel und die Araber führten vier weitere Kriege, in den Jahren 1956, 1967, 1973 und 1982. 1967 eroberte Israel große Gebiete arabischen Lands. Einiges davon hat es behalten, darunter den arabischen Teil Palästinas, die so genannten »besetzten Gebiete«.

▽ Ein palästinensisches Flüchtlingslager im Libanon, 1982.

Die Palästinenser

Die Palästinenser hatten kein Land. Manche lebten in Israel und den besetzten Gebieten, andere in den arabischen Nachbarstaaten. Einige Palästinenser gründeten die Palästinensische Befreiungsorganisation (PLO), um für einen arabischen Staat zu kämpfen. Nach einem Aufstand in den besetzten Gebieten musste Israel ein Abkommen mit dem Palästinenserführer Jasir Arafat schließen. Es gab den Palästinensern ein wenig Kontrolle über die besetzten Gebiete zurück. Seitdem haben sich viele Länder um einen dauerhaften Frieden in der Region bemüht.

Gamal Abdel Nasser

Viele der neuen unabhängigen arabischen Staaten nach 1945 wurden von extremen Nationalisten regiert, oftmals Offiziere der Armee. Der berühmteste war Gamal Abdel Nasser, der 1954 in Ägypten an die Macht kam. Er führte die arabische Opposition im Kampf gegen Israel und westliche Einflüsse.

Die Sues-Krise

1956 besetzte Ägyptens Präsident Nasser den Sueskanal, der den Europäern gehörte. Als die Verhandlungen fehlschlugen, landeten französische und britische Truppen in der Nähe des Kanals, während Israel Ägypten auf dem Landweg angriff. Die ganze Welt war schockiert. Die Angreifer wurden zum Rückzug gezwungen; Nasser siegte.

Der Iran

Nach einer Revolution 1979 kam im Iran Ajatollah Khomeini an die Macht, ein altmodischer, religiöser Herrscher. Er verwandelte den Iran in ein streng islamisches Land, das von religiösen Gesetzen regiert wurde. Frauen durften dort seitdem nicht arbeiten und mussten in der Öffentlichkeit einen Schleier tragen.

◁ Ajatollah Khomeini hasste den Westen, besonders die Amerikaner. Er und seine Anhänger hielten die westliche Kultur für böse.

Öl

Viele Nahoststaaten um den Golf wurden durch Ölexporte reich. Der größte Ölproduzent der Region war Saudi-Arabien. Die westlichen Nationen brauchten das Öl und hatten dadurch ein besonderes Interesse an den Vorgängen im Nahen Osten. Die USA fürchteten eine Unterbrechung der Ölversorgung, falls der Irak den Golf kontrollieren würde.

Der Irak – ein gefährlicher Nachbar

Saddam Hussein, der militärische Diktator des Irak, nutzte den Umbruch im Iran und fiel dort ein. Er fürchtete, dass sich Khomeinis Revolution auch im Irak ausbreiten könnte. Außerdem wollte er sich den Zugang zum Persischen Golf sichern, den er sich mit dem Iran teilte. Der Iran-Irak-Krieg dauerte acht Jahre (1980–88) und eine Million Menschen starben. 1990 überfiel Saddam Kuwait, einen kleinen Nachbarstaat am Golf. 1991 zwangen die Truppen der Vereinten Nationen, angeführt von den USA, mit der Hilfe vieler anderer Länder Saddams Armee zum Rückzug. Saddam blieb an der Macht, und kleinere Zusammenstöße dauerten an.

△ Saddam Hussein

Asien seit 1945

Die Lage in Südostasien war in der zweiten Hälfte des 20. Jahrhunderts ebenfalls schwierig. Neben den beiden Supermächten hatte auch China großen Einfluss in der Region, ebenso wie Japan, das seine Industrie nach den Verwüstungen des Kriegs wieder aufgebaut hatte.

Der Koreakrieg

Nach dem Zweiten Weltkrieg wurde Korea von der japanischen Besatzung befreit und zweigeteilt in ein kommunistisches Nordkorea, unterstützt von der Sowjetunion, und ein kapitalistisches Südkorea, das Hilfe von den USA erhielt. 1950 griff Nordkorea den Süden an. Daraufhin wurde eine UN-Truppe unter Führung der USA entsandt, um den Süden zu verteidigen, während chinesische Truppen für den Norden kämpften. 1953 wurde zwar ein Waffenstillstand vereinbart, aber Korea blieb geteilt.

China

In der chinesischen Republik hatten Nationalisten und Kommunisten gemeinsam gegen die Japaner gekämpft. Nach dem Krieg endete diese Zusammenarbeit jedoch, und es kam erneut zum Bürgerkrieg. Mao Zedong führte die Kommunisten zum Sieg und vertrieb die Nationalisten aus China. Mit amerikanischer Unterstützung gründeten die Nationalisten ihren eigenen Staat auf der Insel Taiwan und bestanden darauf, die rechtmäßige Regierung Chinas zu sein. Die chinesischen Kommunisten wurden von der Sowjetunion unterstützt, bis sich die zwei Länder später zerstritten. Nach 1960 stand China unter Mao den Russen ebenso feindselig gegenüber wie den Amerikanern.

Die wichtigste Aufgabe der neuen Regierung war die Modernisierung des Landes. Die Landwirtschaft wurde nach kommunistischem Muster neu organisiert (ohne Privatbesitz), während gleichzeitig die industrielle Entwicklung angekurbelt wurde. Der Fortschritt war jedoch ein steiniger Weg. Maos Politik verursachte Elend und Chaos, besonders die Angriffe auf die Bürger der Mittelschicht während der Kulturrevolution (1966–69). Auch außenpolitisch war das kommunistische China aktiv. Die Eroberung Tibets (1951), das nach Meinung der Chinesen Teil des chinesischen Reichs war, führte zu einem kurzen Grenzkrieg mit Indien.

▽ Die Welt war schockiert, als 1989 chinesische Soldaten 1000 friedliche Demonstranten auf dem »Platz des Himmlischen Friedens« in Peking töteten. Die Demonstranten waren größtenteils Studenten, die mehr Demokratie forderten. Auch nach 1989 blieb die chinesische Regierung bei ihrer strengen Herrschaft, aber sie gewährte Industrie und Wirtschaft größere Freiräume.

Südostasien

Vietnam bestand ebenso wie Korea aus zwei Teilen: einem kommunistischen Norden, angeführt von Ho Chi Minh, und einem kapitalistischen, von den USA unterstützten Süden. Die USA leisteten militärische Hilfe, damit Südvietnam nicht von den Kommunisten erobert wurde. Mitte der Sechzigerjahre wurden die Amerikaner selbst in einen heftigen Krieg gegen die vietnamesischen Kommunisten verwickelt. Dieser Krieg stieß in den USA auf starken Protest, 1973 zogen sich die amerikanischen Truppen wieder zurück – die USA erlebten ihre erste Kriegsniederlage. Die Kommunisten eroberten daraufhin ganz Vietnam.

△ Als Nordvietnam den Süden eroberte, versuchten tausende von Vietnamesen mit Booten nach Hongkong zu fliehen.

1976 fiel Kambodscha in die Hände der Roten Khmer, einer extremen, revolutionären Bewegung, angeführt von Pol Pot. Millionen von Kambodschanern starben während Pol Pots Schreckensherrschaft, bis er durch die Invasion der Vietnamesen 1979 gestürzt wurde.

▽ Obwohl es in Japan kaum Bodenschätze gab, blühte die industrielle Produktion. Die Japaner kauften billige Rohstoffe und fertigten teure Waren daraus. In Tokio führte der Wohlstand zu ständigen Staus auf den Straßen.

Die neuen Staaten Asiens

Die neuen Staaten, die aus den ehemaligen Kolonien entstanden waren, litten unter ähnlichen Problemen, zum Beispiel Armut, wie andere Dritte-Welt-Staaten in Afrika und Lateinamerika. Die meisten nannten sich Demokratien, obwohl die Macht und der Reichtum in der Hand einer kleinen Gruppe lag, oftmals unter Führung von Generälen. Indonesien (nach China und Indien das drittgrößte Land Asiens), Pakistan und Myanmar (Birma) wurden alle über lange Zeit von Militärdiktatoren regiert, die wenig Achtung vor Menschenrechten hatten. Afghanistan wurde durch endlose Bürgerkriege zerrüttet, die mit der sowjetischen Besatzung (1979–89) begannen. Andere fernöstliche Staaten, wie Malaysia, Singapur, Südkorea und Indonesien, machten große Fortschritte in Industrie und Wirtschaft. In den Achtzigerjahren konkurrierten sie sogar mit dem Westen. Aber einige von ihnen wurden durch soziale Probleme, Wirtschaftskrisen und drohende Revolutionen erschüttert.

Japan

Den größten Erfolg hatten die Japaner. Mit Unterstützung der USA wurde aus Japan eine friedliche, moderne und wohlhabende Republik, die sich in den Achtzigerjahren zum reichsten Land der Welt nach den USA entwickelte. Einige andere Länder folgten Japans Beispiel. Hongkong, eine britische Kolonie, die 1997 wieder an China zurückgegeben wurde, wurde ein wichtiges Zentrum der Weltwirtschaft.

Die Menschenrechte

Die meisten Regierungen achteten gewisse Bürgerrechte wie Rede- und Religionsfreiheit. In anderen Ländern dagegen herrschten Gewalt und Einschüchterung. Zugleich ließen die alten Differenzen zwischen den Rassen, Klassen, Geschlechtern und Religionen nach, auch wenn sie in manchen Ländern nach wie vor stark ausgeprägt waren.

▽ Martin Luther King (1929–68) führt eine Bürgerrechtsdemonstration in der amerikanischen Hauptstadt Washington an. Er war ein Baptistenpriester aus dem Süden, der durch seine leidenschaftlichen Reden und seine Politik der Gewaltlosigkeit zum Anführer der US-Bürgerrechtsbewegung wurde. Im Alter von 39 Jahren wurde er von einem weißen Rassisten ermordet.

Bürgerrechte

In den USA sollten alle Bürger angeblich frei und gleich sein. Aber die Schwarzen, die 15 Prozent der Bevölkerung stellten, wurden wegen ihrer Rasse benachteiligt. In einigen Südstaaten durften sie nicht wählen. Sie hatten getrennte (und schlechtere) Schulen, Krankenhäuser und sogar öffentliche Toiletten. Im Norden gab es diese Rassentrennung offiziell nicht, aber viele Schwarze lebten in rein schwarzen Slumvierteln und fanden keine vernünftige Arbeit.

Der Aufschwung der Bürgerrechtsbewegung in den Fünfzigerjahren zwang die Regierung, neue Gesetze zu verabschieden, die für eine Gleichberechtigung der Schwarzen sorgen sollten. Der größte Anführer dieser Bewegung war Martin Luther King. Er folgte dem Beispiel des Inders Ghandi, friedlich für Veränderungen zu kämpfen anstatt mit Gewalt. Die neuen Gesetze brachten weder allen Schwarzen Wohlstand, noch verbesserten sie die Situation der Schwarzen in den Slums der Städte. Sie konnten auch die Rassenvorurteile nicht abschaffen, da die Menschen immer Gründe dafür finden, ihre Nachbarn zu hassen, die »anders« sind. Trotzdem konnten die Schwarzen nun dort leben und arbeiten, wo sie wollten, und das Verhältnis zwischen den Rassen entspannte sich.

Politische Freiheit

In vielen westlichen Ländern lebten ethnische Minderheiten, die sich von den Sechzigerjahren an gleiche Rechte und Möglichkeiten erkämpften. Auch in Australien und Neuseeland wurden endlich die Rechte der Aborigines und Maoris anerkannt. Sie erhielten sogar einige der Gebiete zurück, die die ersten weißen Siedler ihnen weggenommen hatten. In europäischen Ländern wie Großbritannien und Frankreich entwickelten sich durch den Zuzug von Einwanderern aus den ehemaligen afrikanischen und asiatischen Kolonien multikulturelle Gesellschaften. Doch in Ländern wie Südafrika blieben die schwarzen und »farbigen« Einwohner Bürger dritter Klasse, obwohl die herrschenden Weißen dort in der Minderheit waren.

Frauen

Die Bürgerrechtsbewegung stärkte auch die Rechte der Frauen. Selbst in demokratischen Ländern durften Frauen erst Anfang des 20. Jahrhunderts wählen. Auch in anderen Bereichen hatten sie immer noch weniger Rechte als Männer. Um 1950 war es für Frauen nach wie vor schwierig zu studieren und eine Stelle in der Wirtschaft, Justiz oder der Medizin zu finden. Nur in der Sowjetunion und anderen sozialistischen Ländern gab es Gesetze, die die Gleichberechtigung der Frau vorschrieben. Die Vorstellung war immer noch weit verbreitet, dass die Frau zu Hause bleiben sollte. Um gleichberechtigt zu sein, brauchten Frauen aber nicht nur neue Gesetze, sondern auch andere Werte, die sich jedoch nur langsam änderten. Frauen demonstrierten nicht nur gegen die Diskriminierung bei der Arbeit und zu Hause, sondern auch für das Recht auf gleiche Bezahlung, denn sie wurden für die gleiche Arbeit oft schlechter bezahlt als Männer.

▷ Architektinnen in Bangladesh. Zwanzig Jahre zuvor hatte es in solchen Berufen noch keine Frauen gegeben.

Reich und Arm

Außer für die Schwarzen und die Frauen verbesserte sich zwischen 1950 und 2000 auch die Situation der meisten anderen Benachteiligten im Westen, nicht zuletzt dank des zunehmenden Wohlstands. Die internationale Industrie und Wirtschaft sowie die erstaunlichen Fortschritte in Wissenschaft und Technik brachten vielen Menschen ein besseres Leben. Allerdings profitierten hauptsächlich die Länder im Norden der Erde – Nordamerika, Europa, Japan – sowie Australien und Neuseeland vom wachsenden Wohlstand. In den ärmeren Ländern Südamerikas, Afrikas und in vielen Regionen Asiens verbesserte sich die Situation der Menschen kaum, wenn überhaupt. 1983 betrug das Durchschnittseinkommen in den USA oder Frankreich mehr als 10000 Dollar im Jahr, während es in vielen afrikanischen Ländern noch unter 200 Dollar lag.

Wohlstand bedeutet auch Gesundheit. Die armen Länder können sich Ärzte, gute Wohnungen und sauberes Trinkwasser nicht leisten. Darum sterben die Menschen oft schon sehr jung. Eine Frau aus Zentralafrika wird im Durchschnitt nicht einmal 50 Jahre alt, eine Japanerin dagegen 78 Jahre.

△ Frauen beim Körbeflechten. Einfaches Handwerk wie dieses war jahrhundertelang für viele Menschen die einzige Arbeit. Um 2000 war die Kluft zwischen Reich und Arm immer noch riesig. Der Reichtum der Welt ist immer noch ungerecht verteilt – ein großes Problem für die Zukunft.

Wissenschaft und Gesundheit

Zwischen 1950 und 2000 verbesserte sich aufgrund der Fortschritte in Technologie, Wissenschaft und Medizin der Lebensstandard der meisten Menschen in den Industrieländern. Aber einige Menschen fürchteten, dass dieser Fortschritt nicht unendlich weitergehen könnte.

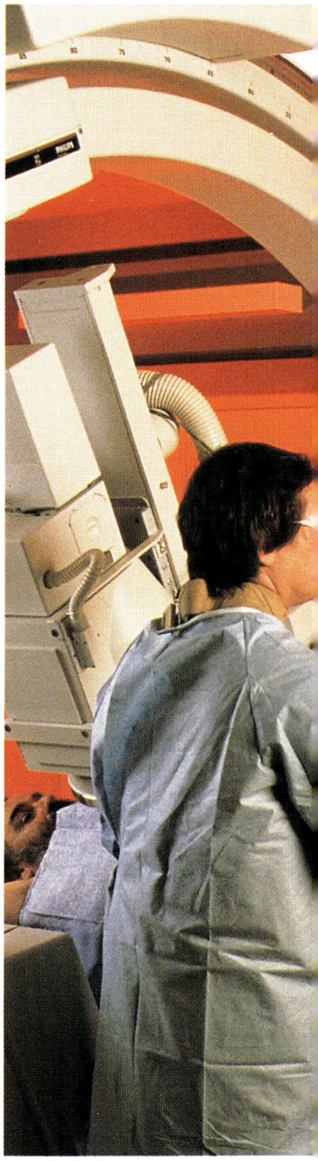

Die fossilen Brennstoffe

Der Mensch der Industriegesellschaft braucht zwei Dinge von der Natur: Rohstoffe für die Fertigung seiner Produkte und Energie für Maschinen. In der industriellen Revolution kam die Energie von der Verbrennung von Kohle. Nach 1950 wurde Öl zum wichtigsten industriellen Brennstoff. Beides waren fossile Brennstoffe, die sich über Millionen von Jahren in der Erde gebildet hatten. In den Siebzigerjahren fürchteten die Menschen, dass die Ölvorräte in wenigen Jahren aufgebraucht wären. Doch sie wurden durch die Entdeckung neuer Öl- und Gasvorkommen beruhigt, die sich zum Teil auch unter den Meeren befanden. Trotzdem ging die Suche nach neuen Energieformen weiter.

Die Kernenergie

Die Kernspaltung, deren Zerstörungskraft die Atombombe so schrecklich macht, konnte auch zur Energiegewinnung verwendet werden. In den Fünfzigerjahren glaubten viele Menschen, dass die Kernenergie die fossilen Brennstoffe ersetzen würde. Aber die Gefahren waren zu groß. Seit 1986, nach der Explosion in einem ukrainischen Atomkraftwerk in Tschernobyl, werden kaum noch neue Atomkraftwerke gebaut.

Die Wissenschaft

Immer mehr Universitäten bildeten immer mehr Wissenschaftler aus. Neue Entdeckungen und Erfindungen führten zu erstaunlichen Fortschritten auf den meisten wissenschaftlichen Gebieten, von der Astronomie bis zur Zoologie. Die Geschichte der Erde und des Universums wurde klarer. Der Beweis, dass die Erdoberfläche auf langsam treibenden »Platten« ruht, zeigte, wie sich Ozeane und Kontinente gebildet hatten. Fortschritte in der Elektronik brachten große Veränderungen für viele menschliche Tätigkeiten, bei der Arbeit und in der Freizeit. Um etwa 1960 wurde der Laser erfunden, mit dem sich ein ganz präziser Lichtstrahl erzeugen lässt. Man kann ihn in vielen Bereichen nutzen, von der Projektion dreidimensionaler Bilder (Holographie) bis hin zur Verlangsamung von Atomen zwecks einer genaueren Untersuchung. Einige Wissenschaftler glauben, dass man eines Tages mit Laser die Kernschmelzung kontrollieren und damit das Energieproblem lösen könne.

▽ Durch technische Erfolge in der Medizin bei der Herstellung winziger chirurgischer Instrumente können Ärzte ohne einen großen Schnitt in einen Menschen hineinsehen. Hier werden mit einer winzigen Kamera am Ende einer dünnen, biegsamen Röhre Aufnahmen vom Blutfluss im Körper gemacht und auf einen Monitor übertragen.

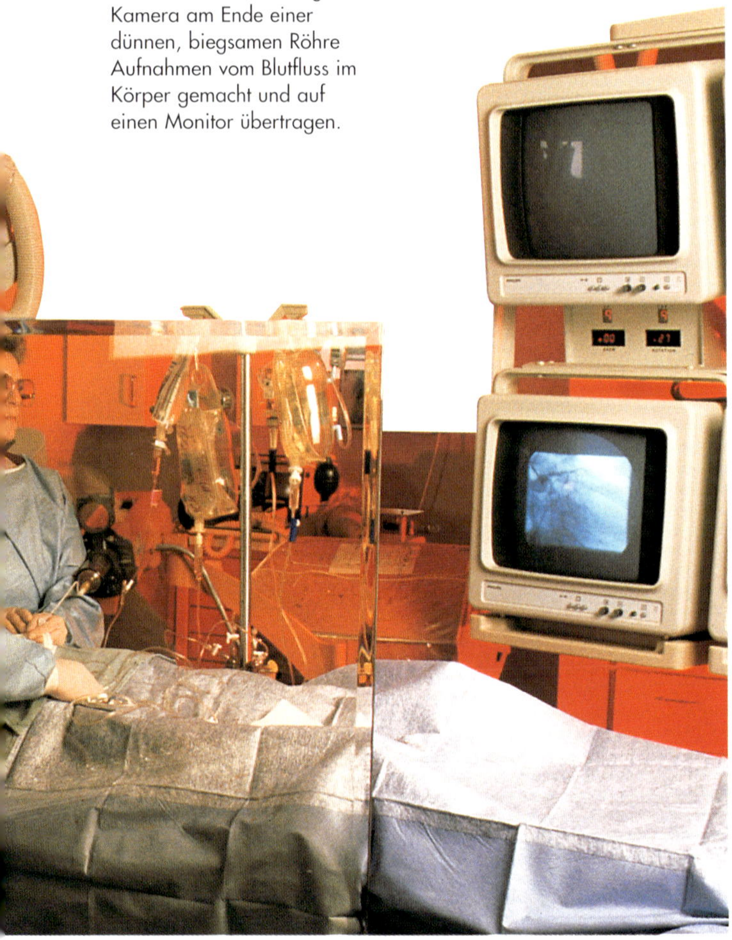

Die Medizin

Die Laser wurden auch in der Chirurgie nützlich. So verwenden Chirurgen beispielsweise den exakten Strahl, um Gewächse wie Krebs »auszubrennen«. Ein weiterer spektakulärer Fortschritt in der Chirurgie war die Transplantation lebender Organe. 1967 führte der südafrikanische Chirurg Christiaan Barnard die erste Transplantation eines menschlichen Herzens durch.

◁ Aus Experimenten mit der Energie von Sonne, Wind und den Gezeiten entwickelten sich alternative Energiequellen. Diese Windfarm erzeugt genug Energie für eine kleine Stadt, benötigt dafür aber viel Platz und stört das Leben der Tiere in der freien Natur.

Die Genetik

Der außergewöhnlichste Fortschritt fand in der Genetik statt, nämlich die Entdeckung, wie sich die Eigenheiten eines Lebewesens durch die Gene weitervererben. Mit diesem Wissen kann man Pflanzen verändern, sie größer machen oder ihnen eine Resistenz gegen Krankheiten einbauen. In der Zukunft wird es vielleicht möglich sein, mit Hilfe der Gentechnik Erbkrankheiten zu verhindern und sogar menschliche Eigenschaften zu verändern. Viele Menschen finden dies beängstigend.

Ein Schaf namens Dolly

Es sieht zwar aus wie ein gewöhnliches Schaf, aber Dolly hat keine richtigen Eltern. 1996 wurde sie in einem schottischen Labor aus einer einzigen Zelle eines sechs Jahre alten Mutterschafs »gezogen«. Weil sie genau die gleichen Gene hat wie das Mutterschaf, ist sie ein so genannter »Klon«, eine perfekte Kopie. Aber Dolly hat auch einige Fragen aufgeworfen. Wie alt ist sie im Jahr 2000? Vier – oder zehn Jahre? Und wird der nächste Schritt zu einem künstlich gezeugten Menschen führen? Diese Experimente mit der Natur beunruhigen viele Menschen.

Mensch und Erde

Seit Ende des 20. Jahrhunderts haben viele Leute Angst, dass die Menschen der Erde ernsthaften Schaden zufügen. Die zwei größten Probleme sind das Bevölkerungswachstum und die Umweltverschmutzung.

▷ Das Bevölkerungswachstum ist einer der vielen Gründe für die weltweite Angst um die Umwelt. In Teilen Afrikas ist der fruchtbare Boden ausgelaugt, weil zuviel angepflanzt wurde. In tropischen Ländern wurde wertvoller Wald für die Landwirtschaft gerodet.

Die Bevölkerungsexplosion

Vor zehntausend Jahren gab es auf der Welt etwa 10 Millionen Menschen. Um 1650 waren es 500 Millionen, um 1930 2 Milliarden und im Jahr 2000 etwa 6 Milliarden. Die Bevölkerung wuchs immer mehr und immer schneller. Etwa drei Viertel der Weltbevölkerung leben in den ärmeren Dritte-Welt-Staaten. Dort ist auch das Bevölkerungswachstum am größten. Dadurch wird eine Verbesserung des Lebensstandards in diesen Ländern sehr erschwert, da die Bevölkerungen schneller wachsen als der Wohlstand eines Landes.

In reicheren Ländern nimmt die Bevölkerung weniger schnell zu, weil viele Leute Geburtenregelung betreiben und die Familien weniger Kinder haben. Arme Länder können sich keine Programme zur Geburtenregelung leisten, gleichzeitig wollen arme Familien oftmals viele Kinder haben. Manche Religionen lehren, dass die Geburtenregelung falsch sei. China, das die größte Bevölkerung der Welt hat, verabschiedete ein Gesetz, das jedem verheirateten Paar nur ein Kind erlaubt. Solch extreme Maßnahmen können jedoch nur dort durchgeführt werden, wo die Regierung die absolute Gewalt besitzt.

▽ In reichen Länder produzieren die Menschen immer mehr Müll, weil die Produkte übertrieben verpackt werden. In armen Ländern durchsuchen die Menschen die Müllhalden auf der Suche nach Essbarem oder nach etwas zum Verkaufen.

Die Umwelt

Die Umweltverschmutzung begann schon mit der industriellen Revolution, doch die Folgen wurden viele Jahre lang nicht erkannt. Erst in den Achtzigerjahren bekamen die Menschen zunehmend Angst, dass der Planet zerstört würde. Natürliche Ressourcen wurden gefährlich schnell verbraucht, und zwar nicht nur die fossilen Brennstoffe, sondern auch Wälder, Fische und Trinkwasser. Viele Pflanzen und Tiere sind inzwischen ausgestorben, und es gibt kaum noch unberührte Naturgebiete auf der Erde.

Fabriken und Maschinen verpesten die Luft mit gefährlichen Gasen. In Skandinavien vergiftete der »saure Regen« Bäume und Seen, als sich Industriechemikalien in den Regentropfen auflösten und abregneten. Giftmüll wird ins Meer gepumpt, und das aus Tankern fließende Öl zerstört das Meeresleben.

Das Klima

In den Achtzigerjahren verkündeten die meisten Wissenschaftler übereinstimmend, dass sich das Klima der Erde erwärme. Sie sagten eine Temperaturerhöhung von 2 °C in 50 Jahren vorher. Das würde viele Bauern ruinieren und das Eis in den Polarregionen schmelzen lassen und Überflutungen verursachen. Das wärmere Klima wird auf den »Treibhauseffekt« zurückgeführt, verursacht von Industrieabgasen, die sich wie eine Decke um die Erde hüllen und sie dadurch warm halten.

Daneben beobachtete man auch Veränderungen in der Atmosphäre. Die Ozonschicht, die die Erde vor den schädlichen ultravioletten Sonnenstrahlen schützt, wird dünner. Die Hauptursache dafür sind von den Menschen erzeugte Chemikalien namens Fluorchlorkohlenwasserstoffe (FCKWs).

▷ Der Mensch zerstört schon seit hunderten von Jahren die Wälder. In den Achtzigerjahren wurden jährlich tausende Hektar Regenwald von Holzfirmen, Bergleuten und Bauern zerstört. Diese Wälder beherbergten viele unbekannte Pflanzen und Tiere. In der Vergangenheit wurden oft neue Medikamente aus den Pflanzen des Regenwalds entwickelt.

Die Rainbow Warrior

Die Rainbow Warrior gehörte der Umweltschutzorganisation Greenpeace. Sie wurde 1985 von französischen Geheimagenten in die Luft gesprengt, um zu verhindern, dass sie Atomwaffentests im Pazifik in die Quere kam. Greenpeace, 1971 gegründet, ist eine der aktivsten der vielen internationalen Organisationen, die für die Umwelt kämpfen.

Naturschutz

1990 willigten die meisten Länder darin ein, keine FCKWs mehr zu verwenden. 1992 wurde auf einer internationalen Umweltkonferenz deutlich, dass sich die ganze Welt Sorgen um die Natur machte. Die Regierungen versprachen, den Schadstoffausstoß der Industrie einzuschränken und die Abgase von Autos und Fabriken zu reduzieren. Aber die Probleme sind nur schwer zu lösen, weil die Lösungen so teuer sind. Die armen Länder wollen die industrielle Entwicklung nicht aus Gründen des Umweltschutzes bremsen. Die reichen Länder dagegen wollen ihren Wohlstand nicht durch teure Methoden zur Beschränkung der Umweltverschmutzung schmälern.

Eine kleine Welt

Im Jahr 2000 scheint die Welt ein Dorf zu sein. Die Menschen reisen mehr. Nachrichten und Bilder werden in Sekundenschnelle um die Welt gesendet. Durch Computer und Internet kann man mit Menschen überall auf der Welt Informationen austauschen.

◁ Wertpapier- und Aktienhändler können jederzeit sehen, wie sich an allen Börsen der Welt die Preise ändern.

Internationale Wirtschaft

Abkommen über Zollpflichten und internationale Bündnisse wie die Europäische Union oder die OPEC (Organisation der erdölexportierenden Länder) förderten das Wachstum des Welthandels. Die Wirtschaft wurde international. Große Unternehmen haben seitdem Büros, Fabriken und Aktionäre in vielen Ländern. Ein deutsches Auto besteht aus Teilen, die in Frankreich, Großbritannien und Japan angefertigt werden. Große Firmen kaufen einfach ihre ausländischen Konkurrenten auf. Die Städte auf der ganzen Welt ähneln sich immer mehr. Geschäftsleute in Frankfurt und Tokio tragen die gleichen Anzüge und arbeiten in ähnlichen Büros. Oft sprechen sie auch die gleiche Sprache, nämlich Englisch, das sich zu einer internationalen Sprache entwickelte.

Das Transportwesen

Der Luftverkehr wurde schneller und billiger und immer mehr Menschen verbringen ihre Ferien im Ausland. Auch der Transport über Land verbesserte sich enorm, zum Beispiel durch den Bau eines Tunnels unter dem Ärmelkanal und einer 2000 Meter langen Brücke zwischen zwei japanischen Inseln. Durch den wachsenden Handel und die steigende Anzahl Auto fahrender Familien nahm der Straßenverkehr um Millionen von Fahrzeugen zu. Mehr Freizeit und mehr Geld bedeuten auch, dass es sich die Menschen leisten können, immer öfter und immer weiter weg zu verreisen. Um 2000 können Touristen die entlegensten Gebiete der Erde besuchen.

Der Weltraum

Das Zeitalter der Raumfahrt begann 1961, als der Russe Juri Gagarin die Erde mit der Raumkapsel »Wostok« umkreiste. 1969 landeten die Amerikaner auf dem Mond. In den Siebzigerjahren entwickelten die Russen ein Raumlabor, in dem mehrere Wissenschaftler einige Monate im All arbeiten konnten.

Die Amerikaner erfanden das »Spaceshuttle« (1981), halb Raumschiff und halb Flugzeug, das man viele Male benutzen konnte. Unbemannte Raumsonden erforschen seither die Planeten und das All. Um 2000 umkreisten hunderte von künstlichen Satelliten die Erde. Einige werden für wissenschaftliche Forschungen verwendet; sie bringen neue Erkenntnisse über die Erde und beobachten Wettervorgänge. Viele werden für die Kommunikation benutzt und senden Fernseh- und andere Signale um die Welt. Das amerikanische Hubble-Weltraumteleskop beobachtet von der Erdumlaufbahn aus das Universum.

▷ Der amerikanische Astronaut Bruce McCandless testete 1984 vom Spaceshuttle aus ein Manövriergerät für Einzelpersonen. Mit einem solchen Gerät kann sich ein Astronaut frei im Weltraum bewegen.

△ Computer eroberten Schulen, Haushalte und Büros, als die PCs (Personalcomputer) in den Siebzigerjahren erfunden wurden.

Die Kommunikationsrevolution

Die wichtigsten technologischen Veränderungen zwischen 1950 und 2000 fanden im Bereich der elektronischen Kommunikation statt. Sie betrafen alle Menschen der Welt, brachten aber nicht nur großen Nutzen, sondern auch Probleme. Die ersten Computer dienten während des Zweiten Weltkriegs dazu, feindliche Funksprüche zu entschlüsseln. Sie waren im Grunde nur riesige Rechenmaschinen. Der erste hieß Colossus und wog über eine Tonne. Er war allerdings weit weniger leistungsstark als ein moderner Laptop. In den Achtzigerjahren arbeiteten bereits die meisten Firmen und viele Privathaushalte mit dem Computer. Neue Entwicklungen wie Fax, E-Mail und das Internet folgten, zusammen mit Videorekordern und Kameras, Handys und digitalem Fernsehen. Nachdem 1971 der »Mikroprozessor« erfunden worden war, der nur noch einen kleinen Silikonchip benötigte, wurden die Computer kleiner und billiger. Der Personalcomputer (PC) entstand. Die Computer schufen viele neue Industriezweige, die Computerzubehör herstellten.

Das Ende des Jahrhunderts

Das wichtigste Ereignis in den letzten Jahren des 20. Jahrhunderts war der Zusammenbruch des Kommunismus in Europa um 1989. Auch in anderen Teilen der Welt verschwanden Regierungen, die ihre Herrschaft mit Gewalt aufrechterhalten hatten. Die Demokratie machte Fortschritte.

Das Ende der Sowjetunion

Seit 1917 beherrschte der Kommunismus die Sowjetunion, das größte Land der Welt. Seit den Vierzigerjahren war die Sowjetunion auch die führende Macht für halb Europa und einen großen Teil Zentralasiens. 1985 wurde Michail Gorbatschow, ein kühner Reformer, sowjetisches Staatsoberhaupt. Er führte eine neue Politik ein, die den Menschen mehr Freiheiten gab, und hörte auch denjenigen zu, die nicht seiner Meinung waren. Politische Gefangene wurden freigelassen. Gorbatschow schlug auch in der Außenpolitik einen neuen Kurs ein und setzte auf Kooperation statt auf Konfrontation. Das war das Ende des Kalten Krieges, eine Entwicklung, auf die auch die USA und ihre Verbündeten schon lange gewartet hatten.

Es war zwar nicht schwer, den Menschen mehr Freiheiten zu geben, aber gefährlich. Indem er die Macht der kommunistischen Partei einschränkte, gab Gorbatschow den Staaten der Sowjetunion und den anderen sozialistischen Ländern Europas die Gelegenheit, sich von der sowjetischen Herrschaft und ihren sozialistischen Regierungen zu befreien. Das riesige Sowjetreich fiel plötzlich auseinander, als in diesen Ländern demokratische Regierungen gewählt wurden. Die kommunistische Partei wurde 1991 in Russland verboten, und damit war die Sowjetunion offiziell aufgelöst. Allerdings verlor die Regierung ohne das System der kommunistischen Partei die Kontrolle, und am Ende des Jahrhunderts drohte Russland im Chaos zu versinken.

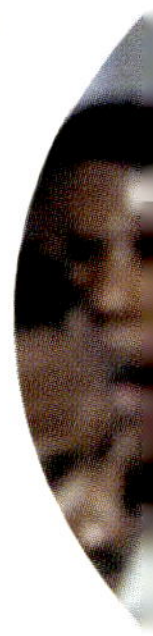

▷ Nelson Mandela wird von seinen Anhängern nach seiner Freilassung aus dem Gefängnis begrüßt. Er und de Klerk verwandelten Südafrika in eine Demokratie.

▽ Deutsche freuen sich über den Fall der Berliner Mauer im Jahr 1989. Die Mauer wurde 1961 gebaut, um die Flucht in den Westen zu verhindern. Als die sozialistische Regierung in Ostdeutschland zusammenbrach, kamen tausende in den Westen. 1990 wurde Deutschland wiedervereinigt.

Südafrika

Durch seine rassistische Apartheidpolitik war Südafrika ein Außenseiter. Es gab einige Reformen, bevor F.W. de Klerk, der Gorbatschow Südafrikas, 1989 Präsident wurde. Aber mit der Unterstützung der Mehrheit der Weißen und anderer Bürger versprach er nun, die Apartheid zu beenden. 1990 wurde der Afrikanische Nationalkongress, die verbotene Partei der schwarzen Freiheitskämpfer, wieder zugelassen. Der Anführer des ANC, Nelson Mandela, wurde nach 26 Jahren Haft aus dem Gefängnis entlassen. Südafrika schaffte 1991 die Apartheidgesetze ab, und 1994 gab es die ersten, echten demokratischen Wahlen. Der ANC gewann die Mehrheit, und Mandela, der überall in der Welt als Held gefeiert wurde, wurde der erste schwarze Präsident der »Regenbogennation« (Menschen aller Hautfarben).

Lateinamerika

Nach ihrer Unabhängigkeit hatten die meisten lateinamerikanischen Länder unter instabilen und ungerechten Regierungen und grausamen Militärdiktatoren zu leiden, die manchmal sogar von den USA unterstützt wurden. In Bolivien gab es zwischen 1825 und 1952 rund 180 Aufstände. Etwa 100000 Guatemalteken starben zwischen 1960 und 1980 eines gewaltsamen Todes. In den Neunzigerjahren brachen durch Reformen und demokratische Bemühungen für viele Länder bessere Zeiten an. In Argentinien (1983), Brasilien (1985), Chile, Paraguay und – durch US-Truppen – in Panama (1989) wurden Diktatoren, davon einige Massenmörder, gestürzt. Lange und mörderische Bürgerkriege in Nicaragua (1990), El Salvador und Guatemala (1992) wurden beendet. Diese Länder hatten nun gerechtere und demokratischere Regierungen. Dennoch gibt es dort nach wie vor große Probleme, besonders wegen der schrecklichen Armut in den Slums der Großstädte.

△ Rigoberta Menchú aus Guatemala erhielt 1992 den Friedensnobelpreis. Sie bekam ihn für ihren Kampf für die Menschenrechte, besonders die der eingeborenen Bevölkerung.

Die Welt am Ende des 20. Jahrhunderts

Im Jahr 2000 konnten die Menschen auf das gewalttätigste Jahrhundert ihrer Geschichte zurückblicken. Es hatte mehr Kriege mit mehr Toten und mehr brutale Regierungen gegeben als in allen Jahrhunderten zuvor. Dennoch war nach 1945 kein großer, internationaler Krieg mehr ausgebrochen, und nur wenige Leute glauben, dass in der Zukunft ein Weltkrieg droht.

Es war aber auch ein Jahrhundert voller großartiger Errungenschaften, und trotz aller Gewalt und Grausamkeit sah die Zukunft besser aus als die Vergangenheit. Den meisten Menschen, wenn auch nicht allen, ging es mittlerweile besser. Hungersnöte und Krankheiten sind noch nicht beseitigt, werden aber seltener. Wissenschaft und Medizin haben erstaunliche Fortschritte gemacht. Die vielleicht wichtigste Veränderung ist, dass viele Nationen und Länder toleranter geworden sind. Aufgrund der Arbeit der UNO und anderer Organisationen sind die Länder nun eher bereit, anderen zu helfen. Immer mehr Menschen haben begriffen, dass jeder Mensch Rechte hat. Sie sind dabei zu lernen, auch mit Menschen anderer Völker, anderer Klassen und anderen Geschlechts in Frieden zusammenzuleben.

Das 20. Jahrhundert

In der ersten Hälfte des Jahrhunderts gab es zwei furchtbare Weltkriege. Nach 1945, dem Jahr der Atombombe, gründeten die Staaten der Welt die Vereinten Nationen, um einen weiteren Weltkrieg zu verhindern. Gleichzeitig erkannte der Westen, dass Freiheit und Gleichheit für alle gelten sollten, und die europäischen Weltreiche wurden aufgelöst.

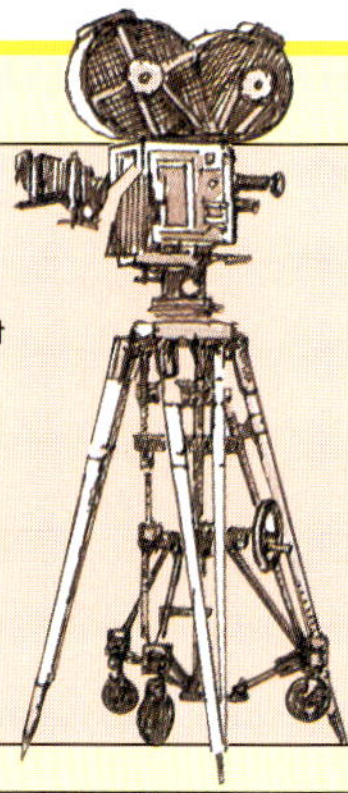

	1900–1916	**1917–1933**	**1934–1949**
AMERIKA	**1903** Die Gebrüder Wright unternehmen in Nord-Carolina den ersten Flug in einem Flugzeug mit Benzinmotor. **1911** Die mexikanische Revolution beginnt. **1911** In Hollywood wird das erste Filmstudio eröffnet. **1914** Eröffnung des Panamakanals, der den Atlantik und den Pazifik verbindet.	**1917** Die USA treten in den Ersten Weltkrieg gegen Deutschland ein. **1928** Der erste Micky Maus-Zeichentrickfilm entsteht. Die Filmindustrie blüht (rechts). **1929** Ein Börsencrash führt zu einer weltweiten Wirtschaftskrise. **1931** Kanada wird unabhängig.	**1936** Der schwarze Amerikaner Jesse Owens gewinnt vier Goldmedaillen bei den Olympischen Spielen in Berlin. **1941** Nach dem japanischen Angriff auf Pearl Harbor treten die USA in den Zweiten Weltkrieg ein. **1944** In Argentinien kommt Juan Perón an die Macht. **1945** New York wird zum Hauptquartier der Vereinten Nationen.
EUROPA	**1905** Norwegen wird von Schweden unabhängig. **1906** In Finnland erhalten Frauen das Wahlrecht. **1908** Bulgarien erklärt seine Unabhängigkeit vom Osmanischen Reich. **1909** Der Franzose Louis Blériot fliegt als Erster mit einem Flugzeug über den Ärmelkanal. **1914** Der Erste Weltkrieg bricht aus.	**1917** Im März beginnt die Russische Revolution, im November erobern die Bolschewiken die Macht. **1919** Mit dem Friedensvertrag von Versailles endet der Erste Weltkrieg. Millionen von Menschen sterben während einer Grippeepidemie. **1920** Gründung des Völkerbunds, der jedoch Kriege zwischen den Mitgliedsstaaten nicht verhindern kann. **1922** Der Irische Freistaat wird von Großbritannien weitgehend unabhängig. **1922** In Italien kommt Mussolini an die Macht. **1933** Hitler wird Deutscher Reichskanzler und Diktator.	**1936** In Spanien bricht ein Bürgerkrieg aus. **1936** Volkswagen beginnt mit der Produktion des »Käfers« (unten). **1939** Der Zweite Weltkrieg beginnt. **1941** Deutschland greift Russland an. **1945** Der Zweite Weltkrieg endet mit der Niederlage Deutschlands und Japans. **1948** Kommunisten übernehmen die Macht in den osteuropäischen Staaten.
ASIEN und OZEANIEN	**1900** In China kommt es zum Boxeraufstand gegen ausländische Einflüsse (links). **1904** Ausbruch des Kriegs zwischen Russland und Japan. Russland wird 1905 besiegt. **1911** China wird nach einer Revolution zur Republik. **1913** Der indische Dichter Rabindranath Tagore erhält den Literaturnobelpreis.	**1918** Königin Salote wird Königin von Tonga und regiert 47 Jahre lang. **1927** Canberra wird Hauptstadt des Australischen Bundes. **1931** Neuseeland wird unabhängig. **1931** Die Japaner erobern die Mandschurei.	**1935** In Neuseeland wird die erste Labour-Regierung gewählt. **1942** Japan vollendet die Eroberung Südostasiens und Indonesiens. **1945** Japan ergibt sich, als US-Flugzeuge Atombomben auf die Städte Hiroshima und Nagasaki werfen (links). **1947** Indien und Pakistan werden von Großbritannien unabhängig. **1949** Indonesien wird unabhängig. Im chinesischen Bürgerkrieg unterliegen die Nationalisten den Kommunisten unter Mao Zedong.
AFRIKA und der NAHE OSTEN	**1910** Gründung der Südafrikanischen Union. **1911** Italien greift Libyen an. **1912** Gründung des African National Congress (ANC), der für die Gleichberechtigung der Schwarzen in Südafrika kämpft.	**1918** In Palästina kommt es zwischen den jüdischen Einwanderern und den Arabern zu Konflikten. **1922** Die Türkei wird Republik. **1926** Spanien und Frankreich schlagen den Aufstand in Marokko nieder. **1930** Haile Selassie wird Kaiser von Äthiopien. Das Kreuz (links) stammt aus Äthiopien. **1932** Ibn Saud gründet das Königreich Saudi-Arabien.	**1935** Italien erobert Äthiopien. **1942** In der Schlacht von El Alamein in Ägypten werden die Deutschen von den Alliierten besiegt. **1945** Gründung der Arabischen Liga in Kairo. **1948** Die Gründung des Staates Israel führt zum ersten arabisch-israelischen Krieg. **1949** Die südafrikanische Regierung führt die Apartheidpolitik ein.

Dieser Gesinnungswandel führte auch zu größerer Gleichberechtigung zwischen Menschen von unterschiedlicher Rasse, Religion und Geschlecht. Kriege, Gewalt und Vorurteile gab es zwar immer noch, aber nach mehr als 2000 Jahren voller Konflikte wuchsen die Völker der Erde nun enger zusammen.

1950–1966

1955 Der argentinische Präsident Perón wird gestürzt.
1959 Hawaii wird fünfzigster Staat der USA.
1963 Der amerikanische Präsident John F. Kennedy (rechts) wird in Texas ermordet.
1965 Die Amerikaner lassen sich auf einen Krieg in Vietnam ein.

1951 Bau der ersten Atomkraftwerke.
1956 Sowjetische Panzer zerschlagen einen Aufstand in Ungarn.
1957 Gründung der Europäischen Gemeinschaft.
1957 Russland startet den ersten Weltraumsatelliten, Sputnik I.
1961 Der Russe Juri Gagarin fliegt als erster Mensch ins All.

1950 Ausbruch des Koreakriegs.
1953 Hillary und Tenzing erreichen den Gipfel des Mount Everest (rechts).
1957 In Vietnam kommt es zum Bürgerkrieg.
1962 Die Kubakrise endet mit dem Rückzug der Sowjets.
1966 In China beginnt die Kulturrevolution.

1957 Nkrumah (rechts) führt Ghana in die Unabhängigkeit.
1957 Frankreich und Großbritannien ziehen sich aus ihren Kolonien zurück.
1962 Algerien wird von Frankreich unabhängig.
1965 Rhodesien erklärt seine Unabhängigkeit von Großbritannien.

1967–1982

1968 Der schwarze Bürgerrechtler Martin Luther King wird ermordet.
1969 Der amerikanische Astronaut Armstrong betritt als erster Mensch den Mond (rechts).
1973 In Chile wird Präsident Allende durch einen Militärputsch unter Führung von Pinochet gestürzt.
1974 US-Präsident Nixon muss nach der Watergate-Affäre zurücktreten.

1968 In der Tschechoslowakei wird die Reformregierung durch den sowjetischen Einmarsch gestürzt.
1969 Die IRA beginnt ihren Kampf für ein vereinigtes Irland.
1973 Griechenland wird Republik.
1975 In Spanien wird die Monarchie wiederhergestellt.
1980 Die polnische Gewerkschaft »Solidarnośc« wird gegründet (links) und wendet sich gegen die von den Sowjets kontrollierte Regierung.

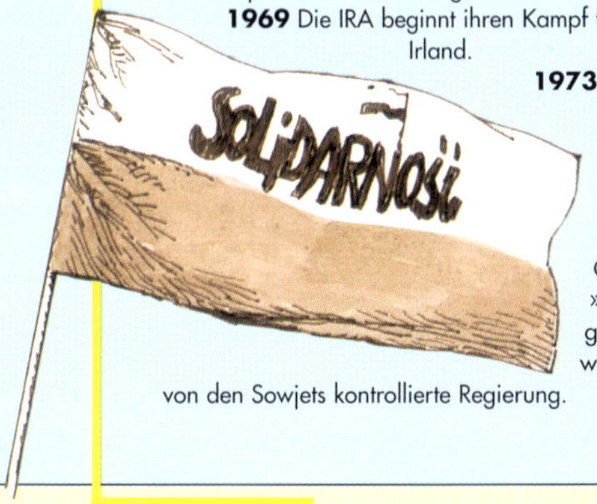

1971 Bangladesh wird von Pakistan unabhängig.
1973 Die letzten US-Truppen verlassen Vietnam.
1975 Pol Pot ergreift in Kambodscha die Macht, und Kommunisten herrschen in Laos und Vietnam.
1975 Papua-Neuguinea wird von Australien unabhängig.

1967 Biafra verlässt den nigerianischen Staat, woraufhin es zum Bürgerkrieg kommt.
1975 Angola und Mosambik werden von Portugal unabhängig.
1979 Im Iran kommt Ayatollah Khomeini an die Macht.
Sowjetische Truppen marschieren in Afghanistan ein.
1980 Der Krieg zwischen Irak und Iran beginnt.
1982 Israel greift den Libanon an.

1983–1999

1983 Die US-Truppen verhindern einen kommunistischen Staatsstreich in Grenada.
1992 In El Salvador endet ein zwölfjähriger Bürgerkrieg.
1992 In Rio de Janeiro findet ein internationales Gipfeltreffen statt, auf dem Umweltprobleme zur Sprache kommen.

1989 Demonstrationen zwingen die Kommunisten zur Aufgabe ihrer Herrschaft in den osteuropäischen Staaten.
1991 Als Jugoslawien sich in einzelne Staaten aufspaltet, kommt es auf dem Balkan zum Krieg.
In Russland tritt Gorbatschow zurück und die alte kommunistische Partei wird verboten.
1995 Ein Friedensabkommen beendet den Bürgerkrieg in Bosnien.
1999 Streitkräfte der NATO greifen die Serben an wegen deren Verfolgung der Albaner im Kosovo.
1999 Die Europäische Union führt eine gemeinsame Währung ein, den Euro.

1984 Die indische Premierministerin Indira Ghandi (links) wird ermordet.
1986 Im Südpazifik wird eine kernwaffenfreie Zone eingerichtet.
1989 Chinesische Regierungstruppen verüben auf dem Platz des Himmlischen Friedens ein Massaker an demonstrierenden Studenten.
1991 Der indische Premierminister Rajiv Gandhi (Sohn von Indira) wird ermordet.
1997 Großbritannien gibt Hongkong an China zurück.
1998 Krawalle in Indonesien zwingen Präsident Suharto zum Rücktritt.

1984 Etwa eine Million Menschen sterben während der Hungersnot in Äthiopien an Schwäche und Krankheiten.
1991 Streitkräfte der USA vertreiben die Iraker aus Kuwait.
1993 Araber und Israelis unterzeichnen ein Abkommen, um den Konflikt in Palästina zu lösen.
1994 Etwa eine Million Menschen sterben während des Bürgerkriegs in Ruanda.
Nelson Mandela wird nach den ersten freien Wahlen Präsident von Südafrika.

Wichtige Namen

Castro, Fidel (geboren 1927), kubanischer Präsident. Er führte 1958 einen Volksaufstand gegen den kubanischen Diktator Batista und verwandelte Kuba in einen kommunistischen Staat, der von der Sowjetunion unterstützt wurde. Trotz amerikanischer Bemühungen, ihn loszuwerden, blieb er sogar nach dem Zusammenbruch der Sowjetunion 1989 an der Macht.

Churchill, Winston (1874–1965), britischer Politiker. Seit 1874 Mitglied des Parlaments wurde er nach einer wechselhaften Karriere 1940 Premierminister. Mit viel Mut und Geschick führte er Großbritannien durch den Zweiten Weltkrieg. Er entwickelte eine erfolgreiche Kriegstaktik und ermutigte die Menschen mit seinen kämpferischen Reden.

Gaulle, Charles de (1898–1970), französischer Staatsmann. Der Armeegeneral flüchtete 1940 nach der Besetzung Frankreichs nach England und wurde dort zum Anführer des Freien Frankreichs, dem die Gegner der deutschen Besatzung angehörten. Er war 1944–46 und 1959–69 französischer Präsident und entließ 1962 Algerien in die Unabhängigkeit.

Ford, Henry (1863–1947), amerikanischer Ingenieur und Geschäftsmann. Er entwarf Autos und baute 1903 in Detroit eine eigene Autofabrik. Dort wurden zum ersten Mal Autos am Fließband in Massen gefertigt. Obwohl er hohe Löhne zahlte, war sein Modell T (»Tin Lizzie«) so billig, dass auch normale Familien es bezahlen konnten – 15 Millionen wurden verkauft.

Franco, General Francisco (1892–1975), spanischer Diktator. Er führte einen Aufstand an, der den spanischen Bürgerkrieg auslöste. Nach 1939 verwandelte er Spanien in einen Polizeistaat. Obwohl er Hitler freundlich gesonnen war, hielt er Spanien aus dem Zweiten Weltkrieg heraus. Nach dem Krieg wurde er wegen seiner antikommunistischen Haltung von den USA unterstützt.

Gandhi, Indira (1917–84), indische Premierministerin. Sie folgte ihrem Vater Jawaharlal Nehru 1966 als Premierministerin nach und beherrschte 20 Jahre lang die indische Politik. 1977 verlor sie ihr Amt und wurde des Amtsmissbrauchs beschuldigt, kam aber 1980 wieder an die Macht. Sie wurde ermordet, wie ihr Namensvetter Mahatma Gandhi.

Gandhi, Mahatma (1869–1948), indischer Führer. Er engagierte sich bis 1914 als Anwalt mutig gegen die Rassengesetze in Südafrika. In Indien führte er den Nationalkongress und kämpfte gewaltlos für die Unabhängigkeit von Großbritannien. Wegen seiner Bemühungen, Hindus und Muslime zu versöhnen, wurde er von einem extremistischen Hindu ermordet.

Gorbatschow, Michail (geboren 1931), letztes Staatsoberhaupt der Sowjetunion. Er arbeitete sich in der kommunistischen Partei nach oben und wurde 1985 zum Vorsitzenden gewählt. Seine Reformen, die Frieden, Freiheit und bessere Lebensverhältnisse bringen sollten, führten zum Zusammenbruch der Sowjetunion und zum Einsturz des kommunistischen Systems in Europa.

Hitler, Adolf (1889–1945), deutscher Diktator. Er war von 1914–18 Soldat und wurde dann Führer der Nationalsozialistischen Partei NSDAP. Im Gefängnis schrieb er *Mein Kampf*, in dem er die angeblichen Feinde Deutschlands, darunter auch die Juden, angriff. Nachdem er 1933 an die Macht kam, machte er Deutschland zu einem Polizeistaat und provozierte den Zweiten Weltkrieg.

King, Martin Luther (1929–68), der berühmteste Führer der amerikanischen Bürgerrechtsbewegung. Der schwarze Pfarrer einer Baptistenkirche im rassistischen Alabama war der Gründer und später auch Anführer der »Southern Christian Leadership Conference«, die mit Gandhis Methoden für Rassengleichheit kämpfte. Der mitreißende Redner wurde von einem weißen Rassisten ermordet.

Lenin, richtiger Name W.I. Uljanow (1870–1924), erstes Staatsoberhaupt der Sowjetunion. Der Marxist und Rebell befand sich oft im Exil oder im Gefängnis. Er führte die Bolschewiken in die Russische Revolution (1917) und bereitete das kommunistische System vor. Seine Politik war brutal, aber die schlimmsten Grausamkeiten geschahen unter seinem Nachfolger Stalin.

Mandela, Nelson (geboren 1918), südafrikanischer Staatsmann. Er trat 1944 dem Afrikanischen Nationalkongress bei und führte die Opposition gegen die rassistische Apartheidpolitik. Von 1964 bis 1990 saß er im Gefängnis. Nach dem Ende der Apartheid wählte man ihn zum ersten schwarzen Präsidenten Südafrikas (1991). Seine Toleranz wurde überall bewundert.

Mao Zedong (1893–1976), chinesischer Kommunistenführer. Er war Mitbegründer der kommunistischen Partei in China und regierte das Land nach der Revolution (1949). Seine Herrschaft war intolerant und seine Politik oftmals unklug: Sein »Großer Sprung nach vorne« (1958) war ein Schritt zurück. Danach schwand sein Einfluss, aber niemand wagte es, ihn zu kritisieren.

Mussolini, Benito (1883–1945), italienischer Faschistenführer. In seiner Jugend war er Sozialist, aber 1919 gründete er die faschistische Bewegung. 1922 wurde er Premierminister und ernannte sich zum Diktator. Als extremer Nationalist glaubte er eher an Gewalt als an Gesetze. Er marschierte in Äthiopien ein und führte als Hitlers Verbündeter Italien in den Krieg. 1943 wurde er gestürzt.

Nasser, Gamal Abdel (1918–70), ägyptischer Präsident. Nach einer Militärrevolte gegen den ägyptischen König wurde Oberst Nasser Präsident. Mit der Eroberung des Sueskanals (1956) löste er eine Weltkrise aus. Trotz seiner Niederlage im Sechs-Tage-Krieg gegen Israel galt er als größter arabischer Führer des Nahen Ostens.

Roosevelt, Eleanor (1882–1962), Kämpferin für die Menschenrechte. Die Frau von Präsident Franklin Roosevelt engagierte sich für die Bürgerrechte von Schwarzen und Frauen. Nach dem Tod ihres Mannes arbeitete sie für die neu gegründeten Vereinten Nationen und war Vorsitzende der Menschenrechtskommission der UNO (1947–51).

Stalin, richtiger Name Jossif Dschugaschwili (1879–1953), Diktator der Sowjetunion. Er nahm an der bolschewistischen Revolution (1917) teil und löste Lenin 1924 als Staatsoberhaupt ab. Er beseitigte alle Gegner, echte oder eingebildete, und ließ Millionen von Menschen töten oder verbannen. Trotzdem gewann er durch den Sieg über Deutschland (1943–45) an Ansehen.

Glossar

Aborigines Die australischen Ureinwohner

Absolutismus Regierungsform, bei der die Macht des Herrschers nicht durch Gesetze eingeschränkt ist.

Achsenmächte Das Bündnis von Deutschland, Italien und später auch Japan während des Zweiten Weltkriegs.

Akropolis In der antiken griechischen Stadt das religiöse Zentrum mit den wichtigsten Tempeln. Befand sich meistens an einem erhöhten Ort.

Alliierte Länder oder Gruppen, die sich aus einem bestimmten Grund miteinander verbünden, meistens im Krieg.

Apartheid Von 1948 bis 1991 in Südafrika herrschende Politik der Rassentrennung, die den Weißen mehr Rechte und bessere Lebensbedingungen gab als den anderen Rassen.

Aquädukt Eine Brücke, die Wasser in einer Rinne über ein Tal führt.

Archäologie Das Studium der Vergangenheit, besonders des Altertums, anhand der Untersuchung geschichtlicher Fundstücke.

Artillerie Mit Kanonen ausgerüstete Armeeeinheit.

Atomwaffen Mächtige Waffen, deren Explosionen durch Kernspaltung oder Kernfusion ausgelöst werden.

Barbaren Bezeichnung der antiken Griechen und Römer für Menschen, die keine Griechen beziehungsweise Römer waren. Später ein Ausdruck für wilde und unzivilisierte Menschen.

Basilika Ein großes, rechteckiges öffentliches Gebäude im antiken Rom. Frühe christliche Kirchen übernahmen diese Form, allerdings mit einem Mittelschiff.

Bauern Im Mittelalter die unterste Klasse der Bevölkerung. Einige Bauern besaßen ihr eigenes Land, andere waren dagegen Leibeigene.

Blitzkrieg Schnelle Angriffsform mit Panzern und Luftwaffe, die von den Deutschen im Zweiten Weltkrieg eingesetzt wurde.

Bojaren Alte russische Adelsschicht aus dem 11. Jahrhundert.

Bolschewiki Revolutionäre Gruppe in Russland, die im November 1917 die Revolution durchführte.

Bronzezeit Vorgeschichtliche Epoche, in der die Menschen lernten, Werkzeug und Waffen aus Metall herzustellen, meistens aus Bronze, da sie das Eisen noch nicht kannten.

Bundesregierung Die Zentralregierung in einem Land, das aus mehreren Bundesstaaten oder -ländern besteht. Die Regierungen der einzelnen Bundesstaaten kümmern sich um die lokalen Angelegenheiten, während die Bundesregierung über die nationalen Fragen wie Außenpolitik und Verteidigung entscheidet.

Buren Bedeutet ursprünglich »Bauern«; anderer Name für Afrikaander (Südafrikaner holländischer Abstammung).

Daimyo Angehöriger des Kriegeradels in Japan.

Demokratie Regierungsform, in der das Volk durch Wahlen die Macht über die Regierung hat.

Diktator Ein Herrscher mit unumschränkter Macht, die er oftmals illegal, beispielsweise durch einen Staatsstreich, an sich gerissen hat.

Diskriminierung Die ungerechte Behandlung einer Gruppe von Menschen aufgrund ihrer Religion, ihrer ethnischen Herkunft, ihres Geschlechts oder eines anderen Merkmals.

Dissidenten Menschen, die mit den gültigen Gesetzen oder religiösen Glaubensvorstellungen in einer Gemeinschaft nicht einverstanden sind.

Dominion Ein sich selbst regierender Staat, der zum Britischen Kolonialreich gehört, zum Beispiel Kanada oder Australien.

Dritter Stand Die einfachen Bürger, die mit dem Ersten und Zweiten Stand (Adel und Klerus) in Frankreich vor der Revolution 1789 die Generalstände bildeten.

Dritte Welt Häufige Bezeichnung für die ärmeren Länder der Welt in Afrika, Asien und Lateinamerika.

Dynastie Eine Herrscherfamilie, in der die Herrschaft durch Erbfolge weitergegeben wird.

Ein-Parteien-Staat Eine Regierung, bei der alle Macht in den Händen einer einzigen Partei liegt.

Eisenzeit Epoche nach der Bronzezeit, in der die Menschen erstmals Eisen verarbeiteten.

Eiszeit Eine Zeit, in der das Klima auf der Erde viel kälter war, sodass ein Großteil der nördlichen Kontinente von Eis bedeckt war. Die letzte Eiszeit endete etwa 10000 v.Chr.

Emanzipation Befreiung von Abhängigkeit und Ungerechtigkeit, zum Beispiel Freiheit von der Sklaverei, oder der Kampf um gesellschaftliche Rechte, etwa um das Wahlrecht der Frauen.

Erbfolgekrieg Krieg um die Thronfolge in einem Land, dessen Herrscherfamilie ausgestorben ist.

Erbtitel Ein Titel, der innerhalb einer Familie durch Erbfolge weitergegeben wird.

Faschismus Eine extreme Regierungsform mit einem Diktator. Der Faschismus stellt das Interesse des Staates vor das Interesse der Bürger, deswegen gründet sich seine Herrschaft eher auf Gewalt als auf Gesetze.

Feudalismus Gesellschaftsordnung im Mittelalter, besonders in Europa, die auf einem Abkommen zwischen Untertan und Herr beruhte. Der Untertan verpflichtete sich im Tausch gegen Land für seinen Herrn zu arbeiten oder zu kämpfen.

Fließbandproduktion Herstellungsmethode in Fabriken, bei der ein Produkt von einem Arbeiter zum nächsten wandert, der jeweils einen bestimmten Fertigungsschritt ausführt.

Flüchtling Jemand, der seine Heimat verlassen muss, weil dort Krieg herrscht oder weil er oder sie von der Regierung oder von anderen Menschen verfolgt wird.

Fruchtbarer Halbmond Eine Region im Nahen Osten, in der schon früh mit dem Ackerbau begonnen wurde. Sie erstreckte sich vom Niltal aus nach Nordosten entlang des Mittelmeers und nach Südosten durch die Täler der Flüsse Tigris und Euphrat.

Galeere Ein Schiff, das hauptsächlich mit Ruderkraft angetrieben wurde, obwohl manche auch Segel hatten.

Gentechnologie Die Manipulation von Lebewesen durch das Verändern der Gene, in denen das Programm sitzt, das bei der Vererbung bestimmte Eigenschaften festlegt.

Gewerkschaft Organisation, die für die Rechte der Arbeiter eintritt.

Gladiator Mann im alten Rom, der zur Unterhaltung des Publikums in einer Arena kämpfte. Gladiatoren waren oftmals Sklaven oder Gefangene.

Hedschra Die Flucht des Propheten Mohammed von Mekka nach Medina im Jahr 622, dem ersten Jahr des muslimischen Kalenders.

Hominid Menschenähnliches Lebewesen; Vorfahre des Menschen.

Hugenotten Französische Protestanten im 16. und 17. Jahrhundert.

Ikone Religiöses Bild oder Skulptur von einem Heiligen in der orthodoxen christlichen Kirche.

Immigranten Menschen, die sich in einem fremden Land niederlassen, oft, weil sie in ihrer Heimat verfolgt wurden.

Janitscharen Berufssoldaten im Osmanischen Reich.

Jurte Ein großes Zelt aus Fellen, die auf einen Holzrahmen gespannt werden, in dem Nomaden wie die Mongolen in Zentralasien leben.

Kalender Die Unterteilung des Jahres in Jahreszeiten, Monate und Tage, normalerweise nach den Bewegungen von Sonne und Mond.

Kalif Islamischer Herrscher. Als Nachfolger Mohammeds war der Kalif zugleich weltlicher und religiöser Herrscher des Islam. Der Titel wurde erblich, doch nach 1258 gab es keinen Kalifen mehr, der von allen Muslimen anerkannt wurde.

Kalligraphie Kunst des Schönschreibens. Eine der wichtigsten Kunstformen im alten Ägypten, in den Klöstern Europas sowie in China und Japan.

Karawane Eine Gruppe von Händlern und anderen Menschen, die aus Sicherheitsgründen zusammen reisen. Besonders in Wüstenregionen reisten die Händler immer in Karawanen.

Kastenwesen Gesellschaftliche Ordnung, in der die Menschen nach Geburt oder Beruf in verschiedene Klassen eingeteilt sind, hauptsächlich in Indien. Jeder soll danach in der Kaste bleiben, in die er oder sie hineingeboren wurde.

Kaufmann Ein Mensch, der vom Kauf und Verkauf von Waren lebt. Normalerweise recht wohlhabend, im Gegensatz zu einem einfachen Händler.

Keilschrift Eine frühe Form der Schrift in Mesopotamien.

Keramik Vasen, Tassen, Teller und andere Gefäße aus Ton, die heiß gebrannt werden.

Ketzerei Religiöse Glaubensvorstellungen, die den anerkannten Überzeugungen einer Zeit widersprechen.

Khan Erblicher Herrschertitel bei den Mongolen und anderen Völkern im östlichen Zentralasien.

Kleinasien Der Teil Asiens, der Europa am nächsten liegt. Entspricht etwa dem Gebiet der heutigen Türkei.

Kolonialreich Gebiet eines Staates, der über fremde Völker oder Staaten herrscht.

Kolonie Bezeichnet entweder eine Ansiedlung von Menschen in einem fremden Land oder ein Land, das von einem anderen Staat beherrscht wird.

Kommunismus Extreme Form des Sozialismus, bei der der Staat über alle Macht und allen Besitz verfügt und von einer einzigen Partei beherrscht wird.

Kosaken Heißt ursprünglich »Abenteurer« und bezeichnet Gruppen von kriegerischen Reiterverbänden und Wehrbauern in Russland, die von den russischen Herrschern fast völlig unabhängig waren.

Kreuzzug Ein im Namen des Christentums geführter Glaubenskrieg, der vom Papst unterstützt wurde.

Kulturrevolution Politik der Regierung Maos im kommunistischen China von 1965–68. Mao wollte mit Hilfe von Schüler- und Studentengruppen, den so genannten Roten Garden, seine kommunistische Revolution weiter vorantreiben, was schließlich in Gewalt und Chaos endete.

Lateinamerika Sammelname für Mexiko und die Länder Mittel- und Südamerikas, wo man spanisch oder portugiesisch spricht.

Legende Eine Geschichte, die möglicherweise auf wahren Begebenheiten beruht.

Leibeigener Eine Person im Dienst eines Fürsten, der ihn oder sie »besitzt«. Leibeigene waren jedoch keine Sklaven, da sie gewisse Rechte besaßen.

Liberalismus Politische Bewegung, die für Reformen und mehr Freiheit eintritt.

Mamelucken Bedeutet ursprünglich »Sklaven« und bezeichnete die Angehörigen der königlichen Leibwache in Ägypten, die dann von 1250 bis 1570 als Sultane das Land regierten.

Mandarin Mächtiger chinesischer Beamter in der Manchu-Dynastie.

Meuterei Ein Aufstand von Soldaten oder Matrosen.

Miliz Bewaffnete Streitmacht, die im Gegensatz zu einem Heer nur aus einer örtlichen Gruppe von Soldaten besteht, die in einer Notsituation, etwa bei einem Aufstand, zusammengerufen werden.

Mittelalter Das Zeitalter zwischen dem Ende des Römischen Reichs und der Renaissance im 15. Jahrhundert.

Mittlerer Osten Gebiet in Südwestasien vom Mittelmeer bis Afghanistan.

Missionare Meistens Christen, die nichtchristlichen Völkern ihren Glauben vermitteln möchten.

Moderne Allgemeine Bezeichnung für die Epoche der tief greifenden Veränderungen in Kunst, Architektur und Literatur Anfang des 20. Jahrhunderts.

Monarchie Staat mit einem Herrscher, der ohne Mitsprache des Volkes regiert und nicht abgesetzt werden kann. Die Thronfolge ist oftmals erblich.

Mosaik Ein Bild, das aus vielen kleinen Steinwürfeln mit unterschiedlichen Farben besteht.

Moschee Ein muslimischer Tempel, Stätte des Gebets.

Nationalismus Ausgeprägtes Bewusstsein für die eigene Nation, besonders häufig in einem Land, das von einer fremden Macht beherrscht wird.

Nationalsozialisten Auch »Nazis« genannt; Mitglieder der Nationalsozialistischen Deutschen Arbeiterpartei, die unter Hitler 1933 in Deutschland an die Macht kam.

Naher Osten Gegend um das östliche Mittelmeer, die auch Ägypten und Südosteuropa mit einschließt. Wie »Mittlerer Osten« ist auch dieser Begriff nicht eindeutig festgelegt.

Neandertaler Ein früher Mensch in Europa; Verwandter des Homo sapiens, des heutigen Menschen.

Nomaden Menschen, die kein festes Zuhause haben, sondern mit den Jahreszeiten von Ort zu Ort ziehen. Sie halten Vieh und betreiben keinen Ackerbau.

Oligarchie Herrschaft einer kleinen Gruppe, meistens Adeliger.

Papst Das Oberhaupt der römisch-katholischen Kirche.

Papyrus Eine Art Papier, das aus in Streifen geschnittenem und gepresstem Schilf besteht. Es wurde von den alten Ägyptern, Griechen und Römern verwendet.

Parlament Regierungsversammlung, deren Mitglieder vom Volk gewählt sind. In modernen Demokratien übernimmt das Parlament meist die Funktion des Gesetzgebers.

Patriotismus Die Liebe eines Menschen zu seinem Vaterland.

Patrizier Bezeichnung für die Adeligen und Senatsangehörigen im alten Rom.

Philosophie Die Beschäftigung mit den grundlegenden Wahrheiten, auf denen menschliches Leben und Denken beruhen.

Plantage Ein großer Bauernhof oder ein Landgut mit eigenen Arbeitern, auf dem hauptsächlich eine bestimmte Pflanze angebaut wird, die oftmals für den Export bestimmt ist, beispielsweise Tabak, Kaffee oder Bananen.

Plebejer Die einfachen Bürger im alten Rom.

Porzellan Eine sehr feine und harte Keramikart, durch die das Licht hindurchscheint. Porzellan wurde in China bereits vor 1200 Jahren hergestellt, in Europa jedoch erst seit dem 18. Jahrhundert.

Prähistorie Die Zeit »vor der Geschichte«, das heißt, bevor es schriftliche Aufzeichnungen gab.

Proklamation Eine offizielle Bekanntmachung.

Prophet Jemand, von dem die Menschen glauben, dass er Gottes Wort verkündet.

Protestanten Menschen, die während der Reformation in Europa gegen die römisch-katholische Kirche »protestierten« und ihre eigenen Kirchen gründeten.

Pueblo Eine Dorfgemeinschaft, die in einer aus Ziegeln oder Steinen gebauten Siedlung lebte, vor allem im Südwesten der heutigen USA.

Puritaner Protestanten im 16. und 17. Jahrhundert, die eine einfache und strenge Form der Religion ausübten.

Putsch Ein anderer Begriff für Staatsstreich. Der plötzliche Sturz einer Regierung, gewöhnlich durch eine oder mehrere Personen, die großen Einfluss im Land haben.

Pyramide Ein riesiges, quadratisches Gebäude aus Stein, dessen vier Seiten nach oben hin spitz zulaufen. Im alten Ägypten befanden sich darin die Grabstätten der Könige.

Regent Staatsoberhaupt; oder jemand, der im Namen des Monarchen regiert, wenn dieser die Herrschaft nicht ausüben kann, zum Beispiel weil er oder sie zu jung ist.

Regime Eigentlich eine allgemeine Bezeichnung für Regierung, wird allerdings oftmals im Zusammenhang mit einer Militärregierung oder Diktatur gebraucht.

Reliquienschrein Ein wertvolles Behältnis, meistens aus Gold und Edelsteinen, das eine heilige Reliquie enthält, beispielsweise den Knochen eines Heiligen.

Renaissance Heißt eigentlich »Wiedergeburt«. Eine Zeit lebhafter Entwicklungen in Kunst und Wissenschaft, besonders im Europa des 15. und 16. Jahrhunderts.

Republik Ein Staat ohne Monarch. Eine Republik ist meistens eine Demokratie, mit einem Präsidenten und einem Parlament, das vom Volk gewählt ist.

Revolution Eine gewaltsame Veränderung, die vom Volk ausgeht und sich meistens gegen die Regierung richtet (wie in der Französischen Revolution von 1789). Manchmal wird der Begriff auch für Entwicklungen verwendet, die einen tief greifenden Wandel mit sich bringen (beispielsweise die industrielle Revolution im Europa des 19. Jahrhunderts).

Ritter Angehöriger einer gesellschaftlichen Schicht, die zwischen dem Adel und dem einfachen Volk stand. Im mittelalterlichen Europa waren Ritter Krieger, die auf Pferden ritten und eine Rüstung trugen.

Runenstein Eine große Steintafel mit altnordischen Schriftzeichen, die man Runen nennt.

Samurai Ein japanischer Krieger, der zu einer ähnlichen gesellschaftlichen Schicht wie die europäischen Ritter gehörte und strengen Ehrenregeln und Pflichten gehorchte.

Seeblockade Indem man die Schiffe eines Feindes am Ein- und Auslaufen hinderte, hemmte man dessen Seehandel und Schifffahrt.

Senat Versammlung der Patrizier im alten Rom. Heute ist der Senat in vielen Ländern eine der zwei Kammern des Parlaments.

Shogun Amtsbezeichnung für die Militärherrscher in Japan vom 12. bis zum 19. Jahrhundert.

Siegel Eine Art Stempel, mit dem man ein Zeichen in eine Tontafel drücken konnte.

Söldner Ein Berufssoldat, der für jeden kämpft, der ihn bezahlt.

Sozialismus Eine Gesellschaftsform, bei der aller Reichtum und Besitz dem Volk gehört und nicht im Privatbesitz ist.

Staatsmann Ein Politiker oder Regierungsbeamter, der großen Einfluss auf internationale Angelegenheiten hat.

Stadtstaat Ein Staat, der aus einer Stadt und den umliegenden Dörfern besteht.

Steinzeit Die Zeit, in der die Menschen Werkzeug aus Stein benutzten, weil sie noch kein Metall kannten.

Streitwagen Ein schneller, zweirädriger Pferdewagen, der in den Kriegen der Antike eingesetzt wurde.

Stupa Buddhistischer Bau, meistens in Form einer Kuppel, der einen heiligen Ort kennzeichnen soll.

Sultan Titel für einen muslimischen Machthaber, wurde hauptsächlich im Zusammenhang mit den Herrschern des Osmanischen Reichs verwendet.

Supermächte Die mächtigsten Staaten der Welt. Von 1945 bis 1989 waren das die USA und die Sowjetunion.

Technologie Bezeichnung für Werkzeuge, Instrumente und Methoden, die von der Wissenschaft entwickelt und in der Industrie und anderen Arbeitsbereichen angewandt werden.

Telegrafie Das Senden von Signalen über einen elektrischen Draht. Die Nachrichten werden in einen Code umgewandelt, der aus unterschiedlich langen Signalen besteht.

Tyrann Ein Herrscher mit unumschränkter Macht, der sogar über dem Gesetz steht. Heute vor allem Bezeichnung für einen Diktator, der sich mit Gewalt an der Macht hält.

Verstaatlichung Wenn Industrien (oder auch ein Land oder Institutionen) staatlicher Kontrolle unterstellt werden. Vor allem unter sozialistischen Regierungen üblich.

Wehrpflicht Ein System, bei dem alle wehrfähigen Männer bei den Streitkräften dienen müssen.

Wesir Wichtiger Staatsbeamter in einigen islamischen Ländern. Der erste Minister des Osmanischen Reichs wurde Großwesir genannt.

Wirtschaft Die Verwaltung des Wohlstands eines Staats (oder einer anderen Gemeinschaft), einschließlich Geld, Handel und Industrie.

Wohlfahrtsstaat Ein Staat, in dem die Regierung sich um Menschen kümmert, die in Not sind, zum Beispiel Alte, Kranke, Behinderte, Rentner und Arbeitslose.

Zar Bedeutet »Kaiser« und war bis zur Revolution 1917 der Titel des russischen Herrschers.

Zikkurat Ein religiöses Gebäude, ähnlich wie eine Pyramide, dessen Seiten sich stufenförmig erheben.

Zivilisation Eine Gemeinschaft von Menschen, die eine bestimmte Entwicklungsstufe erreicht haben, Städte und eine Regierung sowie Schrift, Künste und Bildung besitzen.

Zünfte Zusammenschlüsse von Kaufleuten oder Handwerkern, die einen Großteil des Handels und des Handwerks in den mittelalterlichen Städten Europas kontrollierten.

Register

Bildnachweis

p9 BAL"Louvre, Paris, France,Giraudon"; p11c BM; p13b ET; p14t BM; p15t BM; p15bc BM; p17tl Boltin Picture Library; p17c MH, BM; p18-19b Bildarchiv Preussischer Kulturbesitz, Klaus Goken; p19ct MH, BM; p19b BM; p20bl Telegraph Colour Library, Mauro Carraro; p21r AKG,"Delhi National Museum,Jean-Louis Nou"; p22-23 c AKG, Heraklion Archaeological Museum; p23tr MH, BM; p25tr MH, BM; p26t MH, BM; p27t ET; p27c AKG,"Musee du Louvre, Paris. Erich Lessing"; p29bc AKG,"The Archaeological Museum, Istanbul,Erich Lessing"; p29cr AKG,"Liebighaus, Frankfurt,Erich Lessing"; p31t AKG; p32t ET,"Staatliche Glypothek, Munich"; p33t Magnum, Dennis Stock; p34l ET; p35br MH, BM; p36b AKG,"Byzantine Museum, Athens,Erich Lessing"; p36r ET; p37t AKG; p38t MH,"Musee Guimet,Paris"; p38b AKG, Jean-Louis Nou; p39t AKG, Erich Lessing; p40t AKG,"National Archaeological Museum,Guatemala,Erich Lessing"; p40bl ET, Museum of Mankind; p45 BAL, Bibliotheque Nationale; p46l Robert Harding, E.Simanor; p47bl Christie's Images; p47cr ET; p48t Werner Forman Archive, Courtesy Sotheby's London; p48b Werner Forman Archive, Beijing Museum; p50r Robert Harding, Gavin Hellier; p51t Werner Forman Archive, Kongo Nogakudo; p52l AKG photo, Jean-Louis Nou; p53tr ET, V&A; p54c MH, BM; p55t Magnum, Bruno Barbey; p55br Comstock, Georg Gerster; p56l AKG; p56-57 Photo Editions COMBIER-Macon; p57t"Ashmolean Museum, Oxford"; p57cr ET,"Bibliotheque Nationale, Paris"; p58tr ET; p61br ET; p62t"By permission of The British Library Ms.Stowe 17, f.89v."; p62b BAL,"British Library, London, UK"; p63t ET; p63b"By permissioin of The British Library Ms Roy 10.E.iv, f.65v "; p64tr BAL,"Fitzwilliam Museum, University of Cambridge, UK"; p65t BAL,"Vetrallaf Cathedral, Italy"; p66b BAL, Private Collection; p67 BAL,"Bibliotheque Nationale, Paris, France"; p71 MH, V&A; p72 Museum of The Royal Pharmaceutical Society of Great Britain; p73br ET; p74bl MH; p75bl The Royal Collection Her Majesty Queen Elizabeth II; p75tr BAL,"Private Collection,The Stapleton Collection"; p76b BAL,"Bibliotheque de Protestantisme,France"; p77r ET, Museum of Fine Arts Lausanne; p78b ET, Private Collection; p79t ET,"The Archaeological Museum of Lima,Peru"; p79bl Mary Evans Picture Library; p80cl BAL,"Thyssen-Bornemisza Collection,Madrid,Spain"; p80br National Trust Photographic Library, Matthew Antrobus; p81t AKG; p82 BAL,"Museo Correr, Venice,Italy"; p83tr BAL,"Louvre,Paris,France"; p85t ET, British Library Add 7880; p85r Sonia Halliday Photographs; p86tr BAL,"V&A, London, UK"; p86bl BAL,"V&A,London,UK"; p87b Magnum, George Rodger; p88c"Ashmolean Museum, Oxford", ; p89b Magnum, Marc Riboud; p90bl ET,"Oriental Art Museum, Genoa"; p91tr MH,"V&A,London"; p91br ET, British Museum; p92t ET; p93c Science & Society Picture Library, Science Museum; p94b BAL,"Chateau de Versailles, France,Giraudon"; p95tr Execution of Charles I by an unknown artist reproduced by permission of The Earl of Rosebery (on loan to the Scottish National Portrait Gallery); p96-97 Photo MH, V&A; p97r ET; p98-99 Robert Harding, E.Rooney; p100-101 AKG,"Heeresgeschichtliches Museum,Vienna(detail)"; p101t AKG, Cameraphoto; p101b BAL,"Chateau de Versailles,France"; p103 t"Abby Aldrich Rockefeller Folk Art Center, Williamsburg, VA"; p104-105 BAL,"Wilberforce House Museum, Hull, Humberside, UK "; p105tr BAL,"Bibliotheque Nationale,Giraudon"; p109 BAL,"Wallington Hall,Northumberland,UK"; p110b BAL, Private Collection; p111b BAL,"Library of Congress, Washington D.C., USA"; p113tl AKG; p114-115 ET, Musee de Grosbois du Chateau; p115tl Archives Nationales,"Centre Historique des Archives Nationales,Atelier de Photographie,Paris.AE/I/23(no 10 et 12/1)"; p115tr ET,"Musee de L'Armee, Paris"; p116t Bishop Museum; p117t Robert Harding, Robert Francis; p118b ET, Lincoln Museum & Art Galleries(detail); p119bl Science & Society Picture Library, Science Museum; p120t Collections, Ed Gabriel; p121t ET, National Maritime Museum; p122-123t Corbis, Library of Congress; p123bl ET, Domenica del Corriere; p124b AKG,"Kunstmuseum, Dusseldorf"; p125t BAL, Towner Art Gallery; p125cr BAL,"Private Collection,The Stapleton Collection"; p126tr BAL,"National Library of Australia,Canberra,Australia"; p128-129t AKG,; p129br AKG,; p130t BAL,"British Library,London,UK"; p130-131 Corbis, Arvind Garg; p131b By permission of The British Library IOL.T 10951; p132c AKG; p133t Werner Forman Archive, BM; p133 BM,; p135br Mary Evans Picture Library; p136bl Jean-Loup Charmet; p137br Mary Evans Picture Library; p138bl BAL,"D.F.Barry,Bismarck,Dakota"; p139tr Corbis, Bettmann; p140-141 Collections, Brian Shuel; p141cr Corbis , Hulton-Deutsch Collection; p145 Magnum, Steve McCurry; p146l AKG; p146-147 BAL,"Galerie Daniel Malingue,Paris,France"; p147cr Jean-Loup Charmet,"Musee National de L'Education,Rouen"; p148-149b ET,"The Imperial War Museum,London "; p150tr, p150-151b, p151tr David King Collection; p152tr Mary Evans Picture Library; p152-153b"Special Collections Division, University of Washington Libraries Photo by Lee. Negative No.20102"; p154tl Hulton Getty ; p154bl Magnum, Abbas; p154-155t, p156t, p156-157b Hulton Getty; p158bl Corbis, Hulton-Deutsch Collection; p158-159b"The Imperial War Museum, London"; p159tr, p160-161t Hulton Getty ; p161b Magnum, Peter Marlow; p162t UNICEF; p162-163b Magnum, Koudelka; p164b Magnum, Bruno Barbey; p165cl Associated Press; p165 tr Magnum, Bruno Barbey; p166b Magnum, Abbas; p167bl Magnum, Bruno Barbey; p168 Magnum, Bruce Davidson; p169b Magnum, Raghu Rai; p170b SPL, John Mead; p170-171t SPL, Ed Young; p172-173t Magnum, Ferdinando Scianna; p173r Magnum, Rene Burri; p174t Magnum, Jean Gaumy; p175tr SPL, NASA; p175bl SPL, Ed Young; p176b Magnum, Gilles Peress; p176-177t Corbis,"Paul Velasco,ABPL".

Key: BAL = Bridgeman Art Library; BM = The British Museum; V&A = Victoria & Albert Museum; ET = E.T. Archive; SPL = Science Photo Library; AKG = AKG London; MH = Michael Holford